工业和信息化高职高专"十三五"规划教材立项项目

高等职业教育**财经类**"十三五"规划教材

U0747397

GOVERNMENT
ACCOUNTING

政府会计

（附微课 第2版）

刘淼 王勇 ◎ 主编
牟文华 常红 朱妤 ◎ 副主编

人民邮电出版社

北 京

图书在版编目（CIP）数据

政府会计 : 附微课 / 刘淼，王勇主编. -- 2版. --
北京 : 人民邮电出版社，2019.6（2024.3重印）
高等职业教育财经类"十三五"规划教材
ISBN 978-7-115-50952-9

Ⅰ. ①政… Ⅱ. ①刘… ②王… Ⅲ. ①预算会计－高
等职业教育－教材 Ⅳ. ①F810.6

中国版本图书馆CIP数据核字(2019)第046415号

内 容 提 要

本书分为 4 个模块，共 20 章。模块一阐述了政府会计的基本理论与核算方法，模块二、模块三和模块四分别介绍了行政事业单位财务会计、行政事业单位预算会计和财政总预算会计的基本理论、具体业务及会计核算方法。模块二和模块三根据《政府会计准则——基本准则》《政府会计准则第 1号——存货》等 8 个具体准则以及《政府会计制度——行政事业单位会计科目和报表》编写。

本书既可以作为各类院校财政、会计专业的教材，也可以作为广大财务工作者的参考书。

◆ 主　　编　刘　淼　王　勇
　　副 主 编　牟文华　常　红　朱　妤
　　责任编辑　李育民
　　责任印制　焦志炜
◆ 人民邮电出版社出版发行　　北京市丰台区成寿寺路 11 号
　　邮编　100164　电子邮件　315@ptpress.com.cn
　　网址　http://www.ptpress.com.cn
　　北京九州迅驰传媒文化有限公司印刷
◆ 开本：787×1092　1/16
　　印张：16　　　　　　　　2019 年 6 月第 2 版
　　字数：431 千字　　　　　2024 年 3 月北京第 5 次印刷

定价：48.00 元

读者服务热线：(010)81055256　印装质量热线：(010)81055316
反盗版热线：(010)81055315
广告经营许可证：京东市监广登字 20170147 号

前　言

　　政府会计是政府预算管理的重要组成部分，是相关部门对财政资金进行核算和监督的手段和工具。以 2006 年《企业会计准则》的发布实施为标志，我国已基本建立了适应市场经济体制和国际化要求的企业会计准则体系。相比之下，政府会计制度改革则相对滞后。2000 年以来，我国相继推行的部门预算、国库集中收付制度、政府收支分类、财政拨款结转和结余资金管理等多项公共财政管理改革，对政府会计核算提出了新要求。

　　近些年来，财政部相继颁布了《政府会计准则——基本准则》（财政部令第 78 号）《政府会计准则第 1 号——存货》《政府会计准则第 2 号——投资》《政府会计准则第 3 号——固定资产》《政府会计准则第 4 号——无形资产》《政府会计准则第 5 号——公共基础设施》《政府会计准则第 6 号——政府储备物资》《政府会计准则第 7 号——会计调整》《政府会计准则第 8 号——负债》《政府会计准则第 9 号——财务报表编制和列报》等 9 个具体准则和《政府会计准则第 3 号——固定资产》应用指南。为了规范行政事业单位会计核算，财政部还颁布了《政府会计制度——行政事业单位会计科目和报表》（财会〔2017〕25 号），自 2019 年 1 月 1 日起施行。新的会计准则和制度通过完善会计科目和财务报表体系，详细规定会计科目的使用和财务报表的编制，较为全面地规范了行政事业单位经济业务或者事项的确认、计量、记录和报告。这些会计规范的出台，对进一步规范会计核算，保证会计信息质量，具有十分重要的意义。

　　本书以新颁布的会计准则和制度为依据，全面、系统地介绍了政府会计的基本理论、行政事业单位财务会计、行政事业单位预算会计和财政总预算会计的会计核算制度和核算方法。每一模块明确学习目标和教学重点。为了突出财务会计和预算会计适度分离并相互衔接，体现"平行记账"原则，本书在行政事业单位预算会计部分，针对一项经济业务，既有预算会计分录，又有财务会计分录，便于读者学习与理解。同时将预算管理中的一些热点问题以微课的形式编入本书，做到理论与实践相结合。每章都附有知识总结和练习与实训，使读者可以把握新制度的要领，并通过练习巩固所学知识。

　　本书由山东警察学院的刘淼、山东青年政治学院的王勇任主编，山东警察学院的牟文华、济南职业学院的常红、山东警察学院的朱妤任副主编。具体分工如下：第一章～第三章由王勇编写，第四章～第六章由刘淼编写，第七章～第九章由牟文华编写，第十章～第十二章由常红编写，第十三章、第十四章由朱妤编写，第十五章、第十六章由山东警察学院的李莉编写，第十七章、第十八章由山东警察学院的李彩红编写，第十九章、第二十章由济南广播电视台的柴林和编写。山东警察学院的张丽参与了案例和课后习题的编写。刘淼、王勇负责拟订提纲，并对全书进行修改、总纂定稿。最后，山东警察学院的张宝清教授对本书进行了总审。

　　在本书编写过程中，我们得到了中央财经大学财政税务学院李燕教授的指导和帮助，同时我们还参阅了许多优秀的同类教材，吸收了部分专家学者的研究成果，在此一并致谢。

　　由于编者水平有限，以及对新制度的理解还不够透彻，书中难免有疏漏之处，敬请读者批评指正。

编　者

2019 年 4 月

目　录

模块一
总　论

学习目标

- 了解并掌握政府会计的概念、特点和组成体系。
- 理解并掌握政府会计核算的基本前提和会计信息质量要求、会计要素和会计平衡等式。
- 了解政府会计的法律规范。
- 熟悉政府会计的科目与账户，理解政府会计的记账方法。
- 能够熟练地填制凭证、登记账簿、编制会计报表。

教学重点

- 政府会计的概念。
- 政府会计的组成体系。
- 政府会计要素和会计平衡等式。
- 政府会计的科目与账户。

第一章　政府会计基本理论

第一节　政府会计概述

一、政府会计的概念

　　会计是以货币为主要计量单位，以提高经济效益为主要目标，运用专门方法对企业、政府机关、事业单位和其他组织的经济活动进行全面、综合、连续、系统的核算和监督，提供会计信息，开展预测、决策、控制和分析的一种经济管理活动。会计学按照其核算对象和适用范围的不同，可以分为企业会计和政府会计两大体系。

　　政府会计是各级政府、使用预算拨款的各级行政和各类事业单位，以货币为主要计量单位，运用复式记账等一系列会计专门方法，对国家预算资金活动过程及其结果进行连续、系统、全面、综合的反映和控制，以提高资金使用效益的一门专业会计。

　　政府会计是政府预算管理的重要组成部分。预算是一个有关收支计划的报告，起源于英国，最初是指财政大臣用来封装向议会提交的政府开支需求和收入来源报告的皮包。后来演变为政府提交立法机构审批的财政收支计划。政府预算是指经法定程序审核批准的具有法律效力的政府年度财政收支计划，是国家筹集、分配、管理财政资金的重要工具，也是国家实现财政政策的重要手段。为了核算和监督政府预算收入的实现和预算支出的使用情况，有必要借助于会计系统来反映财政资金的筹集、分配、使用和结余的全过程，从而形成了政府会计。因此，政府会计是对政府预算进行核算和监督的手段和工具。

具体来说，政府会计包括以下几个方面的含义。

（1）政府会计主体是各级政府、各部门、各单位。各部门、各单位是指与本级政府财政部门直接或间接发生预算拨款关系的国家机关、军队、政党组织、社会团体、事业单位和其他单位，不包括已纳入企业财务管理体系的单位和执行《民间非营利组织会计制度》的社会团体。政府会计主体业务活动的目的是谋求最广泛的社会效益，具有明显的非市场性。

（2）政府会计客体是预算执行情况和财务状况、运行情况、现金流量等。政府会计核算监督的对象是资金取得、使用和结果所引起的经济业务活动。

（3）政府会计是以会计学原理为基础的一门专业会计，是会计学的重要组成部分。因此，政府会计同其他专业会计一样，都是以货币为主要计量单位，对会计主体的经济业务进行连续、系统、完整的核算、反映和监督的会计；同其他会计一样，政府会计也需要有会计核算的基本前提，遵循会计核算的一般原则等。

微课：带你看懂"国家账本"　　微课：美国政府关门时长破纪录！

二、政府会计的特点

我国的政府会计是独立于企业会计的另一个重要会计分支，它的特点是与企业会计比较而言的。企业会计反映和监督社会再生产过程中生产、流通领域里企业经营资金的运动及其结果。企业会计的主要特点是核算成本费用，计算经营盈亏。政府会计则反映和监督社会再生产过程中分配领域里政府预算资金的运作及其结果。与企业会计相比，政府会计有其自身鲜明的特点。

1. 会计核算基础不同

政府会计的预算会计实行收付实现制，财务会计实行权责发生制。而企业会计的核算基础则以权责发生制为主。

2. 会计要素不同

我国政府会计包括预算会计和财务会计，预算会计要素包括预算收入、预算支出和预算结余，财务会计要素包括资产、负债、净资产、收入和支出。而企业会计的会计要素则包括资产、负债、所有者权益、收入、费用和利润。

3. 会计等式不同

会计要素的不同引起了会计等式的不同。企业会计等式分为静态等式和动态等式。静态等式为

$$资产=负债+所有者权益$$

动态等式为

$$资产+费用=负债+所有者权益+收入$$

政府会计的等式也有静态和动态之分，政府会计的静态等式为

$$资产=负债+净资产$$

动态等式为

$$资产+费用=负债+净资产+收入$$

4．是否进行成本核算

成本核算就是按照有关法规制度的要求，对生产经营过程中发生的各种耗费进行计算和账务处理，提供真实有用的成本信息。企业会计是要进行成本核算的。政府会计是核算和监督预算资金运动及其结果的会计。因为预算资金的筹集、分配、调拨、使用基本是无偿的，所以一般不进行成本核算，而部分有经营收入来源的事业单位应核算成本费用，计算收益。

微课：我国将全面实施预算绩效管理

三、政府会计的组成体系

政府会计是为实现预算管理目标服务的。国家预算按照收支管理范围分为总预算和单位预算。与此对应，政府会计也可以分为财政总预算会计和行政事业单位会计。

1．我国国家预算组成体系

我国实行一级政府一级预算，设立中央，省、自治区、直辖市，设区的市、自治州，县、自治县、不设区的市、市辖区，乡、民族乡、镇五级预算。全国预算由中央预算和地方预算组成。地方预算由各省、自治区、直辖市总预算组成。

2．我国政府会计组成体系

为了组织各级总预算的执行，除财政部门以外，还需要其他有关部门的参与。如预算资金的收入、拨出是由中国人民银行代理的国库经办的，各项税收是由税务机关征缴的，重点建设项目的拨款由政策性银行办理。事实上，国库会计、税收会计和政策性银行的拨款会计都对总预算的执行情况进行反映和监督，属于广义的政府会计范畴，并同总预算会计和行政事业单位会计形成一个有机的政府会计体系。但从传统意义上讲，一般只将财政总预算会计和行政事业单位会计作为政府会计的组成体系。

（1）按会计主体不同，政府会计由财政总预算会计和行政事业单位会计构成。

财政总预算会计是中央和各级地方财政部门用来核算、反映、监督各级政府预算执行和纳入预算管理的财政资金活动的专业会计。其主要职责是进行会计核算，反映预算执行，实行会计监督，参与预算管理，合理调度资金。财政总预算会计和行政事业单位会计之间存在密切关系，财政总预算会计居主导地位，在业务上指导行政事业单位会计。财政总预算会计信息与行政事业单位会计信息存在密切联系，财政总预算会计向行政事业单位拨款，从而形成预算支出，行政事业单位会计形成预算收入。财政总预算会计和行政事业单位会计共同构成了政府会计信息系统。

（2）按反映的内容不同，政府会计由政府财务会计和政府预算会计构成。

政府预算会计是指以收付实现制为基础，对政府会计主体预算执行过程中发生的全部收入和全部支出进行会计核算，主要反映和监督预算收支执行情况的会计；政府财务会计是指以权责发生制为基础，对政府会计主体发生的各项经济业务或者事项进行会计核算，主要反映和监督政府会计主体财务状况、运行情况和现金流量的会计。

第二节　会计基本前提和会计信息质量要求

一、基本前提

政府会计核算的基本前提也称政府会计的基本假设。其主要包括4个前提：会计主体、持续运行、会计分期和货币计量。

1. 会计主体

会计主体是指政府会计为之服务的特定单位或组织，是政府会计核算的空间范围。政府会计的主体包括国家各级政府及行政事业单位。财政总预算会计的主体是各级政府，而不是各级财政机关。行政事业单位会计的主体是指会计为之服务的各级行政事业单位。

2. 持续运行

持续运行是指会计主体的经济业务活动将无限期地延续下去。这就要求会计人员以单位持续、正常的经济业务活动为前提进行会计核算。政府会计核算采取的会计程序和一系列的会计处理方法都是建立在持续运行前提基础上的。若没有持续运行前提，一些公认的会计处理方法将失去存在的基础，单位也就不能按照正常的会计处理原则进行会计核算。

3. 会计分期

会计分期是指将政府会计主体持续运行的时间人为地划分为一定的期间，据以结算账目，编制会计报表，从而及时向有关方面提供会计信息。通常以1年作为划分会计期间的标准，以1年为一个会计期间称为会计年度。我国的会计年度采用历年制，即每年1月1日至12月31日作为一个会计年度。期间还可以采用季度和月度。正是由于会计分期假设，才产生了本期与非本期的区别，才产生了权责发生制与收付实现制，即应计制与现金制，使得不同的会计主体有了记账基础。会计期间的划分，有利于及时提供反映单位经济活动情况的财务信息，能够及时满足单位内部管理及其他有关方面进行决算的需要。

4. 货币计量

货币计量是指会计主体的会计核算应该通过货币予以综合反映，这是现代会计最基本的前提条件。政府会计核算以人民币作为记账本位币。如果发生外币收支，应当按照中国人民银行公布的当日人民币外汇汇率折算为人民币核算。对于业务收支以外币为主的单位，也可以选定某种外币为记账本位币，但在编制会计报表时，应当按照编报日的外汇汇率折算为人民币反映。

二、会计信息质量要求

为了满足会计信息使用者的决策需要，保证会计信息质量，必须对会计信息的质量标准做出规定，即制定会计信息质量要求的原则。《政府会计准则——基本准则》明确提出会计信息质量要求包括可靠性、相关性、全面性、及时性、可比性、可理解性和实质重于形式。

1. 可靠性

可靠性是指政府会计主体应当以实际发生的经济业务或事项为依据进行会计核算，如实反映各项会计要素的情况和结果，保证会计信息真实可靠。这是对会计核算工作和会计信息的基本质量要求。真实的会计信息对国家宏观经济管理、投资决策和单位内部管理都具有重要意义，会计核算的各个阶段都应遵循这个原则。

2. 相关性

相关性是指政府会计主体提供的会计信息应当与单位受托责任履行情况的反映、会计信息使用者的管理、监督和决策需要相关，有助于会计信息使用者对政府会计主体过去、现在或未来的情况做出评价或者预测。

会计的主要目标就是向有关各方提供对决策有用的信息，如果提供的信息与进行决策无关，则不仅对决策者毫无价值，有时还会影响他们做出正确决策。所以会计核算提供的信息资料必须对决策者有用才行。

3. 全面性

全面性是指政府会计主体应当将发生的各项经济业务或事项统一纳入会计核算，确保会计信息能够全面反映政府会计主体预算执行情况和财务状况、运行情况、现金流量等。

4．及时性

及时性是指政府会计主体对于已经发生的经济业务或事项，应当及时进行会计核算，不得提前或者延后。保证会计信息与所反映的对象在时间上保持一致，以免使会计信息失去时效。

5．可比性

可比性是指政府会计主体提供的会计信息应当具有可比性。

同一政府会计主体不同时期发生的相同或相似的经济业务或事项，应当采用一致的会计政策，不得随意变更。确需变更的，单位应当将变更的内容、理由和对单位财务状况及事业成果的影响在附注中予以说明。

不同政府会计主体发生的相同或者相似的经济业务或事项，应当采用统一的会计政策，确保不同单位会计信息口径一致，相互可比。

6．可理解性

可理解性是指政府会计主体提供的会计信息应当清晰明了，便于会计信息使用者理解和使用。会计记录和会计报表都应当清晰明了，便于理解和利用，能清楚地反映单位财务活动的来龙去脉及其财务状况。

7．实质重于形式

实质重于形式是指政府会计主体应当按照交易或者事项的经济实质进行确认、计量和报告，不应仅以交易或者事项的法律形式为依据。

第三节 政府会计要素与会计平衡等式

一、政府会计要素

政府会计对象是指政府会计核算和监督的内容。政府会计要素是对政府会计对象的具体分类，也是政府会计报表的构成要素。政府会计要素分为政府财务会计要素和政府预算会计要素。政府财务会计要素包括资产、负债、净资产、收入和费用，政府预算会计要素包括预算收入、预算支出和预算结余。

1．政府财务会计要素

资产：是指政府会计主体过去的交易或者事项形成的，由政府会计主体控制的，预期能够产生服务潜力或者带来经济利益流入的经济资源。

负债：是指政府会计主体过去的交易或者事项形成的，预期会导致经济利益流出政府会计主体的现时义务。

净资产：是指政府会计主体资产扣除负债后的净额。净资产金额取决于资产和负债的计量。

收入：是指报告期内导致政府会计主体净资产增加的、含有服务潜力或者经济利益的经济资源的流入。

费用：是指报告期内导致政府会计主体净资产减少的、含有服务潜力或者经济利益的经济资源的流出。

2．政府预算会计要素

预算收入：是指政府会计主体在预算年度内依法取得并纳入预算管理的现金流入。

预算支出：是指政府会计主体在预算年度内依法发生并纳入预算管理的现金流出。

预算结余：是指政府会计主体预算年度内预算收入扣除预算支出后的资金余额，以及历年滚存的资金余额。

二、政府会计平衡等式

政府会计平衡等式是指资产、负债和净资产之间的关系。政府会计平衡等式是政府会计中的基础性理论，它是预算单位开设账户、复式记账和编制会计报表的理论依据。一个单位的资产与负债和净资产明显地表现为同一资金的两个方面，即有一定数额的资产就必然有一定数额的负债和净资产；反之，有一定数额的负债和净资产，也就必然有一定数额的资产。资产与负债和净资产是相互依存的。因此，从数学角度看，一个单位拥有的资产总额与负债和净资产总额必然是相等的。我们将资产与负债和净资产之间的这种客观存在的恒等关系称为会计等式。用公式表示为

$$资产＝负债＋净资产（静态等式）$$

此式可理解为静态等式，它反映单位在特定时点的资产、负债与净资产的恒等关系。

单位在业务运行的过程中必然取得一定数额的收入，同时也必然会发生一定数额的费用。收入和费用相抵后的余额为盈余。盈余是净资产的组成部分。由此可以得出下列等式。

$$资产＝负债＋净资产＋收入－费用$$

该等式可以进一步变形为

$$资产＋费用＝负债＋净资产＋收入（动态等式）$$

此式可理解为动态等式，它反映单位在业务运营过程中盈余情况及净资产的增值情况。

第四节　政府会计法律规范

政府会计法律规范是指管理政府会计活动的各种法律、准则、制度、条例、规章等规范性文件的总称。我国的政府会计法律规范主要包括会计法律、会计准则和会计制度等。

一、会计法律

会计法律是指由全国人民代表大会及其常务委员会经过一定立法程序制定的有关会计工作的法律。由于政府会计的特殊性，政府会计应遵循的基本法律除了《中华人民共和国会计法》（以下简称《会计法》）以外，还有《中华人民共和国预算法》（以下简称《预算法》）。

1. 会计法

《会计法》是我国会计工作的根本性法律，也是制定其他会计法规的依据。《会计法》首次颁布于1985年，为适应改革开放和经济发展的需要，1993年和1999年全国人大常委会两次对《会计法》进行了修订。目前施行的是1999年修订后重新发布的《会计法》，包括总则、会计核算、公司及企业会计核算的特别规定、会计监督、会计机构和会计人员、法律责任和附则7章，共52条。

2. 预算法

《预算法》是我国第一部财政基本法律，是我国国家预算管理工作的根本性法律以及制定其他预算法规的基本依据。我国的《预算法》于1994年3月22日由第八届全国人民代表大会第二次会议通过，自1995年1月1日起施行。该法共分11章79条，包括总则、预算管理职权、预算收支范围、预算编制、预算审查和批准、预算执行、预算调整、决算、监督、法律责任和附则。它的颁布实施，对于健全财政预算制度，加强国家宏观调控具有十分重要的意义。但随着我国财政体制不断深化改革，原预算法已不能完全适应形势发展要求。2014年8月31日，第十二届全国

人民代表大会常务委员会第 4 次会议通过了关于修改《中华人民共和国预算法》的决定，修改后的《预算法》自 2015 年 1 月 1 日起施行。

二、会计准则

会计准则是我国会计核算工作的基本规范。按其使用单位的经营性质，会计准则可分为营利组织的会计准则和非营利组织的会计准则。我国营利组织的会计准则主要包括《企业会计准则》和《小企业会计准则》。非营利组织会计准则主要是指政府会计基本准则和具体准则及其应用指南。

2015 年以来，财政部相继出台了《政府会计准则——基本准则》和存货、投资、固定资产、无形资产、公共基础设施、政府储备物资、会计调整、负债、账务报表编制和列报等 9 个政府会计具体准则及《政府会计准则第 3 号——固定资产》应用指南。

三、会计制度

会计制度是指国务院财政部门根据《会计法》制定的关于会计核算、会计监督以及会计工作管理的制度。这里所讲的政府会计制度，是指国务院财政部门制定的有关政府会计核算制度及财务规则。

1. 政府会计制度

为了适应权责发生制政府综合财务报告制度改革需要，规范行政事业单位会计核算，提高会计信息质量，根据《会计法》《预算法》《政府会计准则——基本准则》等法律、行政法规和规章，财政部制定了《政府会计制度——行政事业单位会计科目和报表》（财会〔2017〕25 号），自 2019 年 1 月 1 日起施行。《政府会计制度》有机整合了《行政单位会计制度》《事业单位会计制度》和医院、基层医疗卫生机构、高等院校、中小学校、科学事业单位、彩票机构、地勘单位、测绘单位、林业（苗圃）等行业事业单位会计制度的内容。会计制度的统一，大大提高了政府各部门、各单位会计信息的可比性，为单位、部门编制合并财务报表和逐级汇总编制部门决算奠定了坚实的制度基础。新制度分为总说明、会计科目名称和编号、会计科目使用说明、报表格式、报表编制说明 5 部分。该制度适用于各级各类行政单位和事业单位。

微课：新政府会计制度改革的十大创新与突破

2. 财政总预算会计制度

《财政总预算会计制度》于 1998 年 1 月 1 日起实施。2015 年 10 月 10 日，财政部颁布了修订后的《财政总预算会计制度》（财库〔2015〕192 号）。新制度分总则、会计信息质量要求、资产、负债、净资产、收入、支出、会计科目、会计结账和结算、总会计报表、信息化管理、会计监督、附则，共 13 章 63 条。该制度适用于中央，省、自治区、直辖市，设区的市、自治州，县、自治县、不设区的市、市辖区，乡、民族乡、镇等各级政府财政部门的总会计。

3. 行政单位财务规则

《行政单位财务规则》于 1998 年 1 月 6 日首次发布并自发布之日起实施。2012 年 12 月 6 日，财政部公布重新修订的《行政单位财务规则》（财政部令第 71 号），自 2013 年 1 月 1 日起施行。新《规则》分总则、单位预算管理、收入管理、支出管理、结转和结余管理、资产管理、负债管理、行政事业单位划转撤并的财务处理、财务报告和财务分析、财务监督、附则，共 11 章 63 条。

4. 事业单位财务规则

《事业单位财务规则》于 1997 年 1 月 1 日起施行。2012 年 2 月 7 日，财政部公布了修订后的《事业单位财务规则》（财政部令第 68 号），自 2012 年 4 月 1 日起施行。新《规则》分总则、单位预算管理、收入管理、支出管理、结转和结余管理、专用基金管理、资产管理、负债管理、事业

单位清算、财务报告和财务分析、财务监督、附则，共 12 章 68 条。该规则适用于各级各类事业单位的财务活动。

知识总结

（1）政府会计是各级政府、使用预算拨款的各级行政和各类事业单位，以货币为主要计量单位，运用复式记账等一系列会计专门方法，对国家预算资金活动过程及其结果进行连续、系统、全面、综合的反映和控制，以提高资金使用效益的一门专业会计。

（2）狭义的政府会计组成体系一般包括财政总预算会计和行政事业单位会计。国库会计、税收会计和政策性银行的拨款会计都对总预算的执行情况进行反映和监督，属于广义的政府会计范畴，并同财政总预算会计、行政事业单位会计形成一个有机的政府会计体系。

（3）政府会计核算的基本前提也称政府会计的基本假设。其主要包括 4 个前提：会计主体、持续运行、会计分期和货币计量。

（4）政府会计的会计信息质量要求包括可靠性、相关性、全面性、及时性、可比性、可理解性和实质重于形式。

（5）政府财务会计要素包括资产、负债、净资产、收入、费用，政府预算会计要素包括预算收入、预算支出和预算结余。政府会计等式反映了会计要素之间的关系。

（6）政府会计法律规范是指管理政府会计活动的各种法律、准则、制度、条例、规章等规范性文件的总称。我国的政府会计法律规范主要包括会计法律、会计准则和会计制度等。

练习与实训

一、名词解释

政府会计　政府会计基本假设　政府会计要素

二、简答题

1. 政府会计的概念是什么？
2. 政府会计与企业会计相比有哪些特点？
3. 政府会计体系是如何组成的？
4. 政府会计核算有哪些基本前提？
5. 政府会计的会计信息质量要求包括哪些内容？
6. 政府会计要素有哪几个？
7. 政府会计的平衡等式有哪些？哪个是静态等式？哪个是动态等式？

第二章　政府会计核算方法

第一节　政府会计科目与账户

一、政府会计科目

政府会计科目是对政府会计要素的具体内容所做的进一步分类。政府财务会计科目按其反映的经济内容分为资产、负债、净资产、收入和费用，政府预算会计科目按其反映的经济内容分为预算收入、预算支出和预算结余。

政府会计科目按核算层次分为总账科目和明细科目两大类。总账科目在会计要素下直接开设，反映会计要素中有关内容的总括信息。例如，在财政总预算会计的收入会计要素下，开设"一般预算收入"总账科目；在行政事业单位会计费用会计要素下，开设"业务活动费用""单位管理费用"等总账科目。明细科目在总账科目下开设，反映总账科目的明细信息。例如，在财政总预算会计的"一般预算收入"总账科目下，开设"税收收入——增值税""税收收入——消费税"等明细科目。在行政事业单位会计"行政支出"总账科目下，开设"基本支出——基本工资""基本支出——办公费"等明细科目。在"事业支出"总账科目下，开设"项目支出——咨询费""项目支出——差旅费"等明细科目。

政府会计科目配有编号，对于国家统一规定的政府会计科目及编号，各级财政总预算会计和行政事业单位会计不得擅自更改或将编号打乱重编。

二、政府会计账户

账户是根据会计科目设置的，具有一定的格式和结构，用来反映会计要素增减变动情况和结果的一种工具。会计科目是对会计要素的具体内容进行的分类，但它不能反映经济业务所引起的会计要素的增减变动情况及其结果。为此，在设置会计科目以后，还必须根据所设置的会计科目开设具有一定结构、能够记录经济业务内容增减变动情况及其结果的账户。设置账户是会计核算的一种专门方法。

政府会计账户是与政府会计科目既相互联系，又相互区别的两个概念。两者的联系表现为：政府会计科目是政府会计账户的名称。两者的区别表现为：政府会计账户既有名称又有结构，政府会计科目只有名称，没有结构。

第二节　政府会计记账方法

记账方法就是根据记账原理，运用确定的记账符号和记账规则，记录经济业务的方法。政府会计采用借贷记账法。所谓借贷记账法，是指以"借"和"贷"为记账符号，按照"有借必有贷，借贷必相等"的记账规则，在两个或两个以上的账户中，用以记录和反映会计要素增减变动情况及其结果的一种复式记账法。

一、记账符号

借贷记账法是以"借"和"贷"作为记账符号，用以指明记账的增减方向、账户之间的对应关系和账户余额的性质等。"借""贷"二字不能按其原有的含义加以理解，它们是作为记账方法使用的专门术语，表示经济业务发生后应记入账户的方向。"借"和"贷"作为记账符号，都具有增加和减少的双重含义。"借"和"贷"何时为增加、何时为减少，必须结合账户的具体性质才能准确说明。

二、账户结构

在借贷记账法下，账户的基本结构分为"借"和"贷"两方，其中左方为借方，右方为贷方。在政府会计中，借贷记账法中的"借"表示资产和费用、支出类账户的增加以及负债、净资产和收入类账户的减少或转销，"贷"表示资产和费用、支出类账户的减少或转销以及负债、净资产和收入类账户的增加。预算结余类账户情况较为复杂，其中"资金结存"账户增加在借方，减少在贷方。其他的预算结余类账户则与净资产类账户类似。

借贷记账法下各类账户的基本结构如表 2-1 所示。

表 2-1 各类账户的基本结构

账户类型	账户借方	账户贷方	账户期末余额
资产账户	增加	减少	在借方
负债账户	减少	增加	在贷方
净资产账户	减少	增加	在贷方
收入账户	减少	增加	在贷方或无余额
费用、支出账户	增加	减少	在借方或无余额

第三节 政府会计凭证

会计凭证是用来记录经济业务、明确经济责任并据以登记账簿的书面证明。政府会计记载经济业务发生和完成情况的会计凭证具有不同的用途和格式。政府会计凭证按照填制程序和用途，可以分为原始凭证和记账凭证两大类。

一、原始凭证

1. 原始凭证的概念与种类

原始凭证是指经济业务发生时取得或填制，用以记录和证明经济业务发生和完成情况的书面证明，是会计核算的原始资料，是编制记账凭证的依据。

（1）各级财政总预算会计的原始凭证主要包括以下几类。

① 国库报来的各种预算收入日报表及其附件，如各种缴款书、收入退还书等。

② 各种支付、转账和拨款凭证，如财政授权支付额度通知书、财政授权支付申请划款凭证、财政直接支付凭证、财政直接支付申请划款凭证、财政拨款凭证等。

③ 其他足以证明会计事项发生经过的凭证和文件。

（2）各级各类行政事业单位的原始凭证主要包括以下几类。

① 各种财政拨款和支付凭证，如财政授权支付额度到账通知书、银行进账单、银行票据、财政直接支付入账通知书、财政授权支付额度恢复到账通知书等。

② 其他开户银行转来的有关收付款凭证。

③ 各种实物资产入库或出库的凭证，如固定资产出入库单、库存材料出入库单等。

④ 各种往来结算凭证。

⑤ 其他足以证明会计事项发生经过的凭证和文件。

2. 原始凭证填制的要求

原始凭证作为经济业务发生的原始证明，其填制必须符合一定的要求。主要包括：

（1）必须真实。原始凭证上填列的日期、业务内容和数字必须真实可靠。

（2）必须完整、正确、清楚。原始凭证上规定的项目必须逐项填写齐全，不能遗漏省略。数量、单价、金额的计算必须准确无误。文字说明和数字必须填写清楚，易于辨认。

（3）必须有经办人的签名盖章。原始凭证上必须有经济业务经办人员的签名或盖章，以明确经济责任。

二、记账凭证

1. 记账凭证的概念和种类

记账凭证是根据原始凭证填制的，用以确定会计分录并作为登记账簿依据的书面证明。其基本格式如表 2-2 所示。

表 2-2

记账凭证

年　　月　　日　　　　　　　　　　　　　　　　　　　　　　　字　　号

摘要	总账科目	明细科目	过账	借方金额									过账	贷方金额									
				百	十	万	千	百	十	元	角	分		百	十	万	千	百	十	元	角	分	
合计																							

附凭证　　张

会计主管：　　　　记账：　　　　审核：　　　　出纳：　　　　制单：

2. 记账凭证填制和保管的要求

（1）记账凭证应根据审核无误的原始凭证编制。记账凭证的各项内容必须填列，制单人必须签名或盖章。

（2）记账凭证一般根据每项经济业务的原始凭证编制。当天发生的同类会计事项可以适当合并后编制。不同会计事项的原始凭证，不得合并编制一张记账凭证，也不得把几天的会计事项加在一起做一张记账凭证。

（3）记账凭证必须附有原始凭证。如果一张原始凭证涉及几张记账凭证，可以把原始凭证附在主要的一张记账凭证后面，在其他记账凭证上注明附有原始凭证的记账凭证的编号。结账和更正错误的记账凭证，以及总政府会计预拨经费转列支出，可以不附原始凭证，但应经主管会计人员签章。

（4）记账凭证必须清晰、工整，不得潦草。记账凭证有指定人员复核，并经会计主管人员签章后据以记账。

（5）记账凭证应按照会计事项发生的日期顺序整理、制证、记账。按照制证的顺序，记账凭证每月从第一号起连续编号。

（6）记账凭证每月应按顺序号整理，连同所附的原始凭证加上封面，装订成册保管。记账凭证封面样式如表 2-3 所示。

表 2-3

记账凭证封面

单位名称

时间	年　　月	
册数	本 月 共　　册	本 册 是 第　　册
张数	本册自第　　号至第　　号	

会计主管　　　　　　　　　　　　　装订人

第四节　政府会计账簿

政府会计账簿是由具有一定格式、互相联系的账页组成的，用来序时地、分类地记录和反映各项经济业务的会计簿籍。

一、账簿的种类

1. 账簿按用途分类

账簿按其用途不同，可以分为序时账、分类账和备查簿。

（1）序时账

序时账，又称日记账，是按照经济业务发生时间的先后顺序，逐日逐笔进行登记的账簿。目前政府会计主体仅设置库存现金日记账和银行存款日记账这种反映特定经济业务的特种日记账，而不设置反映全部经济业务的普通日记账。日记账通常采用三栏式，如表 2-4 所示。

表 2-4　　　　　　　　　　　日记账

年		凭证号	摘要	对方科目	收入	支出	结余
月	日						

（2）分类账

分类账是对经济业务进行分类登记的账簿。分类账根据其反映经济业务内容详细程度的不同，可分为总分类账和明细分类账。

总分类账，简称总账，是根据总账科目设置的，用来分类记录全部经济业务，提供总括核算资料的分类账簿。总账格式采用三栏式，如表 2-5 所示。

表 2-5　　　　　　　　　　　总账

会计科目：　　　　　　　　　　　　　　　　　　　　　　　　　第　　页

年		凭证号	摘要	借方金额	贷方金额	余额	
月	日					借或贷	金额

明细分类账，简称明细账，是根据明细科目设置的，按明细分类账户开设账页，用来分类记录某一类经济业务，提供明细核算资料的分类账簿。明细账的格式一般采用三栏式或多栏式。三栏式明细账的基本格式如表 2-5 所示，多栏式明细账的基本格式如表 2-6 所示。

表 2-6   明细账

明细科目或账户：   第   页

年		凭证号	摘要	借方	贷方	余额	借（贷）方余额分析		
月	日								

政府会计主体通常要设置下列明细账。

① 支出明细账。支出明细账是反映具体开支项目的明细账，支出明细账一般采用多栏式。

各会计主体对各项支出，应分别设置明细账，按开支用途设账户，登记支出的明细内容。

② 收入明细账。收入明细账是反映具体收入项目的明细账。其格式一般采用多栏式，按主要收入项目或收入单位设账户，按具体收入项目设专栏。

各会计主体对各项收入，应设置相应的收入明细账，按主要收入项目设账户。

③ 缴拨款项明细账。缴拨款项明细账是反映财政机关与主管单位，主管单位与二级单位及基层单位之间，预算资金的拨入、拨出和专项资金的上缴、下拨情况的明细账，通常采用三栏式。

上级单位对于下级单位上缴的资金和下拨的支出，应设置相应的明细账，按下级单位名称设账户。下级单位对于上缴上级的收入和上级下拨的资金，只设总账，不设明细账。

④ 往来款项明细账。往来款项明细账是用来反映债权、债务结算情况的明细账。各单位一般应对应收账款、预付账款、其他应收款、应付账款等分别设置往来款项明细账，按往来的单位或个人名称设置账户。其格式可采用三栏式或多栏式。

⑤ 固定资产明细账。固定资产明细账是具体核算各种固定资产增减变化和结存情况的明细账。按照固定资产的类别和名称分设账户。其格式一般可采用数量金额三栏式，根据原始凭证逐笔登记。

⑥ 存货明细账。存货明细账是具体核算各种存货收发和结存情况的明细账。按照存货的类别和品名分设账户。其格式一般采用数量金额三栏式，根据原始凭证逐笔登记。

（3）备查簿

备查簿是对某些在日记账和分类账等主要账簿中未能记录或记载不全的经济业务进行补充登记的账簿，是一种辅助性的账簿，它可以为经营管理者提供必要的参考资料。例如，应收票据备查簿、租入固定资产备查簿等。备查簿没有固定格式，它与其他账簿之间不存在相互依存和勾稽关系。

2. 账簿按其外表形式分类

账簿按其外表形式不同，可分为订本式账簿、活页式账簿和卡片式账簿。

（1）订本式账簿

订本式账簿，简称订本账，是在账簿启用前，就把若干按顺序编号、格式相同的账页装订在一起的账簿。采用订本式账簿，可以避免账页散失或人为抽换账页。但是由于账页的序号和总页次已经固定，所以在账簿中开设账户时必须为每一账户预留空白账页。预留不足，就会影响账簿记录的连续性；预留过多则会造成浪费。另外，采用订本式账簿，在同一时间里，只能由一人记账，不能由多人分工同时记账。订本式账簿适用于总分类账和特种日记账。

（2）活页式账簿

活页式账簿，简称活页账，是将若干张零散的账页暂时装订在账页夹内的账簿。这种账簿可以根据需要随时增减账页，并可以由多人分工同时记账。活页式账簿的缺点是，账页易于散失，或被蓄意抽换。为此，活页式的账页应预先连续编号并放置在账夹中，同时要有相关人员签章。在更换新账时，要将所有已登记的账页装订成册，妥善保管。活页式账簿主要适用于各种明细账。

（3）卡片式账簿

卡片式账簿，简称卡片账，是指由若干零散的、具有一定格式的存放在卡片箱内的卡片组成的账簿。卡片式账簿的优缺点与活页式账簿基本相同。在登记卡片式账簿时，必须将卡片顺序编号并装置在卡片箱内，由专人保管，以确保安全。卡片式账簿通常适用于固定资产、存货等实物资产的明细分类账。

二、政府会计账簿使用的要求

政府会计账簿使用的要求如下。

（1）会计账簿的使用，以每一会计年度为限。每一账簿启用时，应填写"经管人员一览表"和"账户目录"，并附于账户扉页上。"经管人员一览表"和"账户目录"的格式如表2-7和表2-8所示。

表2-7 　　　　　　　　　　　　　　经管人员一览表

单位名称			
账簿名称			
账簿页数	从第　　　　页起至第　　　　页止共　　　　页		
启用日期	年　　　　月　　　　日		
会计机构负责人		会计主管人员	
经管人员	经管日期		移交日期
接办人员	接管日期		监交人员

表2-8 　　　　　　　　　　　　　　账户目录

科目编号和名称	页号	科目编号和名称	页号

（2）手工记账必须使用蓝、黑色墨水书写，不得使用铅笔、圆珠笔。红色墨水除登记收入负数使用外，只能在划线、改错、冲账时使用。账簿必须按照编订的页数连续记载，不得隔页、跳行。如因工作疏忽发生隔页、跳行时，应当将空行、空页划线注销，并由记账人员签名盖章。登记账簿要及时准确，日清月结，文字和数字的书写要清晰整洁。

（3）会计账簿应根据经审核的会计凭证登记。

（4）账簿记录如发生错误，应分别采用划线更正法、红字冲正法或补充登记法进行更正，不得挖补、涂抹、刮擦或用化学药水消除痕迹。

（5）各种账簿记录应按月结账，计算出本期发生额和期末余额。

第五节 政府会计报告

一、政府决算报告

政府决算报告是综合反映政府会计主体年度预算收支执行结果的文件。政府决算报告应当包括决算报表和其他应当在决算报告中反映的相关信息和资料。政府决算报告的具体内容及编制要求等，由财政部另行规定。

决算报告的目标是向决算报告使用者提供与政府预算执行情况有关的信息，综合反映政府会计主体预算收支的年度执行结果，有助于决算报告使用者进行监督和管理，并为编制后续年度预算提供参考和依据。政府决算报告使用者包括各级人民代表大会及其常务委员会、各级政府及其有关部门、政府会计主体自身、社会公众和其他利益相关者。

政府决算报告的编制主要以收付实现制为基础，以预算会计核算生成的数据为准。

二、政府财务报告

政府财务报告是反映政府会计主体某一特定日期的财务状况和某一会计期间的运行情况和现金流量等信息的文件。政府财务报告应当包括财务报表和其他应当在财务报告中披露的相关信息和资料。

政府财务报告包括政府综合财务报告和政府部门财务报告。政府综合财务报告是指由政府财政部门编制的，反映各级政府整体财务状况、运行情况和财政中长期可持续性的报告。政府部门财务报告是指政府各部门、各单位按规定编制的财务报告。

财务报告的目标是向财务报告使用者提供与政府的财务状况、运行情况（含运行成本）和现金流量等有关信息，反映政府会计主体公共受托责任履行情况，有助于财务报告使用者做出决策或者进行监督和管理。政府财务报告使用者包括各级人民代表大会常务委员会、债权人、各级政府及其有关部门、政府会计主体自身和其他利益相关者。

政府财务报告的编制主要以权责发生制为基础，以财务会计核算生成的数据为准。

三、政府会计财务报表与预算会计报表

1. 财务报表

财务报表，是反映政府会计主体财务状况、运行状况和现金流量等的书面文件，由会计报表及其附注构成，其编制主要以权责发生制为基础。根据反映经济内容的不同，政府会计主体的财务会计报表划分为以下几种。

（1）资产负债表。资产负债表是反映单位在某一特定日期财务状况的报表。它是单位最基本、最重要的财务报表。资产负债表应当按照资产、负债和净资产分类、分项列示。

（2）收入费用表。收入费用表是反映单位在某一会计期间内发生的收入、费用及当期盈余情况的报表。收入费用表应当按照收入、费用的构成和盈余情况分类、分项列示。

（3）净资产变动表。净资产变动表是反映单位在某一会计年度内净资产项目的变动情况的报表。净资产变动表应当按照累计盈余、专用基金、权益法调整等分别反映。

（4）现金流量表。现金流量表是反映单位在某一会计年度内现金流入和流出的信息的报表。单位可根据实际情况自行选择是否编制现金流量表，如果编制，应当采用直接法编制。现金流量表应当按照日常活动、投资活动、筹资活动的现金流量分别反映。

（5）附注。附注是指对在会计报表中列示项目所做的进一步说明，以及对未能在会计报表中列示项目的说明等。附注是财务报表的重要组成部分。附注主要包括单位的基本情况、会计报表

编制基础、遵循政府会计准则及制度的声明、重要会计政策和会计估计、会计报表重要项目说明和本年盈余与预算结余的差异情况说明。

另外，根据编报的时间，单位的会计报表也可分为月报和年报；按编制范围，又可分为本级报表和汇总报表。

2. 预算会计报表

预算会计报表，是反映政府会计主体预算执行情况的书面文件，其编制主要以收付实现制为基础。根据反映经济内容的不同，政府会计主体的预算会计报表划分为以下几种。

（1）预算收入支出表。预算收入支出表是反映单位在某一会计年度内各项预算收入、预算支出和预算收支差额情况的报表。预算收入支出表应当按照本年预算收入、本年预算支出和本年预算收支差额分类、分项列示。

（2）预算结转结余变动表。预算结转结余变动表是反映单位在某一会计年度内预算结转结余的变动情况的报表。预算结转结余变动表应当按照年初预算结转结余、年初余额调整、本年变动金额和年末预算结转结余分类、分项列示。

（3）财政拨款预算收入支出表。财政拨款预算收入支出表是反映单位本年财政拨款预算资金收入、支出及相关变动的具体情况的报表。

四、政府会计报表编制的基本要求

政府会计报表是单位经济业务的基本反映，也是供上级考核的基本依据。编制政府会计报表时应遵循如下基本要求。

（1）数字真实。会计报表中的各项数字能如实反映单位的财务状况和收支情况，不能以凭空捏造的数字代替实际数字。

（2）计算准确。会计报表中的数字在计算时不能出现差错。

（3）内容完整。对于按规定上报的会计报表及各项指标，其内容的填列必须完整，不能漏报漏填。

（4）报送及时。单位在会计期间结束时及时编制会计报表，如期报出会计报表。

知识总结

（1）政府会计科目是对政府会计要素的具体内容所做的进一步分类。政府财务会计科目按其反映的经济内容分为资产、负债、净资产、收入和费用，政府预算会计科目按其反映的经济内容分为预算收入、预算支出和预算结余。

（2）政府会计采用借贷记账法。在政府会计中，借贷记账法中的"借"表示资产和费用支出类账户的增加以及负债、净资产和收入类账户的减少或转销，"贷"表示资产和费用支出类账户的减少或转销以及负债、净资产和收入类账户的增加。

（3）政府会计凭证是用以记录经济业务或会计事项，明确经济责任，作为记账依据的书面证明。政府会计凭证按照填制程序和用途，可以分为原始凭证和记账凭证。

（4）政府会计账簿是由具有一定格式、互相联系的账页组成的，用来序时地、分类地记录和反映各项经济业务的会计簿籍。

（5）政府会计主体应当至少按照年度编制财务报表和预算会计报表。财务报表是反映政府会计主体财务状况、运行状况和现金流量等的书面文件，由会计报表及其附注构成，其编制主要以权责发生制为基础。预算会计报表是反映政府会计主体预算执行情况的书面文件，其编制主要以收付实现制为基础。

练习与实训

一、名词解释

政府会计科目　政府会计凭证　政府会计账簿

二、简答题

1. 政府会计科目是如何设置的？
2. 政府会计的原始凭证的种类有哪些？
3. 政府会计的记账凭证的填制和保管应当符合哪些要求？
4. 政府会计账簿使用的要求有哪些？

综合练习一

一、单项选择题

1. 会计学按照其核算对象和适用范围的不同，可以分为企业会计和（　　）两大体系。
   A. 成本会计　　　　　B. 管理会计　　　　　C. 政府会计　　　　　D. 财务会计
2. 我国的财政总预算会计分为（　　）。
   A. 五级　　　　　　　B. 四级　　　　　　　C. 三级　　　　　　　D. 一级
3. 《政府会计准则——基本准则》自（　　）起开始施行。
   A. 1998 年 1 月 1 日　B. 2011 年 1 月 1 日　C. 2012 年 1 月 1 日　D. 2017 年 1 月 1 日
4. 政府会计的财务会计要素包括（　　）。
   A. 资产、负债、所有者权益、收入、费用
   B. 资产、负债、净资产、收入、费用、结余
   C. 资产、负债、净资产、收入、费用
   D. 资产、负债、净资产、收入、支出、利润
5. 政府会计的记账方法是（　　）。
   A. 收付记账法　　　　B. 借贷记账法　　　　C. 单式记账法　　　　D. 增减记账法
6. 下列法律法规不属于政府会计法律规范的是（　　）。
   A.《政府会计准则——基本准则》　　　　　B.《预算法》
   C.《政府会计准则第 1 号——存货》　　　　D.《小企业会计准则》
7. 我国现行的政府预算会计核算基础是（　　）。
   A. 权责发生制　　　　B. 收付实现制　　　　C. 实地盘存制　　　　D. 永续盘存制
8. （　　）是我国第一部财政基本法律，是我国国家预算管理工作的根本性法律以及制定其他预算法规的基本依据。
   A.《会计法》　　　　　B.《预算法》　　　　　C.《宪法》　　　　　　D.《刑法》
9. 财政总预算会计的会计主体是（　　）。
   A. 各级政府　　　　　B. 各级行政事业单位　C. 各类事业单位　　　D. 各级财政部门
10. 下列会计科目不属于政府会计科目的是（　　）。
    A. 实收资本　　　　　B. 财政拨款收入　　　C. 事业支出　　　　　D. 行政支出

二、多项选择题

1. 我国政府会计的会计主体包括（　　）。
   A. 各级政府　　　　　B. 各级行政事业单位　C. 各类事业单位　　　D. 各级财政部门

2. 政府会计与企业会计的区别主要表现在（　　　）。

    A. 会计核算基础不同　　　　　　　　B. 会计要素不同

    C. 会计等式不同　　　　　　　　　　D. 是否进行成本核算

3. 在我国政府会计体系中，属于政府会计范畴的有（　　　）。

    A. 企业会计　　　B. 财政总预算会计　　C. 行政事业单位会计　D. 小企业会计

4. 行政事业单位会计信息使用者包括（　　　）。

    A. 人民代表大会　　　　　　　　　　B. 投资者

    C. 政府及其有关部门　　　　　　　　D. 行政事业单位自身

5. 下列各项属于政府会计财务报表的有（　　　）。

    A. 资产负债表　　　B. 收入费用表　　　C. 净资产变动表　　　D. 现金流量表

6. 下列各项属于政府会计的法律规范的有（　　　）。

    A.《财政总预算会计制度》　　　　　　B.《政府会计制度》

    C.《政府会计准则——基本准则》　　　D.《政府会计准则第2号——投资》

7. 下列会计等式属于政府会计等式的有（　　　）。

    A. 资产=负债+净资产　　　　　　　　B. 资产=负债+所有者权益

    C. 资产=负债+净资产+收入-费用　　　D. 资产+费用=负债+净资产+收入

8. 下列各收入明细账属于财政总预算会计明细账的有（　　　）。

    A. 一般预算收入明细账　　　　　　　B. 基金预算收入明细账

    C. 专用基金收入明细账　　　　　　　D. 上解收入明细账

9. 政府会计报表按照编报的时间，可以分为（　　　）。

    A. 旬报　　　　　B. 月报　　　　　C. 季报　　　　　　D. 年报

10. 财政总预算以及行政事业单位在编制政府会计报表时应遵循的基本要求有（　　　）。

    A. 数字真实　　　B. 计算准确　　　C. 内容完整　　　D. 报送及时

三、判断题

1. 政府会计是反映和监督社会再生产过程中分配领域里政府预算资金运作及其结果的一门专业会计。（　　　）

2. 政府会计是与企业会计相对应的一个会计分支。（　　　）

3. 财政总预算会计可以兼办自身的单位会计核算。（　　　）

4. 行政事业单位会计核算的目标主要是为内部管理提供有用的会计信息，因此其会计信息使用者只有行政事业单位自身。（　　　）

5. 可靠性是指预算单位应当将发生的各项经济业务或者事项统一纳入会计核算，确保会计信息能够全面反映预算单位的财务状况、事业成果、预算执行等情况。（　　　）

6. 同一单位不同时期发生的相同或者相似的经济业务或者事项，应当采用一致的会计政策，不得变更。（　　　）

7. 我国目前没有统一的政府会计基本准则，仅针对事业单位制定了会计准则。（　　　）

8. 在政府会计中，净资产类账户借方表示净资产的增加，贷方表示净资产的减少。（　　　）

9.《政府会计制度》适用于各级各类行政单位和事业单位。（　　　）

10. 国库会计属于广义的政府会计范畴。（　　　）

模块二
行政事业单位财务会计

学习目标

- **理解行政事业单位会计核算和监督的特点。**
- **掌握资产、负债、净资产、收入、费用五大会计要素的含义和核算方法。**
- **熟悉行政事业单位会计报表的编制。**

教学重点

- **行政事业单位会计的含义及特点。**
- **行政事业单位资产、负债、净资产的核算。**
- **行政事业单位收入、费用的核算。**

第三章 | 行政事业单位会计基本理论

第一节　行政事业单位会计概述

一、行政事业单位的含义

1. 行政单位的含义

行政单位是指进行国家行政管理、组织经济建设和文化建设、维护社会公共秩序的国家机构，主要包括国家权力机关、行政机关、司法机关以及实行预算管理的其他机关、政党组织等。政府会计中所称的行政单位是广义的概念，不同于行政管理学中的行政机关，这里是从财务管理和会计核算的角度出发，属于财政上的概念，不仅指各级行政机关，还包括一些实行行政单位财务管理制度的政党组织和人民团体。这些单位就其本身性质而言不属于行政单位，但由于其接受国家财政拨款，且工作活动与行政单位有着相同的特点，所以我们在预算管理上将其视同行政单位。

行政单位履行国家所赋予的各项行政管理职能，维护社会公共秩序，属于公共部门，为社会提供公共产品。其人员列入国家行政编制，所需经费主要由国家预算拨付。行政单位的各项业务活动不以盈利为目的，为社会提供服务一般不收费或者只收取少量的成本费。其按照法律、法规规定取得的行政性收费，必须全额上缴财政部门，纳入财政统一管理。因此，对于行政单位而言，执行单位预算，按照预算取得和使用财政资金，使财政资金发挥其应有的社会效益，是它们进行会计核算和监督时必须遵循的基本要求。

2．事业单位的含义及特点

事业单位是指国家为了社会公益目的，由国家机关举办或者其他组织利用国有资产举办的，以提供各种社会服务为直接目的的社会组织。我国事业单位涉及的行业广泛，包括教育、科研、文化、卫生、体育、新闻出版、广播电视、社会福利、救助减灾、统计调查、技术推广与实验、公用设施管理、物资仓储、监测、勘探与勘察、测绘、检验检测与鉴定、法律服务、资源管理事务、质量技术监督事务、经济监督事务、知识产权事务、公证与认证、信息与咨询、人才交流、就业服务、机关后勤服务等。按照《事业单位登记管理暂行条例》的规定，我国事业单位实行登记管理制度。事业单位经县级以上各级人民政府及其有关主管部门批准成立后，应当依照规定登记或者备案。事业单位应当具备法人条件，需要经审批机关批准设立，有自己的名称、组织机构和场所，有与其业务活动相适应的从业人员，有与其业务活动相适应的经费来源，能够独立承担民事责任。

同其他各类组织相比，事业单位具有以下几个特点。

（1）国有性。我国的事业单位具有国有性质，大多数事业单位都是由国家出资建立或者其他组织利用国有资产举办的，包括各级政府直属事业单位，各级国家机关各部门举办的事业单位，直接或者间接使用财政经费的社会团体举办的事业单位，国有资产监督管理机构履行出资人职责的企业和国有重点金融机构举办的事业单位等。这些事业单位定期或不定期地接受国家的财政拨款，并作为行政单位的下属单位，接受所属行政单位的领导。

（2）公益性。公益性是由事业单位的社会功能和市场经济体制的要求决定的。在社会主义市场经济条件下，市场对资源配置起决定性作用，但在一些领域，某些产品或服务，不能或无法由市场来提供，如教育、卫生、基础研究、市场管理等。为了保证社会生活正常进行，政府就要组织、管理或委托社会公共服务机构从事社会公共产品的生产，以满足社会发展和公众的需求。我国的事业单位大都分布在公益性领域中，主要从事精神产品的生产和服务，有的虽然也从事某些物质产品的生产，但多数不属于竞争性生产经营活动，不以营利为目的。

（3）专业性。事业单位大多从事需要专业技术知识支撑的服务性活动。绝大多数事业单位是以脑力劳动为主体的知识密集型组织，专业人才是事业单位的主要人员构成，利用科技文化知识为社会各方面提供服务是事业单位的主要手段。虽然事业单位不主要从事物质产品的生产，但其由于在科技文化领域的地位，对社会进步起着重要的推动作用，是社会生产力的重要组成部分，在国家科技创新体系中，居于核心地位。

（4）资金来源多样性。同行政单位的收入主要来源于财政预算资金和企业的收入主要来源于市场不同，事业单位的资金来源具有多样性。事业单位的资金既有在开展业务活动中取得的事业收入和经营收入，也有来自财政部门对事业单位的预算拨款，还有上级单位或主管部门补助给事业单位的资金以及附属企业或事业单位向上级事业单位缴纳的款项。

二、行政事业单位会计及其特点

行政事业单位会计（以下简称"单位会计"）是适用于各级各类行政单位和事业单位财务活动的专业会计。行政事业单位属于非物质生产部门，具有非营利的性质，其业务目标在于谋求最广泛的社会效益。为了满足编制权责发生制政府综合财务报告的信息需求，单位会计核算应当具备财务会计与预算会计双重功能。其特点主要表现在以下几个方面。

（1）财务会计与预算会计适度分离并相互衔接。适度分离政府预算会计和财务会计功能，决算报告和财务报告功能，全面、清晰反映单位的预算执行信息和财务信息。在同一会计核算系统中实现财务会计和预算会计双重功能，通过资产、负债、净资产、收入、费用5个要素进行财务会计核算，通过预算收入、预算支出和预算结余3个要素进行预算会计核算。

（2）单位财务会计核算实行权责发生制，单位预算会计核算实行收付实现制。在财务会计核算中全面引入了权责发生制，强化财务会计功能，其目的在于科学编制权责发生制政府财务报告，准确反映单位财务状况和运行成本等情况。预算会计除对《中华人民共和国预算法》要求的权责发生制事项采用外，均采用收付实现制核算，以避免存在虚列预算收支的问题。

（3）采用"平行记账"方法。单位对于纳入部门预算管理的现金收支业务，在采用财务会计核算的同时应当进行预算会计核算；对于其他业务，仅需进行财务会计核算。为实现单位会计的双重目标，即同时反映单位财务状况和预算执行情况，单位会计对同时涉及财务状况变化和预算执行情况变化的业务，采用"平行记账"的方法进行核算。

（4）报表分为预算会计报表和财务报表两大类。预算会计报表由预算收入表、预算结转结余变动表和财政拨款预算收入支出表组成，是编制部门决算报表的基础。预算会计报表的编制主要以收付实现制为基础，以单位预算会计核算生成的数据为准。财务报表由会计报表和附注构成，会计报表由资产负债表、收入费用表、净资产变动表和现金流量表组成，其中，单位可自行选择编制现金流量表。财务报表的编制主要以权责发生制为基础，以单位财务会计核算生成的数据为准。

（5）单位会计核算的目标是向会计信息使用者提供与单位财务状况、事业成果、预算执行情况等有关的会计信息，反映单位受托责任的履行情况，有助于会计信息使用者进行管理、监督和决策。单位会计信息使用者包括人民代表大会、政府及其有关部门、举办单位或上级单位、债权人、单位自身和其他会计信息使用者。

微课：国务院机构
改革方案

第二节　行政事业单位会计要素与会计科目

一、行政事业单位会计要素

会计要素是对会计对象进行的基本分类，是会计对象的具体化。行政事业单位会计应当按照业务或事项的经济特征确定会计要素。行政事业单位会计要素包括财务会计要素和预算会计要素。

1. 财务会计要素

财务会计要素具体分为资产、负债、净资产、收入和费用5个。其中，资产、负债、净资产反映行政事业单位某一时点的财务状况，是静态会计要素；收入、费用反映行政事业单位在某一会计期间的收入和费用情况，是动态会计要素。

（1）资产。资产是指行政事业单位过去的交易或者事项形成的，由行政事业单位拥有或控制的，预期能够产生服务潜力或者带来经济利益流入的经济资源。行政事业单位的资产包括流动资产、固定资产、在建工程、无形资产等。

（2）负债。负债是指行政事业单位过去的交易或者事项形成的，预期会导致经济利益流出单位的现时义务。行政事业单位的负债包括短期借款、应缴财政款、应交税费、应付职工薪酬、应付及预收款项、长期应付款项等。

（3）净资产。净资产是指行政事业单位资产扣除负债后的余额。行政事业单位的净资产包括本期盈余、累计盈余、专用基金、权益法调整、无偿调拨净资产等。

（4）收入。收入是指导致行政事业单位净资产增加的、含有服务潜力或者经济利益的经济资源的流入。行政事业单位的收入包括财政拨款收入、事业收入、其他收入等。

（5）费用。费用是指导致行政事业单位净资产减少的、含有服务潜力或者经济利益的经济资源的流出。行政事业单位的费用包括业务活动费用、资产处置费用、其他费用等。

2．预算会计要素

（1）预算收入。预算收入是指行政事业单位在预算年度内依法取得的并纳入预算管理的现金流入。

（2）预算支出。预算支出是指行政事业单位在预算年度内依法发生的并纳入预算管理的现金流出。

（3）预算结余。预算结余是行政事业单位预算年度内预算收入扣除预算支出后的资金余额，以及历年滚存的资金余额。

二、行政事业单位会计科目

行政事业单位会计科目是对行政事业单位会计对象的具体内容（会计要素）进行分类核算的项目。行政事业单位设置会计科目是为正确设置会计账户、登记账簿和编制报表提供依据，也是汇总和检查行政事业单位资金活动情况及其结果的依据。按照行政事业单位会计要素的类别，行政事业单位会计科目分为财务会计科目和预算会计科目。各级各类行政事业单位统一适用的会计科目如表 3-1 和表 3-2 所示。

表 3-1　　　　　　　　　　　　　财务会计科目

序号	编号	会计科目名称	序号	编号	会计科目名称	序号	编号	会计科目名称
一、资产类			18	1501	长期股权投资	二、负债类		
1	1001	库存现金	19	1502	长期债券投资	36	2001	短期借款
2	1002	银行存款	20	1601	固定资产	37	2101	应交增值税
3	1011	零余额账户用款额度	21	1602	固定资产累计折旧	38	2102	其他应交税费
4	1021	其他货币资金	22	1611	工程物资	39	2103	应缴财政款
5	1101	短期投资	23	1613	在建工程	40	2201	应付职工薪酬
6	1201	财政返还额度	24	1701	无形资产	41	2301	应付票据
7	1211	应收票据	25	1702	无形资产累计折旧	42	2302	应付账款
8	1212	应收账款	26	1703	研发支出	43	2303	应付政府补贴款
9	1214	预付账款	27	1801	公共基础设施	44	2304	应付利息
10	1215	应收股利	28	1802	公共基础设施累计折旧（摊销）	45	2305	预收账款
11	1216	应收利息	29	1811	政府储备物资	46	2307	其他应付款
12	1218	其他应收款	30	1821	文物文化资产	47	2401	预提费用
13	1219	坏账准备	31	1831	保障性房产	48	2501	长期借款
14	1301	在途物资	32	1832	保障性房产累计折旧	49	2502	长期应付款
15	1302	库存商品	33	1891	受托代理资产	50	2601	预计负债
16	1303	加工物资	34	1901	长期待摊费用	51	2901	受托代理负债
17	1401	待摊费用	35	1902	待处理财产损溢	三、净资产类		

续表

序号	编号	会计科目名称	序号	编号	会计科目名称	序号	编号	会计科目名称
52	3001	累计盈余	61	4201	上级补助收入	70	5001	业务活动费用
53	3101	专用基金	62	4301	附属单位上缴收入	71	5101	单位管理费用
54	3201	权益法调整	63	4401	经营收入	72	5201	经营费用
55	3301	本期盈余	64	4601	非同级财政拨款收入	73	5301	资产处置费用
56	3302	本年盈余分配	65	4602	投资收益	74	5401	上缴上级费用
57	3401	无偿调拨净资产	66	4603	捐赠收入	75	5501	对附属单位补助费用
58	3501	以前年度损益调整	67	4604	利息收入	76	5801	所得税费用
四、收入类			68	4605	租金收入	77	5901	其他费用
59	4001	财政拨款收入	69	4609	其他收入			
60	4101	事业收入	五、费用类					

表3-2　　　　　　　　　　　　　　预算会计科目

序号	科目编号	科目名称	序号	科目编号	科目名称
一、预算收入类			14	7501	对附属单位补助支出
1	6001	财政拨款预算收入	15	7601	投资支出
2	6101	事业预算收入	16	7701	债务还本支出
3	6201	上级补助预算收入	17	7901	其他支出
4	6301	附属单位上缴预算收入	三、预算结余类		
5	6401	经营预算收入	18	8001	资金结存
6	6501	债务预算收入	19	8101	财政拨款结转
7	6601	非同级财政拨款预算收入	20	8102	财政拨款结余
8	6602	投资预算收益	21	8201	非财政拨款结转
9	6609	其他预算收入	22	8202	非财政拨款结余
二、预算支出类			23	8301	专用结余
10	7101	行政支出	24	8401	经营结余
11	7201	事业支出	25	8501	其他结余
12	7301	经营支出	26	8701	非财政拨款结余分配
13	7401	上缴上级支出			

单位应当按照下列规定运用会计科目。

（1）单位应当按照本制度的规定设置和使用会计科目。在不影响会计处理和编制会计报表的前提下，单位可以根据实际情况自行增设或减少某些会计科目。

（2）单位应当执行本制度统一规定的会计科目编号，以便于填制会计凭证、登记账簿、查阅账目，实行会计信息化管理。

（3）单位在填制会计凭证、登记会计账簿时，应当填列会计科目的名称，或者同时填列会计科目的名称和编号，不得只填列会计科目编号，不填列会计科目名称。

（4）单位设置明细科目或进行明细核算，除遵循本制度规定外，还应当满足权责发生制政府部门财务报告和政府综合财务报告编制的其他要求。

三、单位财务会计与预算会计"平行记账"方法下会计科目的对应关系

1. 收入类科目的对应关系

单位财务会计收入类科目与预算会计预算收入类科目的对应关系如表3-3所示。

表3-3　　　　　　　　　　　　收入类科目与预算收入类科目的对应关系

财务会计账套	预算会计账套
财政拨款收入	财政拨款预算收入
事业收入	事业预算收入
上级补助收入	上级补助预算收入
附属单位上缴收入	附属单位上缴预算收入
经营收入	经营预算收入
非同级财政拨款收入	非同级财政拨款预算收入
投资收益	投资预算收益
捐赠收入	其他预算收入
利息收入	
租金收入	
其他收入	
短期借款、长期借款	债务预算收入

从表3-3中可以看出以下内容。

预算会计账套的"其他预算收入"同时对应财务会计账套的"捐赠收入""利息收入""租金收入""其他收入"。相关业务发生较多的单位可在预算会计账套中增设"捐赠预算收入""利息预算收入""租金预算收入"科目，与财务会计账套的"捐赠收入""利息收入""租金收入"相对应。

在财务会计账套中，单位将举借的短期借款和长期借款确认为负债类要素，这符合财务会计惯例；而在预算会计账套中，单位将短期借款和长期借款确认为"债务预算收入"，这与政府预算编制和预算管理相吻合。

2. 费用和支出类科目的对应关系

单位财务会计费用类科目与预算会计预算支出类科目的对应关系如表3-4所示。

表3-4　　　　　　　　　　　　费用类科目和预算支出类科目的对应关系

财务会计账套	预算会计账套
业务活动费用	行政支出/事业支出
单位管理费用	事业支出
经营费用	经营支出
上缴上级费用	上缴上级支出
对附属单位补助费用	对附属单位补助支出
所得税费用	非财政拨款结余——累计盈余
其他费用	其他支出
短期投资、长期股权投资、长期债权投资	投资支出
短期借款、长期借款	债务还本支出

从表 3-4 中可以看出以下内容。

在预算会计账套中，事业单位将因发生短期投资、长期股权投资和长期债权投资所流出的货币资金以"投资支出"来予以确认，这是收付实现制原则的体现。

事业单位将因归还短期借款和长期借款而流出的货币资金确认为"债务还本支出"，与将因举借短期借款和长期借款而流入的货币资金确认为"债务预算收入"相对应。

3．货币资金类科目对应关系

单位财务会计货币资金类科目与预算会计货币资金类科目的对应关系如表 3-5 所示。

表 3-5　　　　单位财务会计货币资金类科目与预算会计货币资金类科目的对应关系

财务会计账套	预算会计账套
库存现金	资金结存——货币资金
银行存款	
其他货币资金	
零余额账户用款额度	资金结存——零余额账户用款额度
财政应返还额度	资金结存——财政应返还额度

从表 3-5 中可以看出，财务会计账套设置"库存现金""银行存款""其他货币资金""零余额账户用款额度"和"财政应返还额度"等货币资金类科目，在预算会计账套核算相关预算收入和预算支出时，也应当设置相应的货币资金类科目来对应。预算会计账套设置了"资金结存"这一货币资金科目来对应，并在"资金结存"科目下分别设置"货币资金""零余额账户用款额度"及"财政应返还额度"三个明细科目。预算会计这样设置货币资金类科目，与行政事业单位会计应清晰反映预算资金管理模式的做法一致，同时也与财务会计账套相关货币资金类科目相呼应。

知识总结

（1）在行政事业单位会计中，行政单位泛指各级各类国家机关和政党组织，事业单位泛指由政府举办的各级各类向社会提供公益服务的组织。

（2）行政事业单位会计是适用于各级各类行政单位和事业单位财务活动的专业会计。单位财务会计核算实行权责发生制；单位预算会计核算实行收付实现制，国务院另有规定的，依照其规定。

（3）会计要素是对会计对象进行的基本分类，是会计对象的具体化。行政事业单位会计应当按照业务或事项的经济特征确定会计要素。行政事业单位财务会计要素具体包括资产、负债、净资产、收入和费用 5 个。预算会计要素包括预算收入、预算支出和预算结余。

（4）行政事业单位会计科目是对行政事业单位会计对象的具体内容（会计要素）进行分类核算的项目。

练习与实训

一、名词解释

行政单位　事业单位　行政事业单位会计　资产　负债　净资产　收入　费用　预算收入　预算支出　预算结余

二、简答题

1．行政事业单位会计的特点是什么？

2. 行政事业单位的种类有哪些？

3. 行政事业单位使用会计科目时应当遵循的基本要求是什么？

第四章 | 行政事业单位资产的核算

第一节 行政事业单位资产概述

一、资产的含义与特征

资产是指单位过去的经济业务或者事项形成的，由单位控制的，预期能够产生服务潜力或者带来经济利益流入的经济资源。

资产具有以下特征。

（1）资产是由单位过去的经济业务或事项形成的。资产必须是现实的资产，是由过去已经发生的经济业务或事项所产生的结果，而不能是预期、计划的资产。例如，已经发生的购入材料的交易会形成单位的资产，而计划中的材料购买交易则不会形成单位的资产。

（2）资产是由单位控制的资源。会计主体只有控制资产，才能够获得或支配资产。

（3）资产预期能够产生服务潜力或者带来经济利益流入。服务潜力是指单位利用资产提供公共产品和服务以履行政府职能的潜在能力。经济利益流入表现为现金和现金等价物的流入，或者现金及现金等价物流出的减少。

二、资产的分类

为了便于加强对资产的管理，单位需要根据资产的性质和特点对其进行科学的分类。按照是否具有实物形态，资产可以分为有形资产和无形的资产；按其与货币的关系，可以分为货币性资产和非货币性资产；按照流动性的大小，可以分为流动资产和非流动资产。

现行《政府会计准则——基本准则》将单位的资产按照流动性，分为流动资产和非流动资产。

1. 流动资产

流动资产是指预计在1年内（含1年）耗用或者可以变现的资产，包括货币资金、短期投资、应收及预付款项、存货等。

2. 非流动资产

非流动资产是指流动资产以外的资产，包括固定资产、在建工程、无形资产、长期投资、公共基础设施、政府储备资产、文物文化资产、保障性住房和自然资源资产等。

微课：晒出国资"家底" 推进现代治理

三、资产的确认和计量

单位对符合资产定义的经济资源，在同时满足以下条件时，确认为资产。

（1）与该经济资源相关的服务潜力很可能实现或者经济利益很可能流入单位。

（2）该经济资源的成本或者价值能够可靠地计量。

资产的计量属性主要包括历史成本、重置成本、现值、公允价值和名义金额。

在历史成本计量下，资产按照取得时支付的现金金额或者支付对价的公允价值计量。在重置成本计量下，资产按照现在购买相同或者相似资产所需支付的现金金额计量。在现值计量下，资产按照预计从其持续使用和最终处置中产生的未来净现金流入量的折现金额计量。在公允价值计

量下，资产按照市场参与者在计量日发生的有序交易中，出售资产所能收到的价格计量。无法采用上述计量属性的，采用名义金额（即人民币 1 元）计量。

单位在对资产进行计量时，一般应当采用历史成本。采用重置成本、现值、公允价值计量的，应当保证所确定的资产金额能够持续、可靠计量。

符合资产定义和资产确认条件的项目，应当列入资产负债表。

第二节　货币资金

货币资金是指单位在日常开展业务活动过程中处于货币形态的那部分资金，按其存放地点和用途不同，可分为库存现金、银行存款、零余额账户用款额度和其他货币资金。货币资金是单位最活跃的资金，流动性强，是重要的支付手段和流通手段，因而是流动资产的管理重点。大多数贪污、诈骗、挪用公款等违法乱纪的行为都与货币资金有关，因此，我们必须加强对单位货币资金的管理和控制，建立健全货币资金内部控制制度，确保各项业务活动合法有效。

一、库存现金

1. 库存现金的特点与管理要求

单位的库存现金是指单位为保证日常零星开支需要而存放于单位内部的货币资金。库存现金是单位资产中流动性最强的一种货币资金，既可以直接用于支付各项费用，也可以立即投入流通，随时购买所需物品。同时，库存现金的诱惑力也很大，容易被人挪用和侵吞，因此，任何单位都必须加强对现金的管理，对单位来说，现金管理是财务管理中最基本、最重要的一项管理。单位现金管理主要包括以下几个方面。

（1）现金使用范围的管理。根据国务院颁布的《现金管理暂行条例》的规定，单位可以在以下范围内使用现金：职工工资、津贴；个人劳务报酬；根据国家规定颁发给个人的科学技术、文化艺术、体育等各种奖金；各种劳保、福利费用以及国家规定的对个人的其他支出；向个人收购农副产品和其他物资的价款；出差人员必须随身携带的差旅费；结算起点（1 000 元）以下的零星支出；中国人民银行确定需要支付现金的其他支出。单位与其他单位的经济往来，不属于上述现金结算范围的款项支付，一律通过银行办理转账结算。

（2）库存现金限额的管理。库存现金限额是指为保证单位日常零星支出按规定允许留存的现金的最高数额。银行根据实际需要核定 3～5 天的日常零星开支数额作为该单位的库存现金限额。边远地区和交通不便地区的开户单位，其库存现金限额的核定天数可以适当放宽至 5 天以上，但最多不得超过 15 天的日常零星开支的需要量。

（3）现金收支的日常管理。现金收入应于当日送存开户银行。当日送存确有困难的，由开户银行确定送存时间。支付现金时，可以从本单位库存现金限额中支付或者从开户银行提取，不得从本单位的现金收入中直接支付（即坐支）。

（4）现金管理的内部控制制度。单位应当建立健全货币资金管理岗位责任制，合理设置岗位，会计人员和出纳人员应当要有明确的分工，严格遵守"管账不管钱，管钱不管账，账款分开管理"的原则，确保不相容岗位相互分离。出纳不得兼管稽核、会计档案保管和收入、支出、债权、债务账目的登记工作。

2. 库存现金收支业务的核算

为了核算单位库存现金的增减变化及结存情况，单位应设置"库存现金"科目。该科目属于资产类科目，借方登记库存现金的增加额，贷方登记库存现金的减少额，期末借方余额，反映单位实际持有的库存现金。

单位从银行等金融机构提取现金或因开展业务及其他事项收到现金时,借记"库存现金"科目,贷记"银行存款""零余额账户用款额度"等科目;因购买服务、商品或者其他事项支出现金时,借记有关科目,贷记"库存现金"科目。

【例4-1】某事业单位发生如下现金收支业务。

(1)该单位出纳签发现金支票一张,金额2 000元,从银行提取现金以备日常开支。

借:库存现金 2 000

　　贷:银行存款 2 000

(2)后勤部门用现金300元购买办公用品,直接交付使用。

借:单位管理费用 300

　　贷:库存现金 300

(3)将现金5 000元送存银行。

借:银行存款 5 000

　　贷:库存现金 5 000

(4)单位职工张三出差,预借差旅费1 800元。

借:其他应收款——张三 1 800

　　贷:库存现金 1 800

(5)张三出差归来报销,交回剩余款项500元。

借:业务活动费用 1 300

　　库存现金 500

　　贷:其他应收款——张三 1 800

3. 库存现金日记账的设置

单位应当设置"库存现金日记账",由出纳人员根据收付款凭证,按照业务发生顺序逐笔登记。每日终了,出纳人员应当计算当日的现金收入合计数、现金支出合计数和结余数,并将结余数与实际库存数核对,做到账款相符。单位有外币现金的,应当分别按照人民币、外币种类设置"库存现金日记账"进行明细核算。有关外币现金业务的账务处理参见"银行存款"科目的相关规定。

4. 库存现金的清查

单位对每日终了结算现金收支,核对库存现金时发现的有待查明原因的现金短缺或溢余,应通过"待处理财产损溢"科目核算。对现金短缺,应当按照实际短缺的金额,借记"待处理财产损溢"科目,贷记"库存现金"科目;对现金溢余,应当按照实际溢余的金额,借记"库存现金"科目,贷记"待处理财产损溢"科目。待查明原因后做如下处理。

(1)如为现金短缺,对属于应由责任人赔偿或向有关人员追回的部分,借记"其他应收款"科目,贷记"待处理财产损溢"科目;对属于无法查明原因的,报经批准核销时,借记"资产处置费用"科目,贷记"待处理财产损溢"科目。

(2)如为现金溢余,属于应支付给有关人员或单位的,借记"待处理财产损溢"科目,贷记"其他应付款"科目;属于无法查明原因的,报经批准核销后,借记"待处理财产损溢"科目,贷记"其他收入"科目。

【例4-2】某事业单位发生如下现金溢余或短缺业务。

(1)在8月25日的现金清查中,发现现金短缺500元,原因待查。

借:待处理财产损溢 500

　　贷:库存现金 500

（2）8月30日查明上例现金短缺的原因，其中150元是出纳人员王亮工作失职造成的，由其负责赔偿；剩余350元原因无法查明，经批准转作费用。

  借：其他应收款——王亮   150

    资产处置费用   350

    贷：待处理财产损溢   500

（3）在8月25日的现金清查中，发现现金溢余390元，原因待查。

  借：库存现金   390

    贷：待处理财产损溢   390

（4）8月30日查明，溢余的390元系应支付给A单位的场地租赁费，款项尚未付讫。

  借：待处理财产损溢   390

    贷：其他应付款——A单位   390

二、银行存款

1. 银行存款的管理

银行存款，是指单位存放在开户银行或其他金融机构的货币资金。凡独立编报预决算的单位，都必须在国家核定设立的银行或其他金融机构开立存款户。单位的货币资金，除保留限额内的库存现金外，其余都必须存入开户银行，用于办理转账结算。单位开设银行存款账户，应当报同级财政部门审批，并由财务部门统一开立和管理，避免多头开户。已经实行国库集中支付制度的单位，财政资金通过国库单一账户体系结算，不再设立与财政资金相关的银行账户。其财政性资金存放在国库单一账户中，预算单位使用财政资金，通过财政部门为预算单位开设的单位零余额账户或财政零余额账户实现支付，但对单位党、团、工会经费等项目还需要开设银行账户结算。因此，严格控制并规范单位的银行账户，既是加强预算管理、推进国库管理制度改革的基础性工作，也是强化资金监管，从源头上预防和治理腐败的重要措施。单位应当严格按照国家有关支付结算办法的规定办理银行存款收支业务，并按照会计制度的规定核算银行存款的各项收支业务。

2. 银行结算方式

"结算"是指单位与国家、其他单位或个人之间由于业务往来而引起的货币收付行为。根据中国人民银行《支付结算办法》的规定，银行结算方式主要包括银行汇票、银行本票、商业汇票、支票、汇兑、委托收款、托收承付等。由于单位涉及银行结算的业务主要是由预算资金的领拨和经费的支用引起的，在实际工作中，单位经常使用的银行结算方式主要是支票和汇兑。除此以外，单位还有办理预算拨款的预算拨款凭证。

（1）支票结算方式。支票是出票人签发的，委托办理支票存款业务的银行在见票时无条件支付确定的金额给收款人或者持票人的票据。《中华人民共和国票据法》按照支付票款的方式，将支票分为现金支票、转账支票和普通支票3种。支票上印有"现金"字样的为现金支票，现金支票只能用于支取现金。支票上印有"转账"字样的为转账支票，转账支票只能用于转账。支票上未印有"现金"或"转账"字样的为普通支票，普通支票可以用于支取现金，也可以用于转账。在普通支票左上角画两条平行线的，为划线支票，划线支票只能用于转账，不得支取现金。

支票结算方式是银行结算中应用比较广泛的一种结算方式。单位和个人在同一票据交换区域的各种款项结算，均可以使用支票。支票的提示付款期限为自出票日起10日，但中国人民银行另有规定的除外。采用支票结算方式，单位收到支票时，应在收到支票的当天填写进账单，并将进账单连同支票一起送交开户银行，根据开户银行盖章退回的进账单和有关原始凭证，编制收款凭证；开出支票付款时，根据开出支票的存根和有关原始凭证，编制付款凭证。

（2）汇兑结算方式。汇兑是汇款人委托银行将其款项支付给收款人的结算方式。按款项划转方式不同，汇兑分为信汇、电汇两种，由汇款人选择使用。信汇是指汇款人委托银行通过邮寄方式将款项划转给收款人。电汇是指汇款人委托银行通过电报方式将款项划转给收款人。

汇兑结算属于汇款人向异地主动付款的一种结算方式。它对于异地上下级单位之间的资金调剂、清理旧欠以及往来款项的结算等都十分方便。汇兑结算适用范围广，手续简单易行，灵活方便，因此是目前应用极为广泛的一种结算方式。单位和个人的各种款项的结算，均可使用汇兑结算方式。财政部门对拨给异地预算单位的各种财政资金和主管部门转拨给异地所属单位的预算经费，可使用银行印发的信汇凭证办理拨款，紧急用款时，也可使用电汇凭证办理拨款。采用汇兑结算方式，对于汇入的款项，单位在收到银行收款通知时，据以编制收款凭证；对于汇出的款项，单位在向银行办理完汇款手续时，根据汇款回单编制付款凭证。

（3）预算拨款凭证。预算拨款凭证是财政部门与主管部门或基层单位之间办理预算拨款时使用的一种结算凭证。财政部门拨付给同城预算单位经费和主管部门转拨给同城所属单位预算经费时一律使用专用的"预算拨款凭证"。主管部门或基层单位收到银行转来的预算拨款凭证收款通知时，据以编制收款凭证。预算拨款凭证分为纸质和电子两种，其中，纸质预算拨款凭证一式四联，用于纸质票据结算使用；电子版预算拨款凭证在已实现电子化支付拨款时使用。预算拨款凭证的格式如表4-1所示。

表4-1　　　　　　　　　　　　预算拨款凭证（支付凭证）

拨款日期　　　年　　月　　日　　　　　　　　　　　　　　　第　号

付款人	全　　　称		收款人	全　　　称		此联是付款国库（银行）的付款凭证
	账号或地址			账号或地址		
	开户银行			开户银行		
拨款金额	人民币：（大写）				金额（小写）	
用途			类：　　　　款：　　　　项：			
政府预算支出经济分类科目			类款项：			
拨款单位盖章：			银行会计分录	（借）＿＿＿＿＿＿＿＿　对方科目＿＿＿＿＿　复核员：　　　记账员：		

3. 银行存款的核算

单位为了核算存入银行或者其他金融机构的各种存款的增减变化及结存情况，应设置"银行存款"科目。该科目属于资产类科目，借方登记存款的增加数，贷方登记存款的减少数，期末借方余额，反映单位实际存放在银行或其他金融机构的款项。单位应在本科目下设置"受托代理资产"明细科目，核算单位受托代理、代管的银行存款。

单位将款项存入银行或者其他金融机构，按照实际存入的金额，借记"银行存款"科目，贷记"库存现金""应收账款""事业收入""经营收入""其他收入"等相关科目。收到银行存款利息，按照实际收到的金额，借记"银行存款"科目，贷记"利息收入"科目。

从银行等金融机构提取现金，按照实际提取的金额，借记"库存现金"科目，贷记"银行存款"科目。以银行存款支付相关费用，按照实际支付的金额，借记"业务活动费用""单位管理费用""其他费用"等相关科目，贷记"银行存款"科目。以银行存款对外捐赠，按照实际捐出的金额，借记"其他费用"科目，贷记"银行存款"科目。

【例4-3】某行政单位尚未实行国库集中收付制度，发生如下经济业务。

（1）收到财政部门拨入本月日常经费150 000元。

借：银行存款　　　　　　　　　　　　　　　　　　　　　150 000

　　贷：财政拨款收入　　　　　　　　　　　　　　　　　　150 000

（2）购买办公用品花费5 000元，开出转账支票支付款项，办公用品验收入库。

借：库存物品　　　　　　　　　　　　　　　　　　　　　　5 000

　　贷：银行存款　　　　　　　　　　　　　　　　　　　　　5 000

（3）因办理相关业务支付银行手续费300元。

借：业务活动费用　　　　　　　　　　　　　　　　　　　　　300

　　贷：银行存款　　　　　　　　　　　　　　　　　　　　　　300

有外币存款的单位，应在"银行存款"账户下分别为人民币和各种外币设置银行存款日记账，进行明细核算。

单位发生外币业务，应当按照业务发生当日或当期期初的即期汇率，将外币金额折算为人民币金额记账，并登记外币金额和汇率；期末，应将各种外币账户的期末余额按照期末的即期汇率折算为人民币，作为外币账户期末人民币余额。调整后的各种外币账户人民币余额与原账面余额的差额，作为汇兑损溢计入当期费用。

【例4-4】某行政单位发生如下外币业务。

（1）收到外事服务收入500美元，当日人民币汇率为1美元兑人民币6.10元。

借：银行存款——美元户　　　　　　　　　　　　　　　　　3 050

　　贷：其他收入　　　　　　　　　　　　　　　　　　　　　3 050

（2）发生外事服务支出，使用外汇200美元，当日人民币汇率为1美元兑人民币6.06元。

借：业务活动费用　　　　　　　　　　　　　　　　　　　　1 212

　　贷：银行存款——美元户　　　　　　　　　　　　　　　　1 212

（3）年末，人民币汇率为1美元兑人民币6.04元，该行政单位美元户存款余额为300美元，汇兑损失为人民币26元。

汇兑损失=（3 050-1 212）-300×6.04=26（元）

借：业务活动费用　　　　　　　　　　　　　　　　　　　　　26

　　贷：银行存款——美元户　　　　　　　　　　　　　　　　　26

如为汇兑收益，则做相反的会计分录。

4. 银行存款日记账的设置

单位应当按开户银行或其他金融机构、存款种类及币种等，分别设置"银行存款日记账"，由出纳人员根据收付款凭证，按照业务的发生顺序逐笔登记，每日终了应结出余额。出纳人员应定期将"银行存款日记账"与"银行对账单"核对，至少每月核对一次；月度终了，单位"银行存款"账面余额与银行对账单余额之间如有差额，必须逐笔查明原因并进行处理，按月编制"银行存款余额调节表"，调节相符。

从理论上讲，银行存款日记账的记录与银行开出的银行对账单的记录，无论是发生额还是期末余额，都应该是一致的，但在核对中，往往会不一致，原因主要有两个：一是双方各自记账错误，这种错误应由双方及时查明原因，予以更正；二是存在未达账项。所谓未达账项，是指单位与银行之间由于凭证传递上的时间差，一方已登记入账而另一方尚未入账的账项。未达账项具体有4种情况。

（1）银行已收账记账，单位尚未收到银行的收账通知而未记账的款项。例如，对于单位委托银行收取的款项，银行办妥收款手续后入账，而收款通知尚未到达单位，单位尚未记增加。

（2）银行已付款记账，单位尚未收到银行的付款通知而未记账的款项。例如，对于银行向单位收取的借款利息、代单位支付的公用事业费用、到期的商业汇票付款等，银行办妥付款手续后入账，而付款通知尚未到达单位，单位尚未记减少。

（3）单位已收款记账，而银行尚未办妥入账手续的款项。例如，单位收到外单位的转账支票，填好进账单，并经银行受理盖章，即可入账记增加，而银行则要在办妥转账手续后，才能入账记增加。

（4）单位已付款记账，而银行尚未支付入账的款项。例如，单位签发转账支票后记存款减少，而持票人尚未到银行办理转账手续，因此银行尚未记减少。

单位在核对中如发现未达账项，应按月编制"银行存款余额调节表"进行调节，使双方余额相等。银行存款余额调节表的具体编制方法通常是：在银行与单位的存款账面余额基础上，加上各自的未收款，减去各自的未付款，然后计算出各自的余额。经调节后，双方余额如果相等，则一般说明双方记账没有错误，该余额就是单位银行存款的实有数；双方余额如果不相等，则表明记账有差错，应立即查明错误原因。对于本单位造成的错误，应按规定的改错方法进行更正。对于银行造成的错误，应及时通知银行更正。

【例4-5】某事业单位月底银行存款日记账余额为15 478元，银行对账单余额为14 125元，经核对，发现下列情况。

（1）本单位月末开出转账支票一张，金额为728元，支付购买图书款，银行未转账支付。

（2）单位委托银行代收外单位劳务款1 725元，月底银行已收款入账，但单位尚未收到银行的收款通知。

（3）银行已支付本单位购买固定资产款项1 097元，而单位未收到付款通知，故未记账。

（4）本单位月末收到某大学购买业务资料款的转账支票一张，金额为2 709元，当日送存银行，但银行尚未入账。

根据以上未达账项，编制"银行存款余额调节表"（见表4-2）。

表4-2　　　　　　　　　　　　　银行存款余额调节表　　　　　　　　　　单位：元

项目	金额	项目	金额
单位银行存款账户余额	15 478	银行对账单余额	14 125
加：银行已收、单位未收的外单位劳务款	1 725	加：单位已收、银行未收某大学业务资料费	2 709
减：银行已付，单位未付的购买固定资产款项	1 097	减：单位已付、银行未付的购书款	728
调节后的存款余额	16 106	调节后的存款余额	16 106

调整后的余额相等，表示双方记账没有错误，调整后的余额就是单位目前银行存款的实有数。但要说明的是，单位对在调节表上调整的未达账项不能记账，也不能据此做账面调整，要待结算凭证到达后再进行账务处理，登记入账。

三、零余额账户用款额度

1. 零余额账户用款额度的概念

零余额账户用款额度是指实行财政国库集中支付的单位根据财政部门批复的用款计划收到和

支用的零余额账户用款额度。这是实行国库集中支付制度后，财政部门给预算单位划拨资金的方式。在国库集中支付制度下，政府财政资金支付都在国库单一账户体系下统一进行。通过零余额账户，政府财政资金以财政直接支付和财政授权支付两种方式支付给商品和劳务供应商或收款人。商业银行代理支付的财政资金，每日与财政部门开设在中国人民银行的国库单一账户进行清算。预算单位的零余额账户是用于办理国库集中支付业务的银行结算账户，用于财政授权支付，并与国库单一账户清算。零余额账户的用款额度具有与人民币存款相同的支付结算功能。预算单位零余额账户可办理转账、汇兑、委托收款和提取现金等支付结算业务。

2. 零余额账户用款额度的核算

为了核算零余额账户用款额度业务，单位应设置"零余额账户用款额度"总账科目。该科目属于资产类科目，借方登记财政下达预算单位的授权支付用款额度，贷方登记零余额账户用款额度的减少数，期末借方余额，反映单位尚未支用的零余额账户用款额度。年度终了注销单位零余额账户用款额度后，本科目应无余额。

微课：零余额
账户业务实务操作

单位收到"财政授权支付额度到账通知书"（见表4-3）时，根据通知书所列数额，借记"零余额账户用款额度"科目，贷记"财政拨款收入"科目；按规定支用额度或从零余额账户提取现金时，借记"业务活动费用""库存现金"等科目，贷记"零余额账户用款额度"科目。年末，单位根据代理银行提供的对账单做银行注销额度的相关账务处理，借记"财政应返还额度——财政授权支付"科目，贷记"零余额账户用款额度"科目。下年年初，单位根据代理银行提供的额度恢复到账通知书做恢复额度的相关账务处理。

表 4-3 　　　　　　　　　　　　财政授权支付额度到账通知书

_____：

零余额账户账号：　　　　　　　　　　　　　　　　　　　　　　　　　　　第1页/共1页

你单位____月份的财政授权支付额度已经中心核准，特予通知。　　　　　金额单位：元

资金性质	功能分类				财政授权支付额度	备注
	编　码			名称		
	类	款	项			
本页小计						
合计（大写）				（小写）		

银行（签章）　　　　　　　　　　　经办人：　　　　　　　　　打印日期：

注：本通知书一式两联，第一联由预算单位作为财政授权支付额度到账通知；第二联留代理银行备查。

【例4-6】某事业单位已实行国库集中支付制度，发生如下经济业务。

（1）3月5日，收到代理银行转来的"财政授权支付额度到账通知书"，取得财政授权支付额度 650 000 元。

借：零余额账户用款额度　　　　　　　　　　　　　　　　　650 000
　　贷：财政拨款收入　　　　　　　　　　　　　　　　　　　　　650 000

（2）3月10日，该单位通过零余额账户购买了一批办公用品，金额共计 8 000 元，直接交有关部门使用。

  借：业务活动费用   8 000

    贷：零余额账户用款额度   8 000

  （3）3月15日，从零余额账户提取现金2 000元，以备日常开支。

  借：库存现金   2 000

    贷：零余额账户用款额度   2 000

四、其他货币资金

  其他货币资金是指单位的外埠存款、银行本票存款、银行汇票存款、信用卡存款等各种形式的其他货币资金。单位应当加强对其他货币资金的管理，及时办理结算，对于逾期尚未办理结算的银行汇票、银行本票等，应当按照规定及时转回，并按照有关规定进行相应账务处理。

  为了核算其他货币资金，单位应设置"其他货币资金"总账科目，并在该科目下设置"外埠存款""银行本票存款""银行汇票存款""信用卡存款"等明细科目，进行明细核算。该科目期末借方余额，反映单位实际持有的其他货币资金。

1. 在异地开立银行账户

  单位按照有关规定需要在异地开立银行账户，将款项委托本地银行汇往异地开立账户时，借记"其他货币资金"科目，贷记"银行存款"科目。收到采购员交来供应单位发票账单等报销凭证时，借记"库存物品"等科目，贷记"其他货币资金"科目。将多余的外埠存款转回本地银行时，根据银行的收账通知，借记"银行存款"科目，贷记"其他货币资金"科目。

2. 取得银行本票、银行汇票

  单位将款项交存银行取得银行本票、银行汇票，按照取得的银行本票、银行汇票金额，借记"其他货币资金"科目，贷记"银行存款"科目。使用银行本票、银行汇票购买库存物品等资产时，按照实际支付金额，借记"库存物品"等科目，贷记"其他货币资金"科目。如有余款或因本票、汇票超过付款期等原因而退回款项时，按照退款金额，借记"银行存款"科目，贷记"其他货币资金"科目。

3. 取得信用卡

  单位将款项交存银行取得信用卡，按照交存金额，借记"其他货币资金"科目，贷记"银行存款"科目。用信用卡购物或支付有关费用，按照实际支付金额，借记"单位管理费用""库存物品"等科目，贷记"其他货币资金"科目。单位在使用信用卡过程中，若需向其账户续存资金，按照续存金额，借记"其他货币资金"科目，贷记"银行存款"科目。

第三节 短期投资

一、短期投资的概念

  短期投资是指事业单位依法取得的，持有时间不超过1年（含1年）的投资，主要是国债投资。事业单位的短期投资具有以下几个特点。

  （1）短期投资是现金的暂时存放形式，其流动性仅次于现金，具有很强的变现能力。

  （2）投资对象主要是国债。

  （3）短期投资通常不是单位以控制被投资单位，或对被投资单位施加重大影响等为目的所做的投资，只是利用暂时多余的资金，谋求高于银行存款利息收入的利益。

（4）持有时间较短。单位进行短期投资通常不是为了长期持有，是计划在短期内出售以兑换成现金的。这里的"短期内出售"并不代表必须在一年内出售，短期持有是指投资的意向，而非实际持有时间。

随着事业单位业务的不断发展，资金供需矛盾日益突出。为了保障事业单位履行职能、发展事业的需要，在国家法律法规允许的范围内，事业单位可以利用国有资产对外投资。这一方面，可以拓展事业单位的业务范围，提高资金的使用效益，在更大范围内发挥事业单位的作用；另一方面，事业单位可以取得一定的投资收益，弥补资金不足，以更好地提供公益性服务。事业单位应当严格遵守国家法律、行政法规以及财政部门、主管部门关于对外投资的有关规定。事业单位不得使用财政拨款及其财政拨款结余资金进行对外投资，不得从事股票、期货、基金、企业债券等投资，但国家另有规定的除外。

二、短期投资的核算

为了核算事业单位的短期投资，事业单位应设置"短期投资"科目。该科目属于资产类科目，借方反映取得短期投资的实际成本，贷方反映出售或收回短期投资的成本。期末借方余额，反映事业单位持有的短期投资成本。本科目应当按照投资的种类等进行明细核算。

单位取得短期投资时，按照确定的投资成本，借记"短期投资"科目，贷记"银行存款"等科目。收到取得投资时实际支付价款中包含的已到付息期但尚未领取的利息时，按照实际收到的金额，借记"银行存款"科目，贷记"短期投资"科目。

收到短期投资持有期间的利息，按照实际收到的金额，借记"银行存款"科目，贷记"投资收益"科目。

出售短期投资或到期收回短期投资本息，按照实际收到的金额，借记"银行存款"科目，按照出售或收回短期投资的账面余额，贷记"短期投资"科目，按照其差额，借记或贷记"投资收益"科目。

【例4-7】2019年1月1日，某事业单位购入2018年1月1日发行的3年期国债，面值100 000元，年利率为5%，每半年获得一次利息，实际购入价格及税费为105 800元。

（1）购入债券时。

借：短期投资　　　　　　　　　　　　　　　　　　105 800
　　贷：银行存款　　　　　　　　　　　　　　　　105 800

（2）收到利息时。

借：银行存款　　　　　　　　　　　　　　　　　　2 500
　　贷：投资收益　　　　　　　　　　　　　　　　2 500

【例4-8】接【例4-7】，该单位将持有的上述国债于2019年8月6日转让，实际取得价款106 400元，款项存入银行。

借：银行存款　　　　　　　　　　　　　　　　　　106 400
　　贷：短期投资　　　　　　　　　　　　　　　　105 800
　　　　投资收益　　　　　　　　　　　　　　　　600

第四节　应收及预付款项

应收及预付款项是指单位在开展业务活动中形成的各项债权，包括财政应返还额度、应收票据、应收账款、预付账款和其他应收款等。

一、财政应返还额度

1. 财政应返还额度的概念

财政应返还额度是指实行国库集中支付的单位应收财政返还的资金额度，包括可以使用的以前年度财政直接支付资金额度和财政应返还的财政授权支付资金额度。在国库集中支付制度下，单位的年度支出预算经过批准后，形成了单位的支出预算指标数。年度终了，当本年度财政直接支付预算指标数大于当年财政直接支付实际支出数，财政授权支付预算指标数大于零余额账户用款额度下达数，即单位年终还存在尚未使用的预算指标和用款额度时，财政部门对这部分额度采取先注销后恢复的管理办法。年度终了，这部分额度要由财政收回，即注销，然后于下一年年初恢复，供单位继续使用。这样，当年结余的预算指标和用款额度即构成单位应收财政部门返还的额度，形成预算单位对财政部门的一项债权。

2. 财政应返还额度的核算

为了核算实行国库集中支付的单位应收财政返还的资金额度，单位应设置"财政应返还额度"科目。该科目属于资产类科目，借方登记财政应返还的额度，贷方登记下年度实际支出的冲减数（财政直接支付方式）或下年度恢复额度数（财政授权支付方式），期末借方余额，反映单位应收财政返还的资金额度。单位在该科目下应当设置"财政直接支付""财政授权支付"两个明细科目进行明细核算。

在财政直接支付方式下，年末，单位根据本年度财政直接支付预算指标数大于当年财政直接支付实际发生数的差额，借记"财政应返还额度"科目（财政直接支付），贷记"财政拨款收入"科目。单位使用以前年度财政直接支付额度支付款项时，借记"业务活动费用""单位管理费用"等科目，贷记"财政应返还额度"科目（财政直接支付）。

在财政授权支付方式下，年末，单位根据代理银行提供的对账单做注销额度的相关账务处理，借记"财政应返还额度"科目（财政授权支付），贷记"零余额账户用款额度"科目。年末，单位本年度财政授权支付预算指标数大于零余额账户用款额度下达数的，根据未下达的用款额度，借记"财政应返还额度"科目（财政授权支付），贷记"财政拨款收入"科目。下年年初，单位根据代理银行提供的上年度注销额度恢复到账通知书做恢复额度的相关账务处理，借记"零余额账户用款额度"科目，贷记"财政应返还额度"科目（财政授权支付）。单位收到财政部门批复的上年未下达零余额账户用款额度，借记"零余额账户用款额度"科目，贷记"财政应返还额度"科目（财政授权支付）。

【例4-9】某行政单位已经实行国库集中支付制度。年终，本年度财政直接支付预算指标数为985 000元，财政直接支付实际支出数为974 000元。单位存在尚未使用的财政直接支付预算指标。年末，编制如下会计分录。

借：财政应返还额度——财政直接支付　　　　　　　　　　　　　　　　11 000

　　贷：财政拨款收入　　　　　　　　　　　　　　　　　　　　　　　　　11 000

【例4-10】接【例4-9】，次年年初，该单位获得财政部门，同意其恢复财政直接支付额度总额11 000元的批复，1月可用额度为3 000元。该单位在1月使用恢复额度支付办公经费1 500元，编制如下会计分录。

借：业务活动费用　　　　　　　　　　　　　　　　　　　　　　　　　　1 500

　　贷：财政应返还额度——财政直接支付　　　　　　　　　　　　　　　　1 500

【例4-11】某行政单位已经实行国库集中支付制度。年终，本年度财政授权支付预算指标数为555 000元，单位零余额账户代理银行收到的零余额账户用款额度为545 000元，本年度财政授权支付实际支出数为 544 000 元。该单位存在尚未使用的财政授权支付预算额度 1 000 元，存在尚未收到的财政授权支付预算指标 10 000 元。编制如下会计分录。

借：财政应返还额度——财政授权支付   1 000

  贷：零余额账户用款额度   1 000

同时，

借：财政应返还额度——财政授权支付   10 000

  贷：财政拨款收入   10 000

【例 4-12】接【例 4-11】，次年年初，该单位收到代理银行提供的额度恢复到账通知书，恢复财政授权支付额度 1 000 元。收到财政部门恢复的上年末未下达的单位零余额账户用款额度 10 000 元。编制如下会计分录。

（1）恢复财政授权支付额度时。

借：零余额账户用款额度   1 000

  贷：财政应返还额度——财政授权支付   1 000

（2）收到上年年末未下达的单位零余额账户用款额度时。

借：零余额账户用款额度   10 000

  贷：财政应返还额度——财政授权支付   10 000

二、应收票据

1. 应收票据的概念及分类

应收票据是指事业单位因开展经营活动销售产品、提供有偿服务等而收到的商业汇票。

商业汇票按其承兑人不同，分为商业承兑汇票和银行承兑汇票。商业承兑汇票是由付款人承兑的汇票，它可以由收款人签发，也可以由付款人签发，但必须由付款人承兑；银行承兑汇票是由收款人或承兑申请人签发，并由承兑申请人向银行申请，银行审查同意承兑的票据。

商业汇票按是否带息，分为带息票据和不带息票据。我国商业汇票的期限一般较短，最长为 6 个月。一般按面值计价，即收到商业汇票时，按照票据的面值入账。

微课：商业承兑汇票 微课：银行承兑汇票

2. 应收票据的核算

为了记录事业单位应收票据的发生和到期收回情况，事业单位应设置"应收票据"科目。本科目属于资产类科目，借方登记收到的商业汇票的面值，贷方登记到期收回、转让给其他单位以及向银行办理贴现的商业汇票的面值。本科目期末借方余额，反映事业单位持有的商业汇票票面金额。

"应收票据"科目应当按照开出、承兑商业汇票的单位等进行明细核算。事业单位应当设置"应收票据备查簿"，逐笔登记每一应收票据的种类，号数，出票日期，到期日，票面金额，交易合同号和付款人、承兑人、背书人姓名或单位名称，背书转让日，贴现日期，贴现率和贴现净额，收款日期，收回金额和退票情况等资料。单位到期结清应收票据票款或退票后，应当在备查簿内逐笔注销。

（1）收到商业汇票的核算。事业单位因销售产品、提供服务等收到商业汇票，按照商业汇票的票面金额，借记"应收票据"科目，按照确认的收入金额，贷记"经营收入"等科目，按照应交增值税金额，贷记"应交增值税"科目。

【例 4-13】某事业单位（增值税一般纳税人）开展经营活动向某企业销售产品一批，价款为

100 000元，增值税13 000元，合同约定采用商业汇票结算。同日，事业单位收到该企业签发的期限为3个月的无息商业汇票一张，面值为113 000元。

借：应收票据——某企业 113 000
   贷：经营收入 100 000
      应交增值税——应交税金（销项税额） 13 000

（2）商业汇票的贴现。商业汇票到期以前，如果事业单位急需资金，可将其持有的未到期的商业汇票背书后向开户银行申请贴现。银行按一定的贴现率从票据到期价值中扣减自贴现之日起到票据到期日止的贴现息，将余额付给事业单位。贴现金额与票据价值之间的差额计入经营费用。贴现利息和贴现金额的计算方法如下。

$$贴现利息=票据到期值×贴现利率×贴现天数/360$$
$$贴现金额=票据到期值-贴现利息$$

事业单位持未到期的商业汇票向银行贴现，按照实际收到的金额（即扣除贴现利息后的净额），借记"银行存款"科目，按照贴现利息，借记"经营费用"等科目，按照商业汇票的票面金额，贷记"应收票据"科目。

【例4-14】某事业单位2018年6月1日持一张面值为36 000元的商业承兑汇票向开户银行申请贴现，汇票到期日为当年10月30日，年贴现率为6%。

贴现利息=票据到期值×贴现利率×贴现天数/360=36 000×6%×151/360=906（元）
贴现金额=票据到期值-贴现利息=36 000-906=35 094（元）

借：银行存款 35 094
   经营费用 906
   贷：应收票据 36 000

（3）商业汇票的背书转让。商业汇票的背书转让是指持票人因偿还前欠货款等原因，将未到期的商业汇票背书后转让给其他单位或个人的业务活动。背书即持票人在票据背面签字，签字人成为背书人，背书人对票据的到期付款负连带责任。

事业单位将持有的商业汇票背书转让以取得所需物资时，按照取得物资的成本，借记"库存物品"等有关科目，按照商业汇票的票面金额，贷记"应收票据"科目，如有差额，借记或贷记"银行存款"等科目。涉及增值税业务的，相关账务处理参见"应交增值税"科目。

【例4-15】某事业单位（小规模纳税人）2019年6月1日将原持有的丙公司的不带息商业汇票110 000元转让给丁公司，用于购买A材料。该单位收到的普通发票上注明的材料价款为113 000元，余款以银行存款支付。

借：库存物品 113 000
   贷：应收票据 110 000
      银行存款 3 000

（4）商业汇票到期时的核算。事业单位在商业汇票到期时，应当进行以下处理。

① 收回应收票据，按照实际收到的商业汇票票面金额，借记"银行存款"科目，贷记"应收票据"科目。

【例4-16】接【例4-13】，该商业汇票到期，款项存入银行。

借：银行存款 113 000
   贷：应收票据——某企业 113 000

② 因付款人无力支付票款，收到银行退回的商业承兑汇票、委托收款凭证、未付票款通知书或拒付款证明等，按照商业汇票的票面金额，借记"应收账款"科目，贷记"应收票据"科目。

【例4-17】接【例4-13】，假定票据到期，该企业无力支付票款。该事业单位应编制如下会计分录。

借：应收账款——某企业　　　　　　　　　　　　　　　　　　　113 000

　　贷：应收票据——某企业　　　　　　　　　　　　　　　　　　　113 000

三、应收账款

1. 应收账款的确认

应收账款是指事业单位提供服务、销售产品等应收取的款项，以及单位因出租资产、出售物资等应收取的款项。应收账款是流动资产性质的债权，有其特定的范围，是指单位因出租资产、出售物资等形成的债权，不包括应收取的各种赔款、罚款和应向职工收取的各种垫付款，也不包括本单位付出的各类押金、预付款项等。应收账款应当在资产已出租或物资已出售，且尚未收到款项时确认。

2. 应收账款的核算

为了核算单位出租资产、出售物资等应当收取的款项，单位应设置"应收账款"科目。该科目属于资产类科目，借方登记应收账款的增加数，贷方登记应收账款的减少数，期末借方余额，反映单位尚未收回的应收账款。单位对本科目应当按照债务单位（或个人）进行明细核算，主要账务处理如下。

（1）收回后不需上缴财政的应收账款。单位发生应收账款时，按照应收未收金额，借记"应收账款"科目，贷记"事业收入""经营收入""租金收入""其他收入"等科目。涉及增值税业务的，相关账务处理参见"应交增值税"科目。收回应收账款时，按照实际收到的金额，借记"银行存款"等科目，贷记"应收账款"科目。

【例4-18】某医疗卫生事业单位出租一项固定资产，租金每季季末收取一次，金额12 000元，当月末确认本月租金收入4 000元，编制如下会计分录。

① 月末确认本月租金收入时。

借：应收账款　　　　　　　　　　　　　　　　　　　　　　　　4 000

　　贷：其他收入——租金收入　　　　　　　　　　　　　　　　　　4 000

② 季末收到本季度租金时。

借：银行存款　　　　　　　　　　　　　　　　　　　　　　　　12 000

　　贷：应收账款　　　　　　　　　　　　　　　　　　　　　　　　12 000

（2）收回后需上缴财政的应收账款。单位出租资产发生应收未收租金款项时，按照应收未收金额，借记"应收账款"科目，贷记"应缴财政款"科目；收回应收账款时，按照实际收到的金额，借记"银行存款"等科目，贷记"应收账款"科目。涉及增值税业务的，相关账务处理参见"应交增值税"科目。

【例4-19】某行政单位经批准将暂时闲置的某一房屋出租，每年租金105 000元，年末收取。计算确认第一年的租金为105 000元（含税），款项尚未收到。按规定款项收到后应上缴财政。该行政单位财务会计应编制的会计分录为

应交增值税=105 000÷（1+5%）×5%=5 000（元）

应缴财政款=105 000-5 000=100 000（元）

借：应收账款　　　　　　　　　　　　　　　　　　　　　　　105 000

　　贷：应缴财政款　　　　　　　　　　　　　　　　　　　　　　100 000

　　　应交增值税　　　　　　　　　　　　　　　　　　　　　　　5 000

收到上述租金时：

借：银行存款 105 000

　　贷：应收账款 105 000

单位出售物资发生应收未收款项时，按照应收未收金额，借记"应收账款"科目，贷记"应缴财政款"科目；收回应收账款时，按照实际收到的金额，借记"银行存款"等科目，贷记"应收账款"科目。涉及增值税业务的，相关账务处理参见"应交增值税"科目。

3. 事业单位对收回后不需上缴财政的应收账款年末计价

事业单位应当于每年年末，对收回后不需上缴财政的应收账款和其他应收款进行全面检查，分析其可收回性，对预计可能产生的坏账损失计提坏账准备。坏账准备是指事业单位对收回后不需上缴财政的应收账款和其他应收款预计产生坏账损失而提取的准备金。

为了核算坏账准备业务，事业单位应设置"坏账准备"总账科目，分别对应收账款和其他应收款进行明细核算。该科目期末贷方余额，反映事业单位提取的坏账准备金额。

事业单位可以采用应收款项余额百分比法、账龄分析法、个别认定法等方法计提坏账准备。坏账准备计提方法一经确定，不得随意变更。如需变更，应当按照规定报经批准，并在财务报表附注中予以说明。

当期应补提或冲减的坏账准备金额的计算公式如下。

$$\text{当期应补提或冲减的坏账准备} = \text{按照期末应收账款和其他应收款计算应计提的坏账准备金额} - \text{该科目期末贷方余额（或+该科目期末借方余额）}$$

坏账准备的主要账务处理如下。

（1）提取坏账准备时，借记"其他费用"科目，贷记"坏账准备"科目；冲减坏账准备时，借记"坏账准备"科目，贷记"其他费用"科目。

（2）对于账龄超过规定年限、确认无法收回的应收账款，按照规定报经批准后予以核销。按照核销金额，借记"坏账准备"科目，贷记"应收账款'科目。核销的应收账款应在备查簿中保留登记。已核销的应收账款在以后期间又收回的，按照实际收回金额，借记"应收账款"科目，贷记"坏账准备"科目；同时，借记"银行存款"等科目，贷记"应收账款"科目。

应收款项余额百分比法，是根据会计期末应收款项的余额和估计的坏账率估计坏账损失、计提坏账准备的方法。估计的坏账率可以按照以往的数据资料加以确定，也可以根据规定的百分率计算。

【例4-20】2017年年末，某事业单位收回后不需上缴财政的应收账款的借方余额为200 000元，经认真分析发生坏账的可能性，该单位确定按"应收账款"余额的5‰提取坏账准备。2018年2月6日，该单位应收账款发生了坏账损失1 500元，2018年年末应收账款为240 000元，2019年5月8日，已冲销的上年应收账款1 500元又收回，2019年年末应收账款为1 300 000元。假定从2017年年末开始计提坏账准备。

（1）2017年提取坏账准备。

坏账准备余额=200 000×5‰=1 000（元）

借：其他费用——计提的坏账准备 1 000

　　贷：坏账准备 1 000

（2）2018年2月6日，冲销坏账。

借：坏账准备 1 500

　　贷：应收账款——甲单位 1 500

2018年年末按应收账款的余额计算提取坏账准备。

坏账准备余额=240 000×5‰=1 200（元）

应计提的坏账准备=1 200+500=1 700（元）

借：其他费用——计提的坏账准备   1 700

    贷：坏账准备   1 700

（3）2019 年 5 月 8 日，上年已冲销的应收账款 1 500 元又收回。

借：应收账款——甲单位   1 500

    贷：坏账准备   1 500

同时，

借：银行存款   1 500

    贷：应收账款——甲单位   1 500

2019 年年末按应收账款的余额计算提取坏账准备。

坏账准备余额=1 300 000×5‰=6 500（元）

应提的坏账准备=6 500-3 200=3 300（元）

借：其他费用——计提的坏账准备   3 300

    贷：坏账准备   3 300

4. 单位对收回后应当上缴财政的应收账款的年末计价

单位应当于每年年末，对收回后应当上缴财政的应收账款进行全面检查。对于账龄超过规定年限、确认无法收回的应收账款，按照规定报经批准后予以核销。按照核销金额，借记"应缴财政款"科目，贷记"应收账款"科目。核销的应收账款应当在备查簿中保留登记。已核销的应收账款在以后期间又收回的，按照实际收回金额，借记"银行存款"等科目，贷记"应缴财政款"科目。

四、预付账款

1. 预付账款的确认

预付账款是指单位按照购货、服务合同规定预付给供应单位（或个人）的款项，以及按照合同规定向承包工程的施工企业预付的备料款和工程款。预付账款应当在已支付款项且尚未收到物资或服务时确认。

预付账款和应收账款一样，都是单位的短期债权，但是两者又有区别。应收账款是单位对外出租资产或出售物资应向购货方收取的款项；而预付账款是单位由于购货或接受劳务，预先支付给供货方或劳务方的款项。

2. 预付账款的核算

为了核算单位预付给供应单位（或个人）的款项，单位应设置"预付账款"科目。该科目属于资产类科目，借方登记单位向供应方预付的货款，贷方登记单位收到所购货物时结转的预付款项，期末借方余额，反映单位实际预付但尚未结算的款项。单位对本科目应当按照供应单位（或个人）及具体项目进行明细核算；对于基本建设项目发生的预付账款，还应当在本科目所属基建项目明细科目下设置"预付备料款""预付工程款""其他预付款"等明细科目，进行明细核算。

单位根据购货、服务合同或协议规定预付款项时，按照预付金额，借记"预付账款"科目，贷记"财政拨款收入""零余额账户用款额度""银行存款"等科目。

单位收到所购资产或服务时，按照购入资产或服务的成本，借记"库存物品""固定资产""无形资产""业务活动费用"等相关科目，按照相关预付账款的账面余额，贷记"预付账款"科目，按照实际补付的金额，贷记"财政拨款收入""零余额账户用款额度""银行存款"等科目。涉及增值税业务的，相关账务处理参见"应交增值税"科目。

根据工程进度结算工程价款及备料款时，按照结算金额，借记"在建工程"科目，按照相关预付账款的账面余额，贷记"预付账款"科目，按照实际补付的金额，贷记"财政拨款收入""零余额账户用款额度""银行存款"等科目。

【例4-21】某事业单位2019年5月20日与B公司签订购买合同，购入一台专用设备，价款为22 000元。按照合同约定，该单位预付货款12 000元。剩余款项于设备安装调试成功后支付，款项通过银行转账支付。

① 预付设备款时。

借：预付账款 　　　　　　　　　　　　　　　　　　　　　　　　　12 000

　　贷：银行存款 　　　　　　　　　　　　　　　　　　　　　　　　12 000

② 设备安装调试成功，并支付剩余货款时。

借：固定资产 　　　　　　　　　　　　　　　　　　　　　　　　　22 000

　　贷：预付账款 　　　　　　　　　　　　　　　　　　　　　　　　12 000

　　　　银行存款 　　　　　　　　　　　　　　　　　　　　　　　　10 000

发生预付账款退回的，按照实际退回金额，借记"财政拨款收入"（本年直接支付）、"财政应返还额度"（以前年度直接支付）、"零余额账户用款额度""银行存款"等科目，贷记"预付账款"科目。

单位应当于每年年末，对预付账款进行全面检查。如果有确凿证据表明预付账款不再符合预付款项性质，或者因供应单位破产、撤销等原因可能无法收到所购货物、服务的，应当先将其转入其他应收款，再按照规定进行处理。将预付账款账面余额转入其他应收款时，借记"其他应收款"科目，贷记"预付账款"科目。

五、其他应收款

1. 其他应收款的内容

其他应收款是指单位除财政应返还额度、应收票据、应收账款、预付账款、应收股利、应收利息以外的其他各项应收及暂付款项，主要包括职工预借的差旅费、已经偿还银行尚未报销的本单位公务卡欠款、拨付给内部有关部门的备用金、应向职工收取的各种垫付款项、支付的可以收回的订金或押金、应收的上级补助和附属单位上缴款项等。

2. 其他应收款的核算

为了核算单位其他各项应收及暂付款项，单位应设置"其他应收款"科目。该科目属于资产类科目，借方登记发生的各种其他应收款，贷方登记收到的或转销的款项，期末借方余额，反映单位尚未收回的其他应收款。单位对本科目应当按照其他应收款的类别以及债务单位（或个人）进行明细核算。

单位发生其他应收及暂付款项时，借记"其他应收款"科目，贷记"零余额账户用款额度""银行存款""库存现金""上级补助收入""附属单位上缴收入"等科目。单位收回或转销上述款项时，借记"银行存款""零余额账户用款额度"等科目，贷记"其他应收款"科目。

【例4-22】某行政单位根据发生的有关其他应收款经济业务，编制会计分录如下。

（1）8月1日，公务员王亮出差，预借差旅费1 200元，单位以现金支付。

借：其他应收款——王亮 　　　　　　　　　　　　　　　　　　　　1 200

　　贷：库存现金 　　　　　　　　　　　　　　　　　　　　　　　　1 200

（2）8月8日，王亮出差归来，报销差旅费1 100元，将余款退回。

借：业务活动费用 1 100

库存现金 100

贷：其他应收款——王亮 1 200

（3）9月2日，为职工李某垫付医疗费3 000元，以现金支付。

借：其他应收款——李某 3 000

贷：库存现金 3 000

（4）9月15日，收到职工李某归还资金3 000元。

借：库存现金 3 000

贷：其他应收款——李某 3 000

在其他应收款业务中，特别需要指出的是备用金的核算。备用金是单位为了满足内部有关部门的需要，暂付给有关部门和人员使用的备用现金。单位内部实行备用金制度的，有关部门使用备用金以后应当及时到财务部门报销并补足备用金。财务部门核定并发放备用金时，按照实际发放金额，借记"其他应收款"科目，贷记"库存现金"等科目。根据报销金额用现金补足备用金定额时，借记"业务活动费用""单位管理费用"等科目，贷记"库存现金"等科目，报销数和拨补数都不再通过"其他应收款"科目核算。

【例4-23】某事业单位后勤服务部门实行定额备用金制度，当年核定的定额为6 000元。1月5日，财务部门开出现金支票拨付后勤服务部门备用金定额6 000元；2月19日，后勤服务部门报销购买办公用品支出600元。财务部门审核后予以报销，并用现金补足备用金定额。

① 拨付备用金定额时。

借：其他应收款——后勤服务部门 6 000

贷：库存现金 6 000

② 报销办公用品支出时。

借：单位管理费用 600

贷：库存现金 600

偿还尚未报销的本单位公务卡欠款时，按照偿还的款项，借记"其他应收款"科目，贷记"零余额账户用款额度""银行存款"等科目；持卡人报销时，按照报销金额，借记"业务活动费用""单位管理费用"等科目，贷记"其他应收款"科目。

3．其他应收款的核销

事业单位应当于每年年末，对其他应收款进行全面检查，如有不能收回的迹象，应当计提坏账准备。对于账龄超过规定年限、确认无法收回的其他应收款，按照规定报经批准后予以核销。按照核销金额，借记"坏账准备"科目，贷记"其他应收款"科目。核销的其他应收款应当在备查簿中保留登记。已核销的其他应收款在以后期间又收回的，按照实际收回金额，借记"其他应收款"科目，贷记"坏账准备"科目；同时，借记"银行存款"等科目，贷记"其他应收款"科目。

行政单位应当于每年年末，对其他应收款进行全面检查。对于超过规定年限、确认无法收回的其他应收款，应当按照有关规定报经批准后予以核销。核销的其他应收款应在备查簿中保留登记。经批准核销其他应收款时，按照核销金额，借记"资产处置费用"科目，贷记"其他应收款"科目。已核销的其他应收款在以后期间又收回的，按照收回金额，借记"银行存款"等科目，贷记"其他收入"科目。

【例4-24】某行政单位为职工王某垫付的现金1 000元因职工离开单位而无法收回，经有关部门批准予以核销。

> 借：资产处置费用　　　　　　　　　　　　　　　　　　　　　　　1 000
> 　　贷：其他应收款——王某　　　　　　　　　　　　　　　　　　　　　　1 000

第五节　存货

一、存货的概念

存货是指单位在开展业务活动及其他活动中为耗用或出售而储存的资产，如材料、产品、包装物和低值易耗品等，以及未达到固定资产标准的用具、装具、动植物等。

单位的存货具有以下特征。

（1）存货属于有形资产，有别于专利权、商标权等无形资产。

（2）存货属于流动资产，具有较强的变现能力和流动性。

（3）存货是单位为了开展业务活动而储存的财产物资，持有存货的目的是自用或者耗用，而不是出售。

存货同时满足下列条件的，应当予以确认：与该存货相关的服务潜力很可能实现或者经济利益很可能流入单位；该存货的成本或者价值能够可靠地计量。

二、存货的计量

1. 存货的初始计量

存货的初始计量是指增加的存货的实际成本构成。存货成本包括采购成本、加工成本和其他成本。单位在取得存货时，应当按照其实际成本入账。具体如下。

（1）购入的存货，其成本包括购买价款、相关税费、运输费、装卸费、保险费以及其他使存货达到目前场所和状态所发生的支出。

（2）置换换入的存货，其成本按照换出资产的评估价值，加上支付的补价或减去收到的补价，加上为换入存货支付的其他费用（运输费等）确定。

（3）接受捐赠、无偿调入的存货，其成本按照有关凭据注明的金额加上相关税费、运输费等确定；没有相关凭据，但依法经过资产评估的，其成本应当按照评估价值加上相关税费、运输费等确定；没有相关凭据，也未经评估，其成本比照同类或类似存货的市场价格加上相关税费、运输费等确定；没有相关凭据也未经评估，其同类或类似存货的市场价格无法可靠取得的，该存货按照名义金额（即人民币1元）入账。

（4）委托加工的存货，其成本按照未加工存货的成本加上加工费用和往返运输费等确定。

（5）盘盈的存货，按照取得同类或类似存货的实际成本确定入账价值；没有同类或类似存货的实际成本，按照同类或类似存货的市场价格确定入账价值；同类或类似存货的实际成本或市场价格无法可靠取得的，按照名义金额入账。

2. 发出存货的计量

存货发出时，单位应当根据各类存货的实物流转方式、管理要求、存货的性质等实际情况，合理确定发出存货的实际成本。单位可以采用的发出存货成本的计价方法有先进先出法、加权平均法或者个别计价法。计价方法一经确定，不得随意变更。

（1）先进先出法。先进先出法是假定先收进的存货最先发出，或先收到的存货先被耗用，并根据这种假定的成本流转次序对发出存货进行计价的一种方法。具体做法是：收入有关存货时，逐笔登记每一批存货的数量、单价和金额；发出存货时，按照先进先出法的原则计价，并逐笔登记存货的发出和结存金额。

先进先出法是以"先入库的存货先发出"这一假定为前提，并根据这种假定的成本流转顺序对发出存货和结存存货进行计价。采用这种方法的优点是能够随时确定和计算每次发出和结存的金额，使期末存货的价值接近于现行市价；缺点是每次发货都必须计算其实际成本，在存货收发业务频繁，单价经常变动的情况下，核算工作繁重。

（2）加权平均法。加权平均法分为月末一次加权平均法和移动加权平均法两种。本书仅介绍月末一次加权平均法。

月末一次加权平均法，是根据期初结存存货和本期收入存货的数量和进货成本，月末一次计算存货的加权平均单价，作为计算本期发出存货成本和期末结存存货成本的单价，以求得本期发出存货成本和结存存货成本的一种方法。其计算公式如下。

$$加权平均单价 = \frac{期初结存存货实际成本 + 本期收入存货实际成本}{期初结存存货量 + 本期收入存货量}$$

$$本期发出存货实际成本 = 本期发出存货的数量 \times 加权平均单价$$

$$期末结存存货实际成本 = 期末结存存货的数量 \times 加权平均单价$$

或

$$期末结存存货实际成本 = 期初结存存货实际成本 + 本期收入存货实际成本 - 本期发出存货实际成本$$

【例4-25】假设某单位2018年1月甲商品入库、发出和结存数量资料如表4-4所示。

表4-4　　　　　　　　　　　某单位2018年1月甲商品出入库结存表

2018年		摘要	收入			发出			结存		
月	日		数量	单价	金额	数量	单价	金额	数量	单价	金额
1	1	期初结存							2 000	1.00	2 000
1	8	购入	3 000	1.10	3 300						
1	10	发出				4 000					
1	15	购入	4 000	1.15	4 600						
1	20	发出				3 000					
1	28	购入	1 000	1.20	1 200						
1	31	合计	8 000		9 100						

采用月末一次加权平均法计算，则

加权平均单价=（2 000+9 100）/（2 000+8 000）=1.11（元/件）

本期发出存货成本=7 000×1.11=7 770（元）

期末结存存货成本=3 000×1.11=3 330（元）

采用月末一次加权平均法计算发出该商品的实际成本为7 770元。

采用月末一次加权平均法，日常收到存货时，按实收数量、单价和金额登记。对于本期发出的存货，平时只登记数量，不登记单价和金额，期末计算出加权平均单价后，用其计算本期发出存货和期末存货的成本。

按月末一次加权平均法说明明细账的登记方法，如表4-5所示。

表 4-5 加权平均法登记表

| 2018年 | | 摘要 | 收入 | | | 发出 | | | 结存 | | |
月	日		数量	单价	金额	数量	单价	金额	数量	单价	金额
1	1	期初结存							2 000	1.00	2 000
1	8	购入	3 000	1.10	3 300				5 000		
1	10	发出				4 000			1 000		
1	15	购入	4 000	1.15	4 600				5 000		
1	20	发出				3 000			2 000		
1	28	购入	1 000	1.20	1 200				3 000		
1	31	合计	8 000		9 100	7 000	1.11	7 770	3 000	1.11	3 330

采用月末一次加权平均法，月末一次计算发出存货和期末存货的实际成本，大大减少了日常核算的工作量。由于单位一种材料每次进料的来源、单价可能不完全一样，所以月末一次加权平均法是单位计算发出材料成本常用的一种方法。

（3）个别计价法。个别计价法又称个别认定法或分批计价法，采用这一方法是假定存货具体项目的实物流转与成本流转相一致，按照各种存货逐一辨认各批发出存货和期末存货所属的购进批别或生产批别，分别按其购入或生产时所确定的单位成本计算各批发出存货和期末存货成本的方法。

采用个别计价法确定的存货成本，准确合理，但工作量较大，必须分批记录、分批存放，记录保管烦琐。个别计价法一般适用于不能替代使用的存货和为特定项目专门购入或制造的存货等。

三、存货取得的核算

1. 在途物品

在途物品是指单位采购材料等物资时，货款已付或已开出商业汇票，但尚未验收入库的物品。

为了核算在途物品的采购成本，单位应设置"在途物品"总账科目。单位对该科目可按照供应单位和物品种类进行明细核算。该科目期末借方余额，反映单位在途物品的采购成本。

单位购入材料等物品，按照确定的物品采购成本的金额，借记"在途物品"科目，按照实际支付的金额，贷记"财政拨款收入""零余额账户用款额度""银行存款"等科目。涉及增值税业务的，相关账务处理参见"应交增值税"科目。

当所购材料等物品验收入库时，单位按照确定的库存物品成本金额，借记"库存物品"科目，按照物品采购成本金额，贷记"在途物品"科目，按照使得入库物品达到目前场所和状态所发生的其他支出，贷记"银行存款"等科目。

2. 库存物品

库存物品是指单位在开展业务活动及其他活动中为耗用或出售而储存的各种材料、产品、包装物、低值易耗品，以及达不到固定资产标准的用具、装具、动植物等。

为了核算库存物品的成本，单位应设置"库存物品"总账科目，对该科目应当按照库存物品的种类、规格、保管地点等进行明细核算。单位储存的低值易耗品、包装物较多的，可以在该科目（低值易耗品、包装物）下按照"在库""在用"和"摊销"等进行明细核算。单位对随买随用的零星办公用品，可以在购进时直接列作费用，不通过本科目核算。

（1）外购库存物品。若外购的库存物品已验收入库，单位应按照确定的成本，借记"库存物品"科目，贷记"财政拨款收入""零余额账户用款额度""银行存款""应付账款"等科目。涉及增值税业务的，相关账务处理参见"应交增值税"科目。

【例4-26】某行政单位购入材料500千克，每千克15元，共计7 500元，税款975元，款项通过财政授权支付方式支付，另用现金支付运输费、装卸费300元，材料已验收入库。

借：库存物品 8 775
　贷：零余额账户用款额度 8 475
　　库存现金 300

（2）自制的库存物品。若自制的库存物品加工完成并验收入库，单位应按照确定的成本，借记"库存物品"科目，贷记"加工物品——自制物品"科目。

（3）若委托外单位加工的库存物品验收入库，单位应按照确定的成本，借记"库存物品"科目，贷记"加工物品——委托加工物品"等科目。

（4）接受捐赠的库存物品。若接受捐赠的库存商品验收入库，单位应按照确定的成本，借记"库存物品"科目，按照发生的相关税费、运输费等，贷记"银行存款"等科目，按照其差额，贷记"捐赠收入"科目。

单位若对接受捐赠的库存物品按照名义金额入账，按照名义金额，借记"库存物品"科目，贷记"捐赠收入"科目；同时，按照发生的相关税费、运输费等，借记"其他费用"科目，贷记"银行存款"等科目。

【例4-27】某行政单位接受A单位捐赠办公用具一批，发票上注明的价款共计50 000元，该单位以现金支付运费450元。办公用具验收入库。

借：库存物品 50 450
　贷：捐赠收入 50 000
　　库存现金 450

（5）无偿调入库存物品。若无偿调入的库存物品验收入库，单位应按照确定的成本，借记"库存物品"科目，按照发生的相关税费、运输费等，贷记"银行存款"等科目，按照其差额，贷记"无偿调拨净资产"科目。

（6）置换换入的库存物品。若置换换入的库存物品验收入库，单位应按照确定的成本，借记"库存物品"科目，按照换出资产的账面余额，贷记相关资产科目（换出资产为固定资产、无形资产的，还应当借记"固定资产累计折旧""无形资产累计摊销"科目），按照置换过程中发生的其他相关支出，贷记"银行存款"等科目，按照借贷方差额，借记"资产处置费用"科目或贷记"其他收入"科目。涉及补价的，分别按以下情况处理。

① 支付补价。支付补价的，按照确定的成本，借记"库存物品"科目，按照换出资产的账面余额，贷记相关资产科目（换出资产为固定资产、无形资产的，还应当借记"固定资产累计折旧""无形资产累计摊销"科目），按照支付的补价和置换过程中发生的其他相关支出，贷记"银行存款"等科目，按照借贷方差额，借记"资产处置费用"科目或贷记"其他收入"科目。

② 收到补价。收到补价的，按照确定的成本，借记"库存物品"科目，按照收到的补价，借记"银行存款"等科目，按照换出资产的账面余额，贷记相关资产科目（换出资产为固定资产、无形资产的，还应当借记"固定资产累计折旧""无形资产累计摊销"科目），按照置换过程中发生的其他相关支出，贷记"银行存款"等科目，按照补价扣减其他相关支出后的净收入，贷记"应缴财政款"科目，按照借贷方差额，借记"资产处置费用"科目或贷记"其他收入"科目。

【例4-28】甲事业单位以某项专用设备与乙事业单位交换一批库存物品。换出固定资产账面原值2 000 000元，已计提折旧200 000元。该固定资产评估确认的价值1 600 000元，收到乙单位的补价100 000元。为换入库存物品发生的相关费用10 000元。甲事业单位财务会计应编制的会计分录如下。

换入库存物品的成本=1 600 000-100 000+10 000=1 510 000（元）

借：库存物品		1 510 000
银行存款		100 000
固定资产累计折旧		200 000
资产处置费用		290 000
贷：固定资产		2 000 000
银行存款		10 000
应缴财政款		90 000

3. 加工物品

加工物品是指单位自制或委托外单位加工的各种物品。

为了核算加工物品的实际成本，单位应设置"加工物品"总账科目。未完成的测绘、地质勘查设计成果的实际成本，也通过该科目核算。单位应在该科目下设置"自制物品""委托加工物品"两个一级明细科目，并按照物品类别、品种、项目等设置明细账，进行明细核算。同时在"自制物品"一级明细科目下应当设置"直接材料""直接人工""其他直接费用"等二级明细科目归集自制物品发生的直接材料、直接人工（专门从事物品制造人员的人工费）等直接费用，对于自制物品发生的间接费用，应当在该科目"自制物品"一级明细科目下单独设置"间接费用"二级明细科目予以归集，期末，再按照一定的分配标准和方法分配计入有关物品的成本。

（1）自制物品

① 领用材料。为自制物品领用材料等，按照材料成本，借记"加工物品"科目（自制物品——直接材料），贷记"库存物品"科目。

② 直接人工费用。专门从事物品制造的人员发生的直接人工费用，按照实际发生的金额，借记"加工物品"科目（自制物品——直接人工），贷记"应付职工薪酬"科目。

③ 其他直接费用。为自制物品发生的其他直接费用，按照实际发生的金额，借记"加工物品"科目（自制物品——其他直接费用），贷记"零余额账户用款额度""银行存款"等科目。

④ 间接费用。为自制物品发生的间接费用，按照实际发生的金额，借记"加工物品"科目（自制物品——间接费用），贷记"零余额账户用款额度""银行存款""应付职工薪酬""固定资产累计折旧""无形资产累计摊销"等科目。

间接费用一般按照生产人员工资、生产人员工时、机器工时、耗用材料的数量或成本、直接费用（直接材料和直接人工）或产品产量等进行分配。单位可根据具体情况自行选择间接费用的分配方法。分配方法一经确定，不得随意变更。

⑤ 验收入库。已经制造完成并验收入库的物品，按照所发生的实际成本（包括耗用的直接材料费用、直接人工费用、其他直接费用和分配的间接费用），借记"库存物品"科目，贷记"加工物品"科目（自制物品）。

（2）委托加工物品

① 发出加工的材料。发给外单位加工的材料等，按照其实际成本，借记"加工物品"科目（委托加工物品），贷记"库存物品"科目。

② 支付加工费、运输费。支付加工费、运输费等费用时，按照实际支付的金额，借记"加工物品"科目（委托加工物品），贷记"零余额账户用款额度""银行存款"等科目。涉及增值税业务的，相关账务处理参见"应交增值税"科目。

③ 验收入库。委托加工完成的材料等验收入库时，按照加工前发出材料的成本和加工、运输

成本等，借记"库存物品"等科目，贷记"加工物品"科目（委托加工物品）。

四、存货发出的核算

单位发出存货时，应当根据实际情况采用先进先出法、加权平均法或者个别计价法确定发出存货的实际成本。计价方法一经确定，不得随意变更。

对于性质和用途相似的存货，应当采用相同的成本计价方法确定发出存货的成本；对于不能替代使用的存货、为特定项目专门购入或加工的存货，通常采用个别计价法确定发出存货的成本。

1．领用、自主出售或加工发出

单位开展业务活动等领用、按照规定自主出售发出或加工发出库存商品，按照领用、出售等发出物品的实际成本，借记"业务活动费用""单位管理费用""经营费用""加工物品"等科目，贷记"库存物品"科目。

【例 4-29】某行政单位为修缮房屋领用材料，材料成本为 6 000 元。

借：业务活动费用   6 000

  贷：库存物品   6 000

采用一次转销法摊销低值易耗品、包装物的，在首次领用时将其账面余额一次性摊销计入有关成本费用，借记有关科目，贷记"库存物品"科目。

采用五五摊销法摊销低值易耗品、包装物的，首次领用时，将其账面余额的 50%摊销计入有关成本费用，借记有关科目，贷记"库存物品"科目；使用完时，将剩余的账面余额转销计入有关成本费用，借记有关科目，贷记"库存物品"科目。

【例 4-30】某事业单位的后勤管理部门从存货仓库领用一批低值易耗品，用于日常后勤管理活动，该批低值易耗品的实际成本为 4 000 元，采用五五摊销法摊销其成本。

后勤管理部门领用低值易耗品摊销其成本的 50%。

借：单位管理费用   2 000

  贷：库存物品——低值易耗品   2 000

该批低值易耗品报废时，再摊销其成本的 50%，其财务会计编制的会计分录同上。

2．经批准对外出售

经批准对外出售的库存物品（不含可自主出售的库存物品）发出时，按照库存物品的账面余额，借记"资产处置费用"科目，贷记"库存物品"科目；同时，按照收到的价款，借记"银行存款"等科目，按照处置过程中发生的相关费用，贷记"银行存款"等科目，按照其差额，贷记"应缴财政款"科目。

【例 4-31】某行政单位将一批闲置材料对外出售，材料账面余额为 5 100 元。出售该材料取得价款 6 000 元，在处理过程中以现金支付清理费 300 元。

借：资产处置费用   5 100

  贷：库存物品   5 100

借：银行存款   6 000

  贷：库存现金   300

    应缴财政款   5 700

3．经批准对外捐赠

经批准对外捐赠的库存物品发出时，按照库存物品的账面余额和对外捐赠过程中发生的归属于捐出方的相关费用合计数，借记"资产处置费用"科目，按照库存物品账面余额，贷记"库存物品"科目，按照对外捐赠过程中发生的归属于捐出方的相关费用，贷记"银行存款"等科目。

【例4-32】某行政单位将一批办公用品捐赠给某希望小学，成本为 12 000 元，通过当地邮局邮寄，支付邮寄费 200 元。

借：资产处置费用   12 200

  贷：库存物品   12 000

    库存现金   200

4. 经批准无偿调出

经批准无偿调出的库存物品发出时，按照库存物品的账面余额，借记"无偿调拨净资产"科目，贷记"库存物品"科目；同时，按照无偿调出过程中发生的归属于调出方的相关费用，借记"资产处置费用"科目，贷记"银行存款"等科目。

此外，单位对经批准置换换出的库存物品，参照"库存物品"科目有关置换换入库存物品的规定进行账务处理。

五、存货清查盘点

单位应当定期对库存物品进行清查盘点，每年至少盘点一次。对于发生的库存物品盘盈、盘亏或者报废、毁损，应当先记入"待处理财产损溢"科目，按照规定报经批准后及时进行后续账务处理。

（1）对盘盈的库存物品，按照确定的入账成本，借记"库存物品"科目，贷记"待处理财产损溢"科目。

（2）对盘亏或者毁损、报废的库存物品，按照待处理库存物品的账面余额，借记"待处理财产损溢"科目，贷记"库存物品"科目。

属于增值税一般纳税人的单位，对因非正常原因导致的库存物品盘亏或毁损，还应当将与该库存物品相关的增值税进项税额转出，按照其增值税进项税额，借记"待处理财产损溢"科目，贷记"应交增值税——应交税金（进项税额转出）"科目。

【例4-33】某行政单位年终盘点，盘盈电风扇两台，重置完全价值 400 元；盘亏乙材料 20 千克，单价 10 元，系自然灾害损失。

① 盘盈电风扇时。

借：库存物品   400

  贷：待处理财产损溢   400

② 盘亏材料时。

借：待处理财产损溢   200

  贷：库存物品   200

第六节　长期投资

一、长期投资的含义及管理要求

长期投资是指事业单位依法取得的，持有时间超过 1 年（不含 1 年）的股权和债权性质的投资。

事业单位在保证单位正常运转和事业发展的前提下，可以利用货币资金、实物资产和无形资产等国有资产对外进行投资。事业单位对外投资是国有资产的重要组成部分，是事业单位履行事业职责、完成事业单位任务之外的一种经济活动，有利于盘活存量资产，提高本单位国有资产的使用效率，保证国有资产保值增值。但是事业单位应当严格遵守国家法律、行政法规以及财政部门、主管部门有关事业单位对外投资的规定。根据《事业单位财务规则》的规定，事业单位应当严格控制对外投资。在保证单位正常运转和事业发展的前提下，按照国家有关规定可以对外投资的，应当履行相关审批程序。事业单位不得使用财政拨款及其结余进行对外投资，不得从事股票、期货、基金、企业债券等投资，国家另有规定的除外。事业单位以非货币性资产对外投资的，应当按照国家有关规定进行资产评估，合理确定资产价值。事业单位应对本单位对外投资项目实行专项管理，按对外投资项目设立管理台账，并在单位财务会计报告中对相关信息进行披露。

二、长期投资的分类

按照投资对象的不同，事业单位的对外长期投资分为长期股权投资和长期债券投资。

1. 长期股权投资

事业单位的长期股权投资是指通过投资持有被投资单位的股份，成为被投资单位的股东，通过所持有的股份获取经济利益，并承担相应的风险。长期股权投资一般有两种形式：一是直接投资，二是间接投资。直接投资是指将货币资金、实物资产、无形资产等投入被投资单位或与其他单位共同出资组成合营或联营实体。间接投资是指投资者通过在证券市场上购买被投资单位的股票而形成的长期股权投资。由于国家不允许事业单位从事股票投资活动，所以事业单位的长期股权投资一般指直接投资。

2. 长期债券投资

事业单位的长期债券投资是指事业单位购入的一年期以上的国债等债权性质的投资。债券投资不是为了获取被投资单位的所有者权益，只能获取投资单位的债权，事业单位自投资之日起即成为债务单位的债权人，并按约定的利率收取利息，到期收回本金。由于国家不允许事业单位购买企业债券，所以事业单位的长期债券投资一般指国债投资。

三、长期投资核算的科目设置

1. "长期股权投资"科目

本科目核算事业单位按照规定取得的，持有时间超过1年（不含1年）的股权性质的投资。单位对本科目应当按照被投资单位和长期股权投资取得方式等进行明细核算。对长期股权投资采用权益法核算的，还应当按照"成本""损益调整""其他权益变动"设置明细科目，进行明细核算。

2. "长期债券投资"科目

本科目核算事业单位按照规定取得的，持有时间超过1年（不含1年）的债券投资。单位在本科目下应当设置"成本"和"应计利息"明细科目，并按照债券投资的种类进行明细核算。

四、长期股权投资的核算

1. 长期股权投资的初始计量

长期股权投资在取得时，应当以其实际成本作为初始投资成本。对以货币资金取得的长期股权投资，以实际支付的全部价款，包括购买价款以及税金、手续费等相关税费作为投资成本。对以固定资产取得的长期股权投资，以评估价值加上相关税费作为投资成本。对以无形资产取得的长期股权投资，以评估价值加上相关税费作为投资成本。

（1）以货币资金取得的长期股权投资。对以现金取得的长期股权投资，按照确定的投资成本，借记"长期股权投资"科目或"长期股权投资"科目（成本），按照支付的价款中包含的已宣告但尚未发放的现金股利，借记"应收股利"科目，按照实际支付的全部价款，贷记"银行存款"等科目。

实际收到取得投资时所支付价款中包含的已宣告但尚未发放的现金股利时，借记"银行存款"科目，贷记"应收股利"科目。

【例4-34】2019年5月，某事业单位以银行存款250 000元投资A公司，取得A公司2%的股份。编制如下会计分录。

借：长期股权投资　　　　　　　　　　　　　　　　　　　250 000
　　贷：银行存款　　　　　　　　　　　　　　　　　　　　　250 000

（2）以现金以外的其他资产置换取得的长期股权投资，参照"库存物品"科目中置换取得库存物品的相关规定进行账务处理。

【例4-35】某事业单位以3台专用设备投资乙公司。该设备的原价为每台24 000元，每台已提取折旧4 000元，单台设备的评估价为18 000元。开出转账支票支付手续费3 200元。

借：长期股权投资　　　　　　　　　　　　　　　　　　　57 200
　　固定资产累计折旧　　　　　　　　　　　　　　　　　　12 000
　　资产处置费用　　　　　　　　　　　　　　　　　　　　6 000
　　贷：固定资产　　　　　　　　　　　　　　　　　　　　72 000
　　　　银行存款　　　　　　　　　　　　　　　　　　　　　3 200

（3）以未入账的无形资产取得的长期股权投资，以评估价值加相关税费作为投资成本，借记"长期股权投资"科目，按照发生的相关税费，贷记"银行存款""其他应交税费"等科目，按其差额，贷记"其他收入"科目。

【例4-36】经上级主管部门批准，某事业单位以未入账的一项专利权对外投资丙公司。该专利权评估价为53 000元，支付相关手续费5 000元。

借：长期股权投资　　　　　　　　　　　　　　　　　　　58 000
　　贷：银行存款　　　　　　　　　　　　　　　　　　　　　5 000
　　　　其他收入　　　　　　　　　　　　　　　　　　　　53 000

2. 长期股权投资的后续计量

长期股权投资持有期间，应当按照规定采用成本法或权益法进行核算。

（1）成本法

被投资单位宣告发放现金股利或利润时，按照应收的金额，借记"应收股利"科目，贷记"投资收益"科目；收到现金股利或利润时，按照实际收到的金额，借记"银行存款"等科目，贷记"应收股利"科目。

【例4-37】承【例4-34】，A公司盈利，宣告向投资者分配利润2 000 000元。该事业单位应收利润40 000元（2 000 000×2%）。

借：应收股利　　　　　　　　　　　　　　　　　　　　　40 000
　　贷：投资收益　　　　　　　　　　　　　　　　　　　　40 000

（2）权益法

① 被投资单位实现净利润的，按照应享有的份额，借记"长期股权投资"科目（损益调整），贷记"投资收益"科目。

被投资单位发生净亏损的，按照应分担的份额，借记"投资收益"科目，贷记"长期股权投资"科目（损益调整），但以"长期股权投资"科目的账面余额减记至零为限。

发生亏损的被投资单位以后年度又实现净利润的，按照收益分享额弥补未确认的亏损分担额等后的金额，借记"长期股权投资"科目（损益调整），贷记"投资收益"科目。

② 被投资单位宣告分派现金股利或利润的，按照应享有的份额，借记"应收股利"科目，贷记"长期股权投资"科目（损益调整）。

③ 被投资单位发生除净损益和利润分配以外的所有者权益变动的，按照应享有或应分担的份额，借记或贷记"权益法调整"科目，贷记或借记"长期股权投资"科目（其他权益变动）。

【例4-38】某事业单位对甲公司投资业务的资料如下。

（1）2016年1月1日，该事业单位以银行存款900 000元购入甲公司60%的股份。该事业单位对甲公司的财务和经营决策具有重大影响，并准备长期持有该股份。

（2）2016年甲公司全年实现净利润420 000元。

（3）2017年2月宣告分派现金股利300 000元；2017年甲公司全年净亏损400 000元。

（4）2018年9月30日，被投资单位从其他单位无偿调入一台专用设备，增加其他净资产260 000元。

根据上述资料，编制该事业单位的会计分录。

① 2016年1月1日，投资时。

借：长期股权投资——甲公司（成本）　　　　　　　　　900 000
　　贷：银行存款　　　　　　　　　　　　　　　　　　　　　 900 000

② 2016年12月31日，确认投资收益时。

借：长期股权投资——甲公司（损益调整）　　252 000（420 000×60%）
　　贷：投资收益　　　　　　　　　　　　　　　　　　　　 252 000

2016年年末"长期股权投资——甲公司"科目的账面余额为1 152 000（900 000+252 000）元。

③ 2017年2月宣告分派股利时。

借：应收股利——甲公司　　　　　　　　180 000（300 000×60%）
　　贷：长期股权投资——甲公司（损益调整）　　　　　　　 180 000

宣告分派股利后"长期股权投资——甲公司"科目的账面余额=972 000（1 152 000−180 000）元。

2017年12月31日，该事业单位承担的亏损为240 000元（400 000×60%）。

借：投资收益　　　　　　　　　　　　　　　　　　240 000
　　贷：长期股权投资——甲公司（损益调整）　　　　　　　 240 000

2017年12月31日，"长期股权投资——甲公司"科目的账面余额为=732 000（972 000−240 000）元。

④ 借：长期股权投资——甲公司（其他权益变动）　156 000（260 000×60%）
　　　贷：权益法调整　　　　　　　　　　　　　　　　　　 156 000

2018年12月31日，年末"长期股权投资——甲公司"科目账面余额=888 000（732 000+156 000）元。

3. 长期股权投资的处置

单位按照规定报经批准出售（转让）长期股权投资时，应当区分长期股权投资取得方式分别进行处理。

（1）处置以现金取得的长期股权投资，按照实际取得的价款，借记"银行存款"等科目，按照被处置长期股权投资的账面余额，贷记"长期股权投资"科目，按照尚未领取的现金股利或利润，贷记"应收股利"科目，按照发生的相关税费等支出，贷记"银行存款"等科目，按照借贷方差额，借记或贷记"投资收益"科目。

（2）处置以现金以外的其他资产取得的长期股权投资，按照被处置长期股权投资的账面余额，借记"资产处置费用"科目，贷记"长期股权投资"科目；同时，按照实际取得的价款，借记"银行存款"等科目，按照尚未领取的现金股利或利润，贷记"应收股利"科目，按照发生的相关税费等支出，贷记"银行存款"等科目，按照贷方差额，贷记"应缴财政款"科目。按照规定将处置时取得的投资收益纳入本单位预算管理的，应当按照所取得价款大于被处置长期股权投资账面余额、应收股利账面余额和相关税费支出合计的差额，贷记"投资收益"科目。

（3）因被投资单位破产清算等原因，有确凿证据表明长期股权投资发生损失，按照规定报经批准后予以核销时，按照予以核销的长期股权投资的账面余额，借记"资产处置费用"科目，贷记"长期股权投资"科目。

（4）报经批准置换转出长期股权投资时，参照"库存物品"科目中置换换入库存物品的规定进行账务处理。

（5）对采用权益法核算的长期股权投资的处置，除进行上述账务处理外，还应结转原直接计入净资产的相关金额，借记或贷记"权益法调整"科目，贷记或借记"投资收益"科目。

【例 4-39】接【例 4-38】，该事业单位 2019 年 4 月 1 日将对甲公司的长期股权投资转让给 A 公司，该长期股权投资的账面价值为 1 050 000 元，应收股利 100 000 元，转让价款 1 350 000 元，价款存入银行。

```
借：银行存款                                    1 350 000
   贷：长期股权投资                                1 050 000
       应收股利                                     100 000
       投资收益                                     200 000
借：权益法调整                                     156 000
   贷：投资收益                                      156 000
```

五、长期债券投资的核算

长期债券投资是指事业单位按照规定取得的，持有时间超过 1 年（不含 1 年）的债券投资。"长期债券投资"科目下应当设置"成本"和"应计利息"明细科目，并按照债券投资的种类进行明细核算。

1. 长期债券投资取得的核算

事业单位在取得长期债券投资时，应当以其实际成本作为投资成本。以货币资金购入的长期债券投资，以实际支付的全部价款（包括购买价款以及税金、手续费等相关税费）作为投资成本，借记"长期债券投资——成本"科目，按照支付的价款中包含的已到付息期但尚未领取的利息，借记"应收利息"科目，按照实际支付的金额，贷记"银行存款"等科目。

实际收到取得债券时所支付价款中包含的已到付息期但尚未领取的利息时，借记"银行存款"科目，贷记"应收利息"科目。

【例 4-40】2017 年 1 月 1 日，某事业单位经上级主管部门批准，以银行存款购入财政部发行的三年期记账式国债，面值 50 000 元，年利率为 3.5%，到期一次还本付息。不考虑其他税费。

```
借：长期债券投资——成本                          50 000
   贷：银行存款                                      50 000
```

2. 长期债券投资持有期间利息的核算

单位在长期债券投资持有期间，按期以债券票面金额与票面利率计算确认利息收入时，如为到期一次还本付息的债券投资，借记"长期债券投资——应计利息"科目，贷记"投资收益"科目；如为分期付息、到期一次还本的债券投资，借记"应收利息"科目，贷记"投资收益"科目。

收到分期支付的利息时，按照实收的金额，借记"银行存款"等科目，贷记"应收利息"科目。

【例4-41】接【例4-40】，该事业单位2017年12月31日计算应计利息。

借：长期债券投资——应计利息   1 750

     贷：投资收益   1 750

3. 长期债券投资到期收回的核算

到期收回长期债券投资时，按照实际收到的金额，借记"银行存款"科目，按照长期债券投资的账面余额，贷记"长期债券投资"科目，按照相关应收利息金额，贷记"应收利息"等科目，按照其差额，贷记"投资收益"科目。

【例4-42】接【例4-40】，2019年12月31日，该国债到期，收回本息共计55 250元。

借：银行存款   55 250

     贷：长期债券投资——成本   50 000

                   ——应计利息   3 500

         投资收益   1 750

对外出售长期债券投资，按照实际收到的金额，借记"银行存款"科目，按照长期债券投资的账面余额，贷记"长期债券投资"科目，按照已记入"应收利息"科目但尚未收取的金额，贷记"应收利息"科目，按照其差额，贷记或借记"投资收益"科目。涉及增值税业务的，相关账务处理参见"应交增值税"科目。

第七节　固定资产

一、固定资产的概念与分类

固定资产是指单位为满足自身开展业务活动或其他活动需要而控制的，使用年限超过1年（不含1年）、单位价值在规定标准以上，并在使用过程中基本保持原有物质形态的资产，一般包括房屋及构筑物、专用设备、通用设备等。单位价值虽未达到规定标准，但是使用年限超过1年（不含1年）的大批同类物资，如图书、家具、用具、装具等，应当确认为固定资产。

单位的固定资产按其自然属性、用途和管理要求，一般分为以下6类。

（1）房屋及构筑物。是指单位占用或者使用的房屋和构筑物。房屋一般包括办公用房、业务用房、仓库用房、职工宿舍用房等；构筑物一般包括水塔、围墙、雕塑等。

（2）通用设备。是指单位业务活动需要的通用性设备，如小汽车等各种车辆，办公用的计算机、复印机等。

（3）专用设备。是指单位根据业务活动需要占用或者使用的各种具有专门用途的设备，如学校的教学仪器、医院的医疗器械、刑侦人员使用的特殊仪器设备、安全部门使用的监测设备等。

（4）文物和陈列品。是指单位占用或者使用的具有特殊价值的文物和陈列品，如古玩、字画、纪念品、装饰品、展品、藏品等。

（5）图书、档案。是指单位统一管理使用的批量业务用书，如单位图书馆、阅览室里的图书等，以及由单位保管的人事档案、会计档案等。

（6）家具、用具、装具及动植物。家具、用具、装具是指单位办公用的家具及在业务活动中使用的工具、包装物等；动植物是指非流动资产的动植物，包括经济林、薪炭林、产畜、役畜等。

二、固定资产的确认与计价

1. 固定资产的确认

固定资产应当按照以下条件确认。

（1）购入、换入、无偿调入、接受捐赠不需安装的固定资产，在固定资产验收合格时确认。

（2）购入、换入、无偿调入、接受捐赠需要安装的固定资产，在固定资产安装完成交付使用时确认。

（3）自行建造、改建、扩建的固定资产，在建造完成交付使用时确认。

2．固定资产的计价

（1）购入的固定资产，其成本包括实际支付的购买价款、相关税费、使固定资产交付使用前所发生的可归属于该项资产的运输费、装卸费、安装费和专业人员服务费等。

（2）自行建造的固定资产，其成本包括建造该项资产至交付使用前所发生的全部必要支出。在原有固定资产基础上进行改建、扩建、修缮后的固定资产，其成本按照原固定资产账面价值加上改建、扩建、修缮发生的支出，再扣除固定资产被替换部分的账面价值后的金额确定。

（3）置换取得的固定资产，其成本按照换出资产的评估价值加上支付的补价或减去收到的补价，加上为换入固定资产支付的其他相关支出确定。

（4）接受捐赠的固定资产，其成本按照有关凭据注明的金额加上相关税费、运输费等确定；没有相关凭据，但依法经过资产评估的，其成本应当按照评估价值加上相关税费、运输费等确定；没有相关凭据也未经评估的，其成本比照同类或类似固定资产的市场价格加上相关税费、运输费等确定；没有相关凭据也未经评估，其同类或类似固定资产的市场价格无法可靠取得的，按照名义金额入账，相关税费、运输费等计入当期费用。

（5）无偿调入的固定资产，其成本按照调出方账面价值加上相关税费、运输费等确定。

（6）盘盈的固定资产，按规定经过资产评估的，其成本按照评估价值确定；未经资产评估的，其成本按照重置成本确定。

三、固定资产核算的科目设置

为了核算固定资产，单位一般需要设置"固定资产""固定资产累计折旧""工程物资""在建工程"等科目，核算固定资产的取得、计提折旧和处置等情况。

1．"固定资产"科目

本科目核算单位各类固定资产的原价。借方登记增加的固定资产的原始价值，贷方登记减少的固定资产的原始价值，期末借方余额，反映单位固定资产的原价。

单位应当根据固定资产定义、有关主管部门对固定资产的统一分类，结合本单位的具体情况，制定适合本单位的固定资产目录、具体分类方法，作为进行固定资产核算的依据。单位通过设置"固定资产登记簿"和"固定资产卡片"，按照固定资产类别、项目和使用部门等进行明细核算。固定资产的各组成部分具有不同的使用寿命、适用不同折旧率的，应当分别将各组成部分确认为单项固定资产。对于借入、以经营租赁方式租入的固定资产，不通过本科目核算，应当设置备查簿进行登记。出租、出借的固定资产，也应当设置备查簿进行登记。

如果单位的软件是构成相关硬件不可缺少的组成部分，则单位应当将该软件的价值包含在所属的硬件价值中，一并作为固定资产核算；如果其不是构成相关硬件不可缺少的组成部分，则单位应当将该软件作为无形资产核算。

购入需要安装的固定资产，应当先通过"在建工程"科目核算，安装完毕交付使用时再转入"固定资产"科目核算。

2．"固定资产累计折旧"科目

本科目核算单位计提的固定资产累计折旧。其借方登记减少的固定资产注销的折旧，贷方登记提取的折旧等折旧增加额，期末贷方余额，反映单位计提的固定资产折旧累计数。该账户是"固定资产"账户的备抵账户，两者相抵的差额为固定资产的净值。单位对固定资产累计折旧应当按照对应固定资产的明细分类进行明细核算。

3. "工程物资"科目

工程物资是指单位为在建工程准备的各种物资，包括工程用材料、设备等。为了核算工程物资业务，单位应设置"工程物资"科目。该科目核算单位为在建工程准备的各种物资的成本，包括工程用材料、设备等。对本科目可按照"库存材料""库存设备"等工程物资类别进行明细核算。

4. "在建工程"科目

在建工程是指单位已经发生必要支出，但尚未完工交付使用的建设工程，包括新建、改建、扩建及修缮各种建筑物、设备安装工程和信息系统建设工程。

为了核算单位在建工程的实际成本，单位应设置"在建工程"科目。本科目借方登记工程建设发生的各项支出，贷方登记工程交付使用的工程实际成本，期末借方余额，反映单位尚未完工的在建工程的实际成本。不能增加固定资产、公共基础设施使用效能或延长其使用寿命的修缮、维护等，不通过本科目核算。对本科目应当按照具体工程项目进行明细核算。

四、固定资产的增加

固定资产的增加一般包括：基本建设竣工移交的房屋、建筑物，购入或自制及从其他单位无偿、有偿调入的固定资产，外单位或个人捐赠等原因增加的固定资产。单位取得固定资产时，应当按照其成本入账。

1. 外购固定资产

（1）购入不需要安装的固定资产。购入不需安装的固定资产验收合格时，按照确定的固定资产成本，借记"固定资产"科目，贷记"财政拨款收入""零余额账户用款额度""应付账款""银行存款"等科目。

【例4-43】某行政单位购买不需要安装的专用仪器一台，价款30 000元，通过财政直接支付，仪器验收合格。

借：固定资产　　　　　　　　　　　　　　　　　　　　　　　30 000
　　贷：财政拨款收入　　　　　　　　　　　　　　　　　　　　　　30 000

（2）购入需要安装的固定资产。购入需要安装的固定资产，先通过"在建工程"科目核算。固定资产安装完工交付使用时，借记"固定资产"科目，贷记"在建工程"科目。

【例4-44】某事业单位购入一台需要安装的设备，价款31 000元，安装费用2 000元，上述款项均通过银行存款付讫，不考虑其他费用。

① 支付设备款时。

借：在建工程　　　　　　　　　　　　　　　　　　　　　　　31 000
　　贷：银行存款　　　　　　　　　　　　　　　　　　　　　　　31 000

② 支付安装费时。

借：在建工程　　　　　　　　　　　　　　　　　　　　　　　2 000
　　贷：银行存款　　　　　　　　　　　　　　　　　　　　　　　2 000

③ 设备交付使用时。

借：固定资产　　　　　　　　　　　　　　　　　　　　　　　33 000
　　贷：在建工程　　　　　　　　　　　　　　　　　　　　　　　33 000

2. 自行建造的固定资产

对自行建造的固定资产，在工程完工交付使用时，按照自行建造过程中发生的实际支出，借记"固定资产"科目，贷记"在建工程"科目；已交付使用但尚未办理竣工决算手续的固定资产，按照估计价值入账，待办理竣工决算后再按照实际成本调整原来的暂估价值。

3. 接受捐赠的固定资产

接受捐赠的固定资产，按照确定的固定资产成本，借记"固定资产"科目（不需安装）或"在建工程"科目（需安装），按照发生的相关税费、运输费等，贷记"零余额账户用款额度""银行存款"等科目，按照其差额，贷记"捐赠收入"科目。

【例 4-45】2018 年 1 月 20 日，某行政单位接受外单位捐赠不需要安装的设备一台，根据发票等单据确定价值为 20 000 元，同时以银行存款支付设备的运输费 1 200 元。

```
借：固定资产                                      21 200
    贷：银行存款                                    1 200
        捐赠收入                                   20 000
```

4. 无偿调入的固定资产

无偿调入的固定资产，按照确定的固定资产成本，借记"固定资产"科目（不需安装）或"在建工程"科目（需安装），按照发生的相关税费、运输费等，贷记"零余额账户用款额度""银行存款"等科目，按照其差额，贷记"无偿调拨净资产"科目。

5. 融资租入的固定资产

融资租入的固定资产，按照确定的成本，借记"固定资产"（不需安装）或"在建工程"科目（需安装），按照租赁协议或者合同确定的租赁付款额，贷记"长期应付款"科目，按照支付的运输费、途中保险费、安装调试费等金额，贷记"财政拨款收入""零余额账户用款额度""银行存款"等科目。

定期支付租金时，按照实际支付金额，借记"长期应付款"科目，贷记"财政拨款收入""零余额账户用款额度""银行存款"等科目。

【例 4-46】某事业单位以融资租赁方式租入一台不需要安装的设备，租赁合同规定：付款总额为 65 000 元，租期 10 年，租赁费每年年底支付一次。另以银行存款支付设备的运输费、保险费 5 000 元。

（1）确认租入固定资产。

```
借：固定资产                                      70 000
    贷：长期应付款                                  65 000
        银行存款                                    5 000
```

（2）每年支付租金时。

```
借：长期应付款                                     6 500
    贷：银行存款                                    6 500
```

五、固定资产的折旧

1. 固定资产折旧的性质

固定资产折旧是指单位在固定资产预计使用寿命内，按照确定的方法对应折旧金额进行系统分摊。

使用寿命，是指单位使用固定资产的预计期间。单位应当根据固定资产的性质和实际使用情况，合理确定其折旧年限。省级以上财政部门、主管部门对单位固定资产折旧年限做出规定的，单位按规定进行折旧。

应折旧金额，是指应当计提折旧的固定资产的原值扣除其预计净残值后的余额。现行会计制度规定，单位固定资产应折旧金额为其成本，计提固定资产折旧不考虑预计净残值。

2. 固定资产折旧的范围

（1）单位对除下列固定资产以外的固定资产计提折旧。

① 文物及陈列品。

② 图书、档案。

③ 动植物。

④ 单独计价入账的土地。

⑤ 以名义金额入账的固定资产。

（2）在确定计提折旧的范围时，还应注意以下几点。

① 单位一般应当按月计提固定资产折旧。当月增加的固定资产，当月不提折旧，从下月起计提折旧；当月减少的固定资产，当月照提折旧，从下月起不提折旧。

② 固定资产提足折旧后，无论能否继续使用，均不再计提折旧；提前报废的固定资产，也不再补提折旧；已提足折旧的固定资产，可以继续使用的，应当继续使用，规范管理。

③ 单位对固定资产因改建、扩建或修缮等原因而提高使用效能或延长使用年限的，应当按照重新确定的固定资产成本以及重新确定的折旧年限，重新计算折旧额。

3. 固定资产折旧的方法

单位一般应当采用年限平均法或工作量法计提固定资产折旧。在确定固定资产的折旧方法时，应当考虑与固定资产相关的服务潜力或经济利益的预期实现方式。固定资产折旧方法一经确定，不得随意变更。

4. 固定资产折旧的核算

按月计提固定资产折旧时，按照应计提折旧金额，借记"业务活动费用""单位管理费用""经营费用""加工物品""在建工程"等科目，贷记"固定资产累计折旧"科目。

微课：年限平均法和工作量法

【例4-47】 某行政单位2019年6月对办公用车计提折旧16 800元。

借：业务活动费用 16 800

　　贷：固定资产累计折旧 16 800

六、固定资产的后续支出

单位对与固定资产有关的后续支出，分以下情况处理。

（1）为增加固定资产使用效能或延长其使用寿命而发生的改建、扩建或修缮等后续支出，应当计入固定资产成本，通过"在建工程"科目核算，完工交付使用时转入"固定资产"科目。

通常情况下，将固定资产转入改建、扩建时，按照固定资产的账面价值，借记"在建工程"科目，按照固定资产已计提折旧，借记"固定资产累计折旧"科目，按照固定资产的账面余额，贷记"固定资产"科目。

为增加固定资产使用效能或延长其使用年限而发生的改建、扩建等后续支出，借记"在建工程"科目，贷记"财政拨款收入""零余额账户用款额度""银行存款"等科目。

固定资产改建、扩建等完成交付使用时，按照在建工程成本，借记"固定资产"科目，贷记"在建工程"科目。

【例4-48】 2019年5月，某单位因工作需要对多媒体办公室进行改建。该多媒体办公室建造成本100 000元，已计提折旧30 000元。以银行存款支付新设备购置费21 000元，安装维修费5 600元。6月30日完工交付使用。

① 固定资产改建时。

借：在建工程   70 000

    固定资产累计折旧   30 000

  贷：固定资产   100 000

② 支付设备购置款时。

借：在建工程   21 000

  贷：银行存款   21 000

③ 支付安装费时。

借：在建工程   5 600

  贷：银行存款   5 600

④ 工程完工交付使用时。

固定资产成本=70 000+21 000+5 600=96 600（元）

借：固定资产   96 600

  贷：在建工程   96 600

（2）单位为保证固定资产正常使用发生的日常维修等支出，借记"业务活动费用""单位管理费用"等科目，贷记"财政拨款收入""零余额账户用款额度""银行存款"等科目。

七、固定资产的处置

1. 出售、转让固定资产

单位报经批准出售、转让固定资产，按照被出售、转让固定资产的账面价值，借记"资产处置费用"科目，按照固定资产已计提的折旧，借记"固定资产累计折旧"科目，按照固定资产账面余额，贷记"固定资产"科目；同时，按照收到的价款，借记"银行存款"等科目，按照处置过程中发生的相关费用，贷记"银行存款"等科目，按照其差额，贷记"应缴财政款"科目。

【例4-49】2019年5月31日，经批准，甲行政单位将一固定资产转让给乙公司，合同价款为25 000元，乙公司已用银行存款付讫。出售时，该固定资产原值为50 000元，已计提折旧15 000元，用银行存款支付清理费3 000元。按有关规定该固定资产出售的净收入应上缴国库。

借：资产处置费用   35 000

    固定资产累计折旧   15 000

  贷：固定资产   50 000

借：银行存款   25 000

  贷：应缴财政款   22 000

    银行存款   3 000

2. 无偿调出固定资产

单位报经批准无偿调出固定资产，按照固定资产已计提的折旧，借记"固定资产累计折旧"科目，按照被处置固定资产账面余额，贷记"固定资产"科目，按照其差额，借记"无偿调拨净资产"科目；同时，按照无偿调出过程中发生的归属于调出方的相关费用，借记"资产处置费用"科目，贷记"银行存款"等科目。

3. 对外捐赠固定资产

单位报经批准对外捐赠固定资产，按照固定资产已计提的折旧，借记"固定资产累计折旧"科目，按照被处置固定资产账面余额，贷记"固定资产"科目，按照捐赠过程中发生的归属于捐出方的相关费用，贷记"银行存款"等科目，按照其差额，借记"资产处置费用"科目。

【例4-50】某行政单位向希望小学捐赠10台两年前购入的计算机，账面原值35 000元，已计提折旧7 000元。以银行存款支付运费1 500元，不考虑其他费用。

借：资产处置费用   29 500

   固定资产累计折旧   7 000

  贷：固定资产   35 000

     银行存款   1 500

八、固定资产的清查

单位对固定资产应当定期进行清查盘点，每年至少盘点一次。对于发生的固定资产盘盈、盘亏或毁损、报废，应当先记入"待处理财产损溢"科目，然后按照规定报经批准后及时进行后续账务处理。

1．盘盈的固定资产

盘盈的固定资产，其成本按照有关凭据注明的金额确定；没有相关凭据，但按照规定经过资产评估的，其成本按照评估价值确定；没有相关凭据，也未经过评估的，其成本按照重置成本确定。如无法采用上述方法确定盘盈固定资产成本的，按照名义金额（人民币1元）入账。

盘盈的固定资产，按照确定的入账成本，借记"固定资产"科目，贷记"待处理财产损溢"科目。

2．盘亏、毁损式报废的固定资产

盘亏、毁损或报废的固定资产，按照待处理固定资产的账面价值，借记"待处理财产损溢"科目，按照已计提折旧，借记"固定资产累计折旧"科目，按照固定资产的账面余额，贷记"固定资产"科目。

第八节 无形资产

一、无形资产的概念与内容

无形资产是指单位控制的没有实物形态的可辨认非货币性资产，如专利权、商标权、著作权、土地使用权、非专利技术等。

资产满足下列条件之一的，符合无形资产定义中的可辨认性标准。

（1）能够从单位中分离或者划分出来，并能单独或者与相关合同、资产或负债一起，用于出售、转移、授予许可、租赁或者交换。

（2）源自合同性权利或其他法定权利，无论这些权利是否可以从单位或其他权利和义务中转移或者分离。

二、无形资产的确认与计价

对于同时满足下列条件的无形资产，单位应当予以确认。

（1）与该无形资产相关的服务潜力很可能实现或者经济利益很可能流入单位。

（2）该无形资产的成本或者价值能够可靠地计量。

在判断无形资产的服务潜力或经济利益是否很可能实现或流入时，应当对无形资产在预计使用年限内可能存在的各种社会、经济、科技因素做出合理估计，并且应当有确凿的证据支持。

单位取得无形资产时，应当按照其实际成本进行初始计量。

（1）外购的无形资产，其成本包括实际支付的购买价款、相关税费以及可归属于该项资产达到预定用途前所发生的其他支出。委托软件公司开发软件，视同外购无形资产处理。

（2）自行开发的无形资产，其成本包括自该项目进入开发阶段后至达到预定用途前所发生的支出总额。

（3）通过置换取得的无形资产，其成本按照换出资产的评估价值加上支付的补价或减去收到的补价，加上换入无形资产发生的其他相关支出确定。

（4）接受捐赠的无形资产，其成本按照有关凭据注明的金额加上相关税费确定；没有相关凭据，但按规定经过资产评估的，其成本按照评估价值加上相关税费确定；没有相关凭据也未经资产评估的，其成本比照同类或类似资产的市场价格加上相关税费确定；没有相关凭据且未经资产评估，同类或类似资产的市场价格也无法可靠取得的，按照名义金额入账，相关税费计入当期费用。

确定接受捐赠无形资产的初始入账成本时，应当考虑该项资产尚可为单位带来服务潜力或经济利益的能力。

（5）无偿调入的无形资产，其成本按照调出方账面价值加上相关税费确定。

三、无形资产核算的科目设置

1.“无形资产”科目

本科目核算单位各项无形资产的原价。该科目借方登记取得无形资产的成本，贷方登记处置无形资产的成本，期末借方余额，反映单位无形资产的原价。单位对本科目应当按照无形资产的类别、项目等进行明细核算。

2.“无形资产累计摊销”科目

本科目核算单位无形资产（以名义金额计量的无形资产除外）计提的累计摊销。该科目贷方登记计提的无形资产的摊销额，借方登记因无形资产减少而转销的摊销额。期末贷方余额，反映单位计提的无形资产摊销累计数。单位对本科目应当按照无形资产的类别、项目等进行明细核算。

四、无形资产取得的核算

1. 外购的无形资产

单位对外购的无形资产，按照确定的成本，借记“无形资产”科目，贷记“财政拨款收入”“零余额账户用款额度”“应付账款”“银行存款”等科目。

【例4-51】某单位购入一项非专利技术，价款30 000元，另支付手续费2 000元。款项以银行存款支付。

借：无形资产   32 000

 贷：银行存款   32 000

2. 自行开发的无形资产

单位对自行研究开发项目的支出，应当区分研究阶段支出与开发阶段支出。

研究是指为获取并理解新的科学或技术知识而进行的独创性的有计划调查。开发是指在进行生产或使用前，将研究成果或其他知识应用于某项计划或设计，以生产出新的或具有实质性改进的材料、装置、产品等。

单位对自行研究开发项目研究阶段的支出，应当于发生时计入当期费用。

单位对自行研究开发项目开发阶段的支出，先按合理方法进行归集，对于最终形成无形资产的，应当确认为无形资产；对于最终未形成无形资产的，应当计入当期费用。对自行研究开发形成的无形资产，按照研究开发项目进入开发阶段后至达到预定用途前所发生的支出总额，借记“无形资产"科目,贷记"研发支出——开发支出"科目。

单位自行研究开发项目尚未进入开发阶段,或者确实无法区分研究阶段支出和开发阶段支出,但按法律程序已申请取得无形资产的,应当将依法取得时发生的注册费、聘请律师费等费用确认为无形资产,借记"无形资产"科目,贷记"财政拨款收入""零余额账户用款额度""银行存款"等科目;按照依法取得前所发生的研究开发支出,借记"业务活动费用"等科目,贷记"研发支出"科目。

【例 4-52】某行政单位自行开发一套计算机软件系统,开发期间发生的相关支出有:软件测试费 8 800 元,领用办公耗材价值 1 500 元,研发人员劳务报酬 12 000 元。该研发确实无法区分研究阶段支出和开发阶段支出,但该软件已在国家专利局申请注册,注册时发生注册费、聘请律师费等费用 16 800 元。上述款项均以零余额账户支付。

① 支付研发期间的相关费用时。

借:研发支出		22 300
贷:零余额账户用款额度		8 800
应付职工薪酬		12 000
库存物品		1 500

② 支付申请专利发生的注册费、聘请律师费时。

借:研发支出		16 800
贷:零余额账户用款额度		16 800

③ 将依法取得专利前所发生的研究开发支出结转业务活动费用时。

借:业务活动费用		22 300
贷:研发支出		22 300

同时将专利申请费用结转无形资产时。

借:无形资产		16 800
贷:研发支出		16 800

3. 接受捐赠的无形资产

单位对接受捐赠的无形资产,按照确定的无形资产成本,借记"无形资产"科目,按照发生的相关税费等,贷记"零余额账户用款额度""银行存款"等科目,按照其差额,贷记"捐赠收入"科目。

接受捐赠的无形资产按照名义金额入账的,按照名义金额,借记"无形资产"科目,贷记"捐赠收入"科目;同时,按照发生的相关税费等,借记"其他费用"科目,贷记"零余额账户用款额度""银行存款"等科目。

4. 无偿调入的无形资产

单位对无偿调入的无形资产,按照确定的无形资产成本,借记"无形资产"科目,按照发生的相关税费等,贷记 "零余额账户用款额度""银行存款"等科目,按照其差额,贷记"无偿调拨净资产"科目。

【例 4-53】某行政单位接受上级主管部门无偿调入的一项专利技术,有关凭据上注明的金额为 62 000 元,该单位以银行存款支付手续费 1 200 元。

借:无形资产		63 200
贷:银行存款		1 200
无偿调拨净资产		62 000

五、无形资产的摊销

1. 无形资产摊销的基本要求

摊销，是指在无形资产使用寿命内，按照确定的方法对应摊销金额进行系统分摊。单位应当对使用年限有限的无形资产进行摊销，但已摊销完毕仍继续使用的无形资产和以名义金额计量的无形资产除外。

2. 无形资产摊销年限与摊销方法

单位应当于取得或形成无形资产时合理确定其使用年限。无形资产的使用年限为有限的，应当估计该使用年限。无法预见无形资产为单位提供服务潜力或者带来经济利益期限的，应当视为使用年限不确定的无形资产。使用年限不确定的无形资产不应摊销。

对于使用年限有限的无形资产，单位应当按照以下原则确定无形资产的摊销年限。

（1）法律规定了有效年限的，以法律规定的有效年限作为摊销年限。

（2）法律没有规定有效年限的，以相关合同或单位申请书中的受益年限作为摊销年限。

（3）法律没有规定有效年限，相关合同或单位申请书也没有规定受益年限的，应当根据无形资产为单位带来服务潜力或经济利益的实际情况，预计其使用年限。

（4）非大批量购入、单价小于1 000元的无形资产，可以于购买的当期将其成本一次性全部转销。

单位应当采用年限平均法或者工作量法对无形资产进行摊销，应摊销金额为其成本，不考虑预计残值。

3. 无形资产摊销的账务处理

单位应当按月对使用年限有限的无形资产进行摊销，并根据用途计入当期费用或者相关资产成本。按照应摊销金额，借记"业务活动费用""单位管理费用""加工物品""在建工程"等科目，贷记"无形资产累计摊销"科目。

【例4-54】某事业单位2019年3月从某科研机构购入一项著作权，取得成本为72 000元，该著作权使用期限为6年，不考虑其他相关税费。

该著作权的月摊销额=72 000÷6÷12=1 000（元）

借：业务活动费用　　　　　　　　　　　　　　　　　　　　　　　　　　1 000
　　贷：无形资产累计摊销　　　　　　　　　　　　　　　　　　　　　　　　1 000

六、无形资产的后续支出

1. 符合无形资产确认条件的后续支出

为增加无形资产的使用效能，对其进行升级改造或扩展其功能时，如需暂停对无形资产进行摊销的，按照无形资产的账面价值，借记"在建工程"科目，按照无形资产已摊销金额，借记"无形资产累计摊销"科目，按照无形资产的账面余额，贷记"无形资产"科目。

无形资产后续支出符合无形资产确认条件的，按照支出的金额，借记"无形资产"科目（无需暂停摊销的）或"在建工程"科目（需暂停摊销的），贷记"财政拨款收入""零余额账户用款额度""银行存款"等科目。

暂停摊销的无形资产升级改造或扩展功能等完成交付使用时，按照在建工程成本，借记"无形资产"科目，贷记"在建工程"科目。

【例4-55】某单位对工资系统软件进行升级改造，不需暂停对其进行摊销，发生支出8 900元，以银行存款支付。

借：无形资产　　　　　　　　　　　　　　　　　　　　　　　　　　8 900
　　贷：银行存款　　　　　　　　　　　　　　　　　　　　　　　　　　　8 900

2. 不符合无形资产确认条件的后续支出

单位对为保证无形资产正常使用发生的日常维护等支出，借记"业务活动费用""单位管理费用"等科目，贷记"财政拨款收入""零余额账户用款额度""银行存款"等科目。

【例4-56】某行政单位对其业务活动使用的计算机软件系统进行技术维护，用零余额账户用款额度支付软件公司技术服务费15 000元。

借：业务活动费用　　　　　　　　　　　　　　　　　　　　　　　　15 000
　　贷：零余额账户用款额度　　　　　　　　　　　　　　　　　　　　　15 000

七、无形资产的处置

1. 出售、转让

单位报经批准出售、转让无形资产，按照被出售、转让无形资产的账面价值，借记"资产处置费用"科目，按照无形资产已计提的摊销，借记"无形资产累计摊销"科目，按照无形资产账面余额，贷记"无形资产"科目；同时，按照收到的价款，借记"银行存款"等科目，按照处置过程中发生的相关费用，贷记"银行存款"等科目，按照其差额，贷记"应缴财政款"（按照规定应上缴无形资产转让净收入的）或"其他收入"（按照规定将无形资产转让收入纳入本单位预算管理的）科目。

【例4-57】某单位出售一项土地使用权，账面原值500 000元，已计提累计摊销额150 000元。出售价款400 000元，收到银行存款，按规定应该上缴财政。编制如下会计分录。

① 借：资产处置费用　　　　　　　　　　　　　　　　　　　　　　　350 000
　　　　无形资产累计摊销　　　　　　　　　　　　　　　　　　　　　150 000
　　　　贷：无形资产　　　　　　　　　　　　　　　　　　　　　　　　500 000
② 借：银行存款　　　　　　　　　　　　　　　　　　　　　　　　　400 000
　　　　贷：应缴财政款　　　　　　　　　　　　　　　　　　　　　　　400 000

2. 对外捐赠

单位报经批准对外捐赠无形资产，按照无形资产已计提的摊销，借记"无形资产累计摊销"科目，按照被处置无形资产账面余额，贷记"无形资产"科目，按照捐赠过程中发生的归属于捐出方的相关费用，贷记"银行存款"等科目，按照其差额，借记"资产处置费用"科目。

3. 无偿调出

单位报经批准无偿调出无形资产，按照无形资产已计提的摊销，借记"无形资产累计摊销"科目，按照被处置无形资产账面余额，贷记"无形资产"科目，按照其差额，借记"无偿调拨净资产"科目；同时，按照无偿调出过程中发生的归属于调出方的相关费用，借记"资产处置费用"科目，贷记"银行存款"等科目。

【例4-58】某行政单位向其下属事业单位无偿调出一项专利权，该专利权的账面原值为98 000元，计划使用年限为10年，按年限平均法进行摊销，已摊销5年。该单位以银行存款支付手续费500元。编制如下会计分录。

借：无偿调拨净资产　　　　　　　　　　　　　　　　　　　　　　　49 000
　　无形资产累计摊销　　　　　　　　　　　　　　　　　　　　　　49 000
　　贷：无形资产　　　　　　　　　　　　　　　　　　　　　　　　　98 000

借：资产处置费用 500
　　贷：银行存款 500

4．核销

当无形资产预期不能为单位带来服务潜力或经济利益时，单位可按照规定报经批准核销，按照待核销无形资产的账面价值，借记"资产处置费用"科目，按照已计提摊销，借记"无形资产累计摊销"科目，按照无形资产的账面余额，贷记"无形资产"科目。

八、无形资产的清查盘点

单位应当定期对无形资产进行清查盘点，每年至少盘点一次。单位对在资产清查盘点过程中发现的无形资产盘盈、盘亏等，参照"固定资产"科目相关规定进行账务处理。

第九节　待摊费用与长期待摊费用

一、待摊费用

待摊费用是指单位已经支付，但应当由本期和以后各期分别负担的分摊期在1年以内（含1年）的各项费用，如预付保险费、预付租金等。

摊销期限在1年以上的租入固定资产改良支出和其他费用，应当通过"长期待摊费用"科目核算，不通过"待摊费用"科目核算。

为了核算待摊费用业务，单位应设置"待摊费用"总账科目。单位对该科目应当按照待摊费用种类进行明细核算。该科目期末借方余额，反映单位各种已支付但尚未摊销的分摊期在1年以内（含1年）的费用。待摊费用应当在其受益期限内分期平均摊销，如预付航空保险费应在保险期的有效期内，预付租金应在租赁期内分期平均摊销，计入当期费用。待摊费用的主要账务处理如下。

（1）发生待摊费用时，按照实际预付的金额，借记"待摊费用"科目，贷记"财政拨款收入""零余额账户用款额度""银行存款"等科目。

（2）按照受益期限分期平均摊销时，按照摊销金额，借记"业务活动费用""单位管理费用""经营费用"等科目，贷记"待摊费用"科目。

（3）如果某项待摊费用已经不能使单位受益，单位应当将其摊余金额一次全部转入当期费用。按照摊销金额，借记"业务活动费用""单位管理费用""经营费用"等科目，贷记"待摊费用"科目。

【例4-59】某事业单位通过银行存款账户支付一笔款项2 400元，具体内容为支付非独立核算经营单位的房屋租赁费，租期6个月。

① 支付房屋租赁费时。

借：待摊费用——租赁费 2 400
　　贷：银行存款 2 400

② 之后每月摊销房屋租赁费时。

借：经营费用 400
　　贷：待摊费用 400

二、长期待摊费用

长期待摊费用是指单位已经支出，但应由本期和以后各期负担的分摊期限在1年以上（不含1年）的各项费用，如以经营租赁方式租入的固定资产发生的改良支出等。

为了核算长期待摊费用业务，单位应设置"长期待摊费用"总账科目，对该科目应当按照费用项目进行明细核算。该科目期末借方余额，反映单位尚未摊销完毕的长期待摊费用。长期待摊费用的主要账务处理如下。

（1）发生长期待摊费用时，按照支出金额，借记"长期待摊费用"科目，贷记"财政拨款收入""零余额账户用款额度""银行存款"等科目。

（2）按照受益期间摊销长期待摊费用时，按照摊销金额，借记"业务活动费用""单位管理费用""经营费用"等科目，贷记"长期待摊费用"科目。

（3）如果某项长期待摊费用已经不能使单位受益，单位应当将其摊余金额一次全部转入当期费用。按照摊销金额，借记"业务活动费用""单位管理费用""经营费用"等科目，贷记"长期待摊费用"科目。

【例 4-60】某行政单位以经营租赁方式租入一处办公用房，租赁期限 2 年，单位通过财政直接支付方式支付一笔款项 240 000 元，具体内容为支付经营租赁房屋装修费用。

① 支付经营租赁房屋装修费用时。

借：长期待摊费用——经营租赁固定资产租赁费　　　　　　　　　240 000

　　贷：财政拨款收入　　　　　　　　　　　　　　　　　　　　　　240 000

② 之后每月摊销经营租赁房屋的装修费时。

借：业务活动费用　　　　　　　　　　　　　　　　　　　　　　　10 000

　　贷：长期待摊费用——经营租赁固定资产租赁费　　　　　　　　　10 000

第十节　待处理财产损溢

待处理财产是指单位在资产清查过程中查明的各种资产盘盈、盘亏和报废、毁损的资产。单位对资产清查中查明的资产盘盈、盘亏、报废和毁损，应按照规定报经批准后及时进行账务处理。年末结账前一般应处理完毕。

为了核算待处理财产损溢业务，单位应当设置"待处理财产损溢"总账科目，用来核算单位在资产清查过程中查明的各种资产盘盈、盘亏和报废、毁损的价值。单位对该科目应当按照待处理的资产项目进行明细核算；对于在资产处理过程中取得收入或发生相关费用的项目，还应当设置"待处理财产价值""处理净收入"明细科目，进行明细核算。该科目期末如为借方余额，则反映尚未处理完毕的各种资产的净损失；期末如为贷方余额，则反映尚未处理完毕的各种资产净溢余。年末，经批准处理后，该科目一般应无余额。

一、库存现金短缺或溢余

1．发现现金短缺或溢余

单位每日核对库存现金，发现有待查明原因的现金短缺或溢余时，对于现金短缺，应当按照实际短缺的金额，借记"待处理财产损溢"科目，贷记"库存现金"科目；对于现金溢余，应当按照实际溢余的金额，借记"库存现金"科目，贷记"待处理财产损溢"科目。

2．查明原因报批后的处理

查明原因后，如为现金短缺，属于应由责任人赔偿或向有关人员追回的，借记"其他应收款"科目，贷记"待处理财产损溢"科目；属于无法查明原因的，报经批准核销时，借记"资产处置费用"科目，贷记"待处理财产损溢"科目。如为现金溢余，属于应支付给有关人员或单位的，借记"待处理财产损溢"科目，贷记"其他应付款"科目；属于无法查明原因的，报经批准后，借记"待处理财产损溢"科目，贷记"其他收入"科目。

【例4-61】某事业单位盘点库存现金时，发现库存数比账面数短少50元，暂时无法查明原因。

借：待处理财产损溢——现金短款 50

  贷：库存现金 50

经查明分析，短少的现金是由于出纳人员李四失误所致，经单位领导批准，同意责任人赔偿40元，其余计入相关费用。

借：其他应收款——李四 40

资产处置费用——现金短款 10

  贷：待处理财产损溢——现金短款 50

二、各类资产盘盈、盘亏（或报废、毁损）

1. 盘盈的各类资产

（1）转入待处理资产。单位将盘盈的各类资产转入待处理资产时，按照确定的成本，借记"库存物品""固定资产""无形资产""公共基础设施""政府储备物资""文物文化资产""保障性住房"等科目，贷记"待处理财产损溢"科目。

（2）报经批准后处理。按照规定报经批准后处理时，对于盘盈的流动资产，借记"待处理财产损溢"科目，贷记"单位管理费用"（事业单位）或"业务活动费用"（行政单位）科目。对于盘盈的非流动资产，如属于本年度取得的，按照当年新取得相关资产进行账务处理；如属于以前年度取得的，按照前期差错处理，借记"待处理财产损溢"科目，贷记"以前年度盈余调整"科目。

【例4-62】某行政单位2018年年终财产清查盘盈计算机一台，评估价值8 000元。经查该计算机系以前年度接受的捐赠没有入账。

① 根据"固定资产盘盈盘亏表"，将盘盈计算机转入待处理资产时。

借：固定资产——办公设备 8 000

  贷：待处理财产损溢——待处理财产价值 8 000

② 按规定程序批准后准予以处理时。

借：待处理财产损溢——待处理财产价值 8 000

  贷：以前年度盈余调整 8 000

2. 盘亏（或报废、毁损）的各类资产

（1）转入待处理资产。单位将盘亏（或报废、毁损）的各类资产转入待处理资产时，借记"待处理财产损溢"科目（待处理财产价值）[盘亏（或报废、毁损）固定资产、无形资产、公共基础设施、保障性住房的，还应借记"固定资产累计折旧""无形资产累计摊销""公共基础设施累计折旧（摊销）""保障性住房累计折旧"科目]，贷记"库存物品""固定资产""无形资产""公共基础设施""政府储备物资""文物文化资产""保障性住房""在建工程"等科目。涉及增值税业务的，相关账务处理参见"应交增值税"科目。报经批准处理时，借记"资产处置费用"科目，贷记"待处理财产损溢"科目（待处理财产价值）。

（2）取得的残值或残值变价收入。单位对处理报废、毁损实物资产过程中取得的残值或残值变价收入、保险理赔和过失人赔偿等，借记"库存现金""银行存款""库存物品""其他应收款"等科目，贷记"待处理财产损溢"科目（处理净收入）；对处理毁损、报废实物资产过程中发生的相关费用，借记"待处理财产损溢"科目（处理净收入），贷记"库存现金""银行存款"等科目。

（3）结转处理净收入。处理收支结清时，如果处理收入大于相关费用，则单位按照处理收入

减去相关费用后的净收入，借记"待处理财产损溢"科目（处理净收入），贷记"应缴财政款"等科目；如果处理收入小于相关费用，则按照相关费用减去处理收入后的净支出，借记"资产处置费用"科目，贷记"待处理财产损溢"科目（处理净收入）。

【例4-63】某事业单位年终财产清查盘亏扫描仪一台，原价2 000元，已提折旧1 500元。

① 根据"固定资产盘盈盘亏表"，将盘亏扫描仪转入待处理资产时。

借：待处理财产损溢——待处理财产价值 500
　　固定资产累计折旧 1 500
　　　贷：固定资产——办公设备 2 000

② 报经批准予以处理时。

借：资产处理费用 500
　　　贷：待处理财产损溢——待处理财产价值 500

【例4-64】某事业单位系小规模纳税人，2019年1月报废一批办公设备。其原价为230 000元，已提折旧130 000元，出售价格为82 400元，款项已存入银行。出售时发生相关费用1 000元。应交的增值税税额为1 600元[82 400÷（1+3%）×2%]，其他应交税费160元[1 600×（7%+3%）]。该批设备处置净收入应当上缴财政。

① 将该固定资产转入待处理财产时。

借：待处理财产损溢——待处理财产价值 100 000
　　固定资产累计折旧 130 000
　　　贷：固定资产 230 000

② 报经批准处理时。

借：资产处置费用 100 000
　　　贷：待处理财产损溢——待处理财产价值 100 000

③ 出售办公设备收到款项时。

借：银行存款 82 400
　　　贷：待处理财产损溢——处理净收入 80 800
　　　　　应交增值税 1 600

④ 用银行存款支付清理费用时。

借：待处理财产损溢——处理净收入 1 000
　　　贷：银行存款 1 000

⑤ 计算其他应交税费时。

借：待处理财产损溢——处理净收入 160
　　　贷：其他应交税费 160

⑥ 结转处理净收入时。

借：待处理财产损溢——处理净收入 79 640
　　　贷：应缴财政款 79 640（80 800-1 000-160）

⑦ 上缴相关税费，并上缴处置净收入时。

借：应交增值税 1 600
　　其他应交税费 160
　　应缴财政款 79 640
　　　贷：银行存款 81 400

知识总结

（1）资产是指单位过去的经济业务或者事项形成的，由单位控制的，预期能够产生服务潜力或者带来经济利益流入的经济资源。

（2）货币资金是指单位在日常开展业务活动过程中处于货币形态的那部分资金，按存放地点和用途不同，可分为库存现金、银行存款、零余额账户用款额度和其他货币资金。

（3）短期投资是指事业单位依法取得的，持有时间不超过1年（含1年）的投资，主要是国债投资。

（4）应收及预付款项是指单位在开展业务活动中形成的各项债权，包括财政应返还额度、应收票据、应收账款、预付账款和其他应收款等。

（5）存货是指单位在开展业务活动及其他活动中为耗用而储存的各种物资，包括材料、产品、包装物和低值易耗品及未达到固定资产标准的家具、用具、装具等。

（6）长期投资是指事业单位依法取得的，持有时间超过1年（不含1年）的股权和债权性质的投资。按照投资对象的不同，事业单位的长期投资分为长期股权投资和长期债券投资。

（7）固定资产是指使用期限超过1年（不含1年）、单位价值在规定标准以上，并在使用过程中基本保持原有物质形态的资产。

（8）无形资产是指单位控制的没有实物形态的可辨认非货币性资产，如专利权、商标权、著作权、土地使用权、非专利技术等。

（9）待摊费用是指单位已经支付，但应当由本期和以后各期分别负担的分摊期在1年以内（含1年）的各项费用，如预付保险费、预付租金等。长期待摊费用是指单位已经支出，但应由本期和以后各期负担的分摊期限在1年以上（不含1年）的各项费用，如以经营租赁方式租入的固定资产发生的改良支出等。

练习与实训

一、名词解释

资产 零余额账户用款额度 财政应返还额度 应收账款 预付账款 其他应收款 存货 固定资产 在建工程 无形资产

二、简答题

1. 单位的资产有哪些分类方法？
2. 单位库存现金管理的基本要求是什么？
3. 单位使用的银行结算方式有哪些？
4. 应收账款与预付账款的区别是什么？
5. 单位存货的特征是什么？
6. 单位固定资产如保分类？
7. 单位的无形资产应当如何计价？

三、业务核算题

习题一

1. 目的：练习单位货币资产的核算。

2. 资料：某行政单位发生下列经济业务。

（1）用现金购买了一批办公用品，金额共计500元，直接交付有关部门使用。

（2）从开户银行提取现金 2 500 元，以备日常开支。

（3）开出银行结算凭证，支付业务费 1 200 元。

（4）收到代理银行转来的财政授权支付到账通知书，获得财政授权支付额度 65 000 元。

3. 要求：根据上述经济业务编制会计分录。

习题二

1. 目的：练习单位应收及预付款项的核算。

2. 资料：某事业单位发生下列经济业务。

（1）公务员王某出差预借差旅费 1 500 元，以现金支付。

（2）出售一批闲置的办公用品，价款 35 000 元，收到对方交来的一张 30 天到期的商业承兑汇票，面值 35 000 元。

（3）该商业承兑汇票到期，款项已转入其银行存款账户。

（4）购买一专用设备，预付款项 10 000 元。

（5）王某出差归来，报销差旅费 1 400 元，剩余款项退回。

3. 要求：根据上述经济业务编制会计分录。

习题三

1. 目的：练习单位存货的核算。

2. 资料：某单位发生下列经济业务。

（1）购入甲类办公用品，共计价款 3 500 元，以银行存款支付。办公用品已验收入库。

（2）某部门领用乙类办公用品 10 件，每件 11 元，共计 110 元。

（3）月末对存货盘点时，发现甲类办公用品有 4 件已经不能使用，每件 8 元。同时，盘盈乙类办公用品 3 件，每件 15 元。经查，甲类办公用品不能使用属于产品自然变质所致，乙类办公用品盘盈属于漏记账所致，经批准予以处理。

3. 要求：根据上述经济业务编制会计分录。

习题四

1. 目的：练习单位固定资产的核算。

2. 资料：某事业单位发生下列经济业务。

（1）购买办公设备 3 台，每台 5 000 元。同时，发生运输费用 300 元，以上款项已通过银行转账方式支付。该设备不需要安装即投入使用。

（2）收到上级单位无偿调入某种专用设备，估计价值 6 000 元。

（3）购入一台需要安装的设备，价款 36 000 元，安装费用 1 000 元，款项已通过银行存款付讫。

（4）对该单位行政部门的固定资产计提折旧，共计 25 000 元。

（5）将一固定资产转让给某公司，出售价款为 35 000 元，该公司已用银行存款付讫。出售时，该固定资产原值为 60 000 元，已计提折旧 15 000 元，用银行存款支付清理费 2 000 元。按有关规定该固定资产出售的净收入应上缴国库。

3. 要求：根据上述经济业务编制会计分录。

习题五

1. 目的：练习单位无形资产的核算。

2. 资料：某行政单位发生下列经济业务。

（1）购入一项专利权，价款 40 000 元，另支付手续费 500 元。款项以银行存款支付。

（2）计提某无形资产摊销额，月摊销额为 2 000 元。

（3）拟出售一项土地使用权，账面原值 100 000 元，已计提累计摊销额 80 000 元。

3. 要求：根据上述经济业务编制会计分录。

第五章 | 行政事业单位负债的核算

第一节 行政事业单位负债概述

一、行政事业单位负债的概念

负债是指单位过去的经济业务或者事项形成的，预期会导致经济资源流出单位的现时义务。

现时义务是指单位在现行条件下已承担的义务。未来发生的经济业务或者事项形成的义务不属于现时义务，不应当确认为负债。

二、行政事业单位负债的分类

单位的负债按照流动性，分为流动负债和非流动负债。

流动负债是指预计在 1 年内（含 1 年）偿还的负债，包括应付及预收款项、应付职工薪酬、应缴款项等。

非流动负债是指流动负债以外的负债，包括长期应付款、应付政府债券和政府依法担保形成的债务等。

三、行政事业单位负债的确认和计量

符合负债定义的义务，在同时满足以下条件时，确认为负债。

（1）履行该义务很可能导致含有服务潜力或者经济利益的经济资源流出单位。

（2）该义务的金额能够可靠地计量。

负债的计量属性主要包括历史成本、现值和公允价值。单位在对负债进行计量时，一般应当采用历史成本。采用现值、公允价值计量的，应当保证所确定的负债金额能够持续、可靠计量。

在历史成本计量下，负债按照因承担现时义务而实际收到的款项或者资产的金额，或者承担现时义务的合同金额，或者按照为偿还负债预期需要支付的现金计量。在现值计量下，负债按照预计期限内需要偿还的未来净现金流出量的折现金额计量。在公允价值计量下，负债按照市场参与者在计量日发生的有序交易中，转移负债所需支付的价格计量。

微课：财政部再次亮剑地方政府违规举债

第二节 短期借款

短期借款是指事业单位经批准向银行或其他金融机构等借入的期限在 1 年内（含 1 年）的各种借款。事业单位借入短期借款一般是为了满足临时性运营周转或因季节性等因素而出现的资金不足的需要。短期借款的期限较短，事业单位要向债权人按期偿还借款的本金及利息。

为了反映事业单位短期借款的取得和偿还情况，事业单位应设置"短期借款"科目。该科目属于负债类科目，贷方登记取得借款的本金数额，借方登记偿还借款的本金数额，期末贷方

余额，反映事业单位尚未偿还的短期借款本金。单位对本科目应当按照债权人和借款种类进行明细核算。

事业单位借入各种短期借款时，按照实际借入的金额，借记"银行存款"科目，贷记"短期借款"科目。按期计提利息费用时，按照计算确定的金额，借记"其他费用"科目，贷记"应付利息"科目；支付短期借款利息时，借记"应付利息"科目，贷记"银行存款"科目。归还短期借款时，借记"短期借款"科目，贷记"银行存款"科目。

【例5-1】2019年1月1日，某事业单位因为临时资金需要，从银行借入一笔短期借款50 000元，期限6个月，年利率为6%，利息每季度末支付，借款本金到期后一次性归还。

（1）借入短期借款时。

借：银行存款 50 000
　　贷：短期借款 50 000

（2）月末计提利息时。

借：其他费用——利息支出 250
　　贷：应付利息 250

第一季度支付利息时。

借：应付利息 500
　　其他费用——利息支出 250
　　贷：银行存款 750

（3）到期归还本金时。

借：短期借款 50 000
　　贷：银行存款 50 000

银行承兑汇票到期，事业单位无力支付票款的，按照银行承兑汇票的票面金额，借记"应付票据"科目，贷记"短期借款"科目。

第三节　应缴款项

一、应缴财政款项

1. 应缴财政款项的内容

应缴财政款项是指单位取得或应收的按照规定应当上缴财政的款项，包括应缴国库的款项和应缴财政专户的款项。应缴国库款是指单位按规定应缴入国库的款项（应缴税费除外），主要包括单位代收的纳入预算管理的政府性基金收入、行政事业性收费、罚没收入、国有资产处置和出租出借收入。应缴财政专户款是指单位按规定应缴入财政专户的款项，如高中及以上学费、住宿费，高校委托培养费，学校收费，教育考试考务费，函大、电大、夜大及短训班培训费等。应缴国库的款项主要包括以下几种。

（1）政府性基金收入。政府性基金，是指各级人民政府及其所属部门根据法律、行政法规和中共中央、国务院文件规定，为支持特定公共基础设施建设和公共事业发展，向公民、法人和其他组织无偿征收的具有专项用途的财政资金。主要包括各种基金、资金、附加和专项收费等，如国家重大水利工程建设基金、民航发展基金、铁路建设基金、港口建设费、农网还贷资金、水利建设基金、城市公用事业附加、文化事业建设费、教育费附加等。政府性基金属于政府非税收入，全额纳入财政预算，实行"收支两条线"管理。

（2）行政性收费收入。行政性收费是指国家行政机关、司法机关和法律、法规授权的机构，依据国家法律、法规行使其管理职能，向公民、法人和其他组织收取的费用。例如，各级公安、司法、民政、工商行政管理部门因颁发各种证照簿册或审批登记等业务而向有关单位和个人收取的工本费、手续费、商标注册费、企业登记费、公证费等。

（3）罚没收入。罚没收入是指国家司法、公安、行政、海关或其他经济管理部门对违反法律或行政法规的行为按规定课以罚金、罚款或没收赃款、赃物变价款而上缴国库的收入。

（4）国有资产处置收入。行政事业单位国有资产处置收入是指行政事业单位因国有资产产权的转移或核销所产生的收入，包括国有资产的出售收入、出让收入、置换差价收入、报废报损残值变价收入等。

（5）国有资产出租、出借收入。行政事业单位国有资产出租、出借收入是指行政事业单位在保证完成正常工作的前提下，经审批同意，出租、出借国有资产所取得的收入。

微课：遵循"三个不得"罚没款应全部上缴

2．应缴财政款的核算

为了核算单位取得的按规定应当上缴财政的款项，单位应设置"应缴财政款"科目。该科目属于负债类科目，贷方登记应缴数，借方登记已缴数，期末贷方余额，反映单位应当上缴财政但尚未缴纳的款项。年终清缴后，本科目一般应无余额。单位按照国家税法等有关规定应当缴纳的各种税费，通过"应交增值税""其他应交税费"科目核算，不通过本科目核算。单位对本科目按照应缴财政款项的类别进行明细核算。

单位取得或应收按照规定应缴财政的款项时，借记"银行存款""应收账款"等科目，贷记"应缴财政款"科目。单位上缴应缴财政的款项时，按照实际上缴的金额，借记"应缴财政款"科目，贷记"银行存款"科目。

【例5-2】某行政单位发生如下业务。

（1）收到应上缴国家的罚没款5 000元，款项已存入银行。

　　借：银行存款　　　　　　　　　　　　　　　　　　　5 000
　　　　贷：应缴财政款——罚没收入　　　　　　　　　　　　　5 000

（2）将按规定收取的行政性收费8 200元存入银行。

　　借：银行存款　　　　　　　　　　　　　　　　　　　8 200
　　　　贷：应缴财政款——行政性收费　　　　　　　　　　　　8 200

（3）该单位按照要求在月末将应缴财政款累计数24 000元上缴财政国库。

　　借：应缴财政款　　　　　　　　　　　　　　　　　　24 000
　　　　贷：银行存款　　　　　　　　　　　　　　　　　　　24 000

二、应交增值税

增值税是对在我国境内销售货物、提供加工修理修配劳务、销售服务、无形资产、不动产以及进口货物的增值额征收的一种流转税。增值税的纳税人按照其经营规模及会计核算是否健全分为一般纳税人和小规模纳税人，这两类纳税人在增值税的计算与缴纳、会计账户的设置以及账务处理等方面都有较大的差异。一般纳税人增值税的核算实行一般计税方法，即实行税款抵扣制度；小规模纳税人的增值税核算实行简易计税办法。

1．一般纳税人

一般纳税人的单位应纳增值税的基本计税方法是，以当期销项税额抵扣当期进项税额后的余额为当期的应纳税额。其计算公式为

应纳增值税税额=当期销项税额-当期进项税额

为了核算增值税，纳税人应设置"应交增值税"总账科目，按照税法规定计算应交的增值税。该科目期末贷方余额，反映单位应交未交的增值税；期末借方余额，反映单位尚未抵扣或多交的增值税。

属于增值税一般纳税人的单位，应当在"应交增值税"科目下设置"应交税金""未交税金""预交税金""待抵扣进项税额""待认证进项税额""待转销项税额""简易计税""转让金融商品应交增值税""代扣代缴增值税"等明细科目。

单位销售货物或提供服务，应当按照应收或已收的金额，借记"应收账款""应收票据""银行存款"等科目，按照确认的收入金额，贷记"经营收入""事业收入"等科目，按照现行增值税制度规定计算的销项税额，贷记"应交增值税"科目（应交税金——销项税额）。

【例5-3】 某科研事业单位非独立核算部门为增值税一般纳税人，适用税率为13%。2019年10月销售自产产品一批，增值税专用发票上注明的价款为300 000元，增值税税额为39 000元，货物已经发出，对方通过银行转账方式支付货款。

借：银行存款   339 000

贷：经营收入   300 000

应交增值税——应交税金（销项税额）   39 000

单位购买用于增值税应税项目的资产或服务等时，按照应计入相关成本费用或资产的金额，借记"业务活动费用""在途物品""库存物品""工程物资""在建工程""固定资产""无形资产"等科目，按照当月已认证的可抵扣增值税税额，借记"应交增值税"科目（应交税金——进项税额），按照当月未认证的可抵扣增值税税额，借记"应交增值税"科目（待认证进项税额），按照应付或实际支付的金额，贷记"应付账款""应付票据""银行存款""零余额账户用款额度"等科目。

【例5-4】 2019年4月，该部门购入非自用物品一批，用于生产产品。增值税专用发票上注明的价款为70 000元，增值税税额为9 100元，物品验收入库，款项已用银行存款支付。

借：库存物品   70 000

应交增值税——应交税金（进项税额）   9 100

贷：银行存款   79 100

单位购进资产或服务等，用于简易计税方法计税项目、免征增值税项目、集体福利或个人消费等，其进项税额按照现行增值税制度规定不得从销项税额中抵扣的，取得增值税专用发票时，应按照增值税发票注明的金额，借记相关成本费用或资产科目，按照待认证的增值税进项税额，借记"应交增值税"科目（待认证进项税额），按照实际支付或应付的金额，贷记"银行存款""应付账款""零余额账户用款额度"等科目。经税务机关认证为不可抵扣进项税时，借记"应交增值税"科目（应交税金——进项税额）科目，贷记"应交增值税"科目（待认证进项税额），同时，将进项税额转出，借记相关成本费用科目，贷记"应交增值税"科目（应交税金——进项税额转出）。

单位因发生非正常损失或改变用途等，原已计入进项税额、待抵扣进项税额或待认证进项税额，但按照现行增值税制度规定不得从销项税额中抵扣的，借记"待处理财产损溢""固定资产""无形资产"等科目，贷记"应交增值税"科目（应交税金——进项税额转出）、"应交增值税"科目（待抵扣进项税额）或"应交增值税"科目（待认证进项税额）；原不得抵扣且未抵扣进项税额的固定资产、无形资产等，因改变用途等用于允许抵扣进项税额的应税项目的，应按照允许抵扣的进项税额，借记"应交增值税"科目（应交税金——进项税额），贷记"固定资产""无形资产"等科目。当固定资产、无形资产等经上述调整后，单位应按照调整后的账面价值在剩余尚可使用年限内计提折旧或摊销。

2．小规模纳税人

增值税小规模纳税人采用简易征收的办法。按照销售额和征收率（小规模纳税人的征收率为3%）计算的税额，即为应纳的增值税。

计算公式为

$$应纳增值税税额＝销售额×征收率$$

属于增值税小规模纳税人的事业单位销售应税产品或提供应税服务，按实际收到或应收的价款，借记"银行存款""应收账款""应收票据"等科目，按实际收到或应收价款扣除增值税税额后的金额，贷记"经营收入"等科目，按应缴增值税金额，贷记"应交增值税"科目；实际缴纳增值税时，借记"应交增值税"科目，贷记"银行存款"科目。

【例5-5】某事业单位为增值税小规模纳税人，2019年1月销售自产产品，所开出的普通发票中注明货款10 300元，款项已存入银行。

不含税销售额＝10 300÷（1+3%）＝10 000（元）

应纳增值税＝10 000×3%＝300（元）

借：银行存款	10 300
贷：经营收入	10 000
应交增值税	300

实际交税时。

借：应交增值税	300
贷：银行存款	300

三、其他应交税费

其他应交税费是指单位按照税法等规定计算的应缴纳的除增值税以外的各种税费，包括城市维护建设税、教育费附加、地方教育费附加、车船税、房产税、城镇土地使用税和企业所得税等。

为了核算其他应交税费业务，单位应设置"其他应交税费"总账科目。单位对该科目应当按照应缴纳的税费种类进行明细核算。该科目期末贷方余额，反映单位应交未交的除增值税以外的税费金额；期末如为借方余额，则反映单位多缴纳的除增值税以外的税费金额。

单位代扣代缴的个人所得税，也通过该科目核算。单位应缴纳的印花税不需要预提应交税费，直接通过"业务活动费用""单位管理费用""经营费用"等科目核算，不通过该科目核算。其他应交税费的主要账务处理如下。

（1）单位发生城市维护建设税、教育费附加、地方教育费附加、车船税、房产税、城镇土地使用税等纳税义务的，按照税法规定计算的应缴税费金额，借记"业务活动费用""单位管理费用""经营费用"等科目，贷记"其他应交税费"科目（应交城市维护建设税、应交教育费附加、应交地方教育费附加、应交车船税、应交房产税、应交城镇土地使用税等）。

（2）单位按照税法规定计算应代扣代缴职工（含长期聘用人员）的个人所得税，借记"应付职工薪酬"科目，贷记"其他应交税费"科目（应交个人所得税）。

按照税法规定计算应代扣代缴支付给职工（含长期聘用人员）以外人员劳务费的个人所得税，借记"业务活动费用""单位管理费用"等科目，贷记"其他应交税费"科目（应交个人所得税）。

（3）单位发生企业所得税纳税义务的，按照税法规定计算的应交所得税税额，借记"所得税费用"科目，贷记"其他应交税费"科目（单位应交所得税）。

（4）单位实际缴纳上述各种税费时，借记"其他应交税费"科目（应交城市维护建设税、应交教育费附加、应交地方教育费附加、应交车船税、应交房产税、应交城镇土地使用税、应交个人所得税、单位应交所得税等），贷记"财政拨款收入""零余额账户用款额度""银行存款"等科目。

【例5-6】某事业单位系增值税一般纳税人，2019年8月转让10年前购入的房屋一栋，取得转让收入124 500元，款项已存入银行。该房屋购入时的成交价为30 000元，已计提折旧20 000元。该事业单位选择简易计税方法计算缴纳增值税，适用增值税征收率为5%，城市维护建设税的税率为7%，教育费附加征收率为3%。不考虑其他税费。按规定资产处置净收入上缴国库。

① 经批准转让固定资产时。

借：资产处置费用   10 000

　　固定资产累计折旧   20 000

　　贷：固定资产   30 000

② 计提各项税金。

应纳增值税=（124 500-30 000）/（1+5%）×5%=4 500（元）

应纳城市维护建设税=4 500×7%=315（元）

应纳教育费附加=4 500×3%=135（元）

借：银行存款   124 500

　　贷：应交增值税   4 500

　　　　其他应交税费——应交城市维护建设税   315

　　　　　　　　　　——应交教育费附加   135

　　　　应缴财政款   119 550

③ 上缴税金及附加费时。

借：应交增值税   4 500

　　其他应交税费——应交城市维护建设税   315

　　　　　　　——应交教育费附加   135

　　贷：银行存款   4 950

④ 上缴处置净收入时。

借：应缴财政款   119 550

　　贷：银行存款   119 550

单位出售不动产应当按税法规定缴纳增值税，并按照税法规定缴纳城市维护建设税和教育费附加。

【例5-7】2019年6月，某事业单位为办公用车购买交通强制保险，由保险公司代扣代缴车船税3 600元。该单位通过单位零余额账户缴纳税金。

① 确认纳税义务。

借：单位管理费用   3 600

　　贷：其他应交税费——应交车船税   3 600

② 实际缴纳时。

借：其他应交税费——应交车船税   3 600

　　贷：零余额账户用款额度   3 600

【例5-8】2019年，某事业单位取得经营收入658 000元，发生经营支出423 000元，假定无其他纳税调整事项。

应纳企业所得税税额=（658 000-423 000）×25%=58 750（元）

① 确认应纳税额时。

借：所得税费用   58 750

  贷：其他应交税费——单位应交所得税   58 750

② 实际上缴时。

借：其他应交税费——单位应交所得税   58 750

  贷：银行存款   58 750

第四节　应付职工薪酬

一、职工薪酬的概念

应付职工薪酬是指单位按照有关规定应付给职工（含长期聘用人员）及为职工支付的各种薪酬，包括基本工资、国家统一规定的津贴补贴、规范津贴补贴（绩效工资）、改革性补贴、社会保险费（如职工基本养老保险费、职业年金、基本医疗保险费等）、住房公积金等。

二、职工薪酬的核算

为了核算单位支付给职工的各种薪酬，单位应设置"应付职工薪酬"科目。该科目属于负债类科目，贷方登记计提的职工薪酬数，借方登记实际发放和代扣职工薪酬的金额，期末贷方余额，反映单位应付未付的职工薪酬。单位对本科目应当根据国家有关规定按照"基本工资"（含离退休费）、"国家统一规定的津贴补贴""规范津贴补贴（绩效工资）""改革性补贴""社会保险费""住房公积金""其他个人收入"等进行明细核算。其中，"社会保险费""住房公积金"明细科目核算内容包括单位从职工工资中代扣代缴的社会保险费、住房公积金，以及单位为职工计算缴纳的社会保险费、住房公积金。

1. 计算确认当期应付职工薪酬（含单位为职工计算缴纳的社会保险费、住房公积金）

（1）计提从事专业及其辅助活动人员的职工薪酬，借记"业务活动费用""单位管理费用"科目，贷记"应付职工薪酬"科目。

（2）计提应由在建工程、加工物品、自行研发无形资产负担的职工薪酬，借记"在建工程""加工物品""研发支出"等科目，贷记"应付职工薪酬"科目。

（3）计提从事专业及其辅助活动之外的经营活动人员的职工薪酬，借记"经营费用"科目，贷记"应付职工薪酬"科目。

（4）因解除与职工的劳动关系而给予的补偿，借记"单位管理费用"等科目，贷记"应付职工薪酬"科目。

2. 向职工支付工资、津贴补贴等薪酬

向职工支付工资、津贴补贴等薪酬时，按照实际支付的金额，借记"应付职工薪酬"科目，贷记"财政拨款收入""零余额账户用款额度""银行存款"等科目。

3. 代扣职工个人所得税

按照税法规定代扣职工个人所得税时，借记"应付职工薪酬"科目（基本工资），贷记"其他应交税费——应交个人所得税"科目。

从应付职工薪酬中代扣为职工垫付的水电费、房租等费用时，按照实际扣除的金额，借记"应付职工薪酬"科目（基本工资），贷记"其他应收款"等科目。

从应付职工薪酬中代扣社会保险费和住房公积金，按照代扣的金额，借记"应付职工薪酬"科目（基本工资），贷记"应付职工薪酬"科目（社会保险费、住房公积金）。

4. 缴纳职工社会保险费和住房公积金

按照国家有关规定缴纳职工社会保险费和住房公积金时，按照实际支付的金额，借记"应付职工薪酬"科目（社会保险费、住房公积金），贷记"财政拨款收入""零余额账户用款额度""银行存款"等科目。

5. 支付的其他款项

从应付职工薪酬中支付的其他款项，借记"应付职工薪酬"科目，贷记"零余额账户用款额度""银行存款"等科目。

【例 5-9】某事业单位 2019 年 6 月计算职工工资应发总额 420 000 元，其中专业业务人员工资 360 000 元，从事经营活动人员工资 60 000 元。代扣代缴个人所得税 25 000 元，代扣由职工个人承担的养老保险费 16 000 元，医疗保险费 12 000 元，失业保险费 5 000 元，代扣住房公积金 24 000 元。根据代理银行转来的《财政直接支付入账通知书》和工资发放明细表支付工资。

① 计提工资时。

借：业务活动费用		360 000
经营费用		60 000
贷：应付职工薪酬——工资		420 000

② 代扣代缴个人所得税时。

借：应付职工薪酬——工资		25 000
贷：其他应交税费——应交个人所得税		25 000

③ 代扣社会保险及住房公积金时。

借：应付职工薪酬——工资		57 000
贷：应付职工薪酬——养老保险费		16 000
——医疗保险费		12 000
——失业保险费		5 000
——住房公积金		24 000

④ 实际发放时。

借：应付职工薪酬——工资		338 000
贷：财政补助收入		338 000

⑤ 缴纳社保费、住房公积金和个人所得税时。

借：应付职工薪酬——养老保险费		16 000
——医疗保险费		12 000
——失业保险费		5 000
——住房公积金		24 000
其他应交税费——应交个人所得税		25 000
贷：财政拨款收入		82 000

第五节 应付及预收款项

应付及预收款项是指单位在开展业务活动中发生的各项债务，包括应付票据、应付账款、预收账款和其他应付款。

一、应付票据

应付票据是指事业单位因购买材料、物资等而开出、承兑的商业汇票，包括银行承兑汇票和商业承兑汇票。

为了核算事业单位商业汇票的发生、偿付等情况，事业单位应设置"应付票据"科目。本科目属于负债类科目，贷方登记商业汇票面值，借方登记到期支付或无力支付而转出的应付票据金额。期末贷方余额，反映事业单位开出、承兑的尚未到期的商业汇票票面金额。单位对本科目应当按照债权单位进行明细核算。

事业单位应当设置"应付票据备查簿"，详细登记每一应付票据的种类、号数、出票日期、到期日、票面金额、交易合同号、收款人姓名或单位名称，以及付款日期和金额等资料。应付票据到期结清票款后，单位应当在备查簿内逐笔注销。

（1）商业汇票的签付。通常而言，商业汇票的付款期限不超过6个月，因此在会计上作为流动负债被管理和核算。同时，由于应付票据的偿付时间较短，在会计实务中，单位一般按照开出、承兑的应付票据的面值入账。

单位开出、承兑商业汇票时，借记"库存物品""固定资产"等科目，贷记"应付票据"科目。涉及增值税业务的，相关账务处理参见"应交增值税"科目。

以商业汇票抵付应付账款时，借记"应付账款"科目，贷记"应付票据"科目。

支付银行承兑汇票的手续费时，借记"业务活动费用""经营费用"等科目，贷记"银行存款""零余额账户用款额度"等科目。

【例5-10】某事业单位为小规模纳税人，2019年6月1日从A公司购入一批自用物品，材料价款为30 000元，增值税为3 900元，按合同规定，开出期限为2个月的不带息商业承兑汇票一张。

借：库存物品　　　　　　　　　　　　　　　　　　　　　　　33 900
　　贷：应付票据——A公司　　　　　　　　　　　　　　　　　　　33 900

（2）商业汇票到期。商业汇票到期时，单位应当分别按以下情况处理。

① 收到银行支付到期票据的付款通知时，借记"应付票据"科目，贷记"银行存款"科目。

【例5-11】接【例5-10】，8月1日，该票据到期，收到银行支付到期票据的付款通知。

借：应付票据——A公司　　　　　　　　　　　　　　　　　　　33 900
　　贷：银行存款　　　　　　　　　　　　　　　　　　　　　　　33 900

② 银行承兑汇票到期，单位无力支付票款的，按照应付票据账面金额，借记"应付票据"科目，贷记"短期借款"科目。

③ 商业承兑汇票到期，单位无力支付票款的，按照应付票据账面金额，借记"应付票据"科目，贷记"应付账款"科目。

【例5-12】接【例5-10】，假设票据到期该单位无力支付票款。

借：应付票据——A公司　　　　　　　　　　　　　　　　　　　33 900
　　贷：应付账款——A公司　　　　　　　　　　　　　　　　　　　33 900

二、应付账款

1．应付账款的内容

应付账款是指单位因购买物资、接受服务、开展工程建设等而应付的偿还期限在1年以内（含1年）的款项。应付账款是由于买卖双方在购销活动中取得货物和支付货款时间不一致而产生的负债。应付账款应当在收到所购物资或服务、完成工程时确认。

2．应付账款的核算

为了核算应付账款的发生、偿还、转销等情况，单位应设置"应付账款"科目。该科目属于负债类科目，贷方登记单位购买物资、服务或工程建设等而应付给供应单位的款项，借方登记归还的应付账款或已冲销的无法支付的应付账款，期末贷方余额，反映单位尚未支付的应付账款。本科目应当按照债权单位（或个人）进行明细核算。对于建设项目，还应设置"应付器材款""应付工程款"等明细科目，并按照具体项目进行明细核算。

（1）单位收到所购材料、物资、设备或服务以及确认完成工程进度但尚未付款时，根据发票及账单等有关凭证，按照应付未付款项的金额，借记"库存物品""固定资产""在建工程"等科目，贷记"应付账款"科目。涉及增值税业务的，相关账务处理参见"应交增值税"科目。

（2）偿付应付账款时，按照实际支付的金额，借记"应付账款"科目，贷记"财政拨款收入""零余额账户用款额度""银行存款"等科目。

（3）开出、承兑商业汇票抵付应付账款时，借记"应付账款"科目，贷记"应付票据"科目。

（4）无法偿付或债权人豁免偿还的应付账款，应当按照规定报经批准后进行账务处理。经批准核销时，借记"应付账款"科目，贷记"其他收入"科目。核销的应付账款应在备查簿中保留登记。

【例5-13】2019年6月，某行政单位发生如下应付账款业务。

（1）1日，从A公司购入库存物品一批，货款10 000元，增值税1 300元，对方代垫运杂费200元。材料已验收入库，款项尚未支付。

    借：库存物品   11 500
        贷：应付账款   11 500

（2）15日，通过单位的零余额账户支付上述款项。

    借：应付账款   11 500
        贷：零余额账户用款额度   11 500

三、预收账款

预收账款是指事业单位预先收取但尚未结算的款项。预收账款形成的负债不是以货币偿付，而是以货物或劳务偿付的。

为了核算事业单位预收账款的收取和结算情况，事业单位应设置"预收账款"科目。本科目属于负债类科目，贷方登记从付款方预收的款项，借方登记确认有关收入并转销的预收款项，期末贷方余额，反映事业单位按合同规定预收但尚未实际结算的款项。单位对本科目应当按照债权单位（或个人）进行明细核算。"预收账款"业务不多的事业单位也可以不设此账户，将预收的款项记入"应收账款"的贷方，但在编制报表时需要分开填列。

单位从付款方预收款项时，按照实际预收的金额，借记"银行存款"等科目，贷记"预收账款"科目。确认有关收入时，按预收账款账面余额，借记"预收账款"科目，按照应确认的收入金额，贷记"事业收入""经营收入"等科目，按照付款方补付或退回付款方的金额，借记或贷记"银行存款"等科目。

单位对无法偿付或债权人豁免偿还的预收账款，应当按照规定报经批准后进行账务处理。经批准核销时，借记"预收账款"科目，贷记"其他收入"科目。核销的预收账款应在备查簿中保留登记。

【例5-14】某科研所采用预收货款方式向甲公司提供其新研制的产品。按照合同规定，货款金额共计96 000元，签订合同时，甲公司预付货款的30%，剩余款项待收到产品时一次性支付。

① 收到预收货款时。

    借：银行存款   28 800
        贷：预收账款——甲公司   28 800

② 交付产品时。

| 借：预收账款——甲公司 | 96 000 | |
| 贷：经营收入 | | 96 000 |

③ 收到补付的剩余货款时。

| 借：银行存款 | 67 200 | |
| 贷：预收账款——甲公司 | | 67 200 |

四、其他应付款

1．其他应付款的内容

其他应付款是指单位除应交增值税、其他应交税费、应缴财政款、应付职工薪酬、应付票据、应付账款、应付政府补贴款、应付利息、预收账款以外，其他各项偿还期限在1年内（含1年）的应付及暂收款项，如收取的押金、存入保证金、已经报销但尚未偿还银行的本单位公务卡欠款等。

同级政府财政部门预拨的下期预算款和没有纳入预算的暂付款项，以及采用实拨资金方式通过本单位转拨给下属单位的财政拨款，也通过本科目核算。

2．其他应付款的核算

为了核算单位其他应付及暂存款项的增减变动情况，单位应设置"其他应付款"科目，并应当按照其他应付款的类别以及债权人进行明细核算。该科目的贷方登记发生的其他应付款，借方登记偿付的其他应付款，期末贷方余额，反映单位尚未支付的其他应付款。

（1）发生其他应付及暂收款项时，借记"银行存款"等科目，贷记"其他应付款"科目。支付（或退回）其他应付及暂收款项时，借记"其他应付款"科目，贷记"银行存款"等科目。将暂收款项转为收入时，借记"其他应付款"科目，贷记"事业收入"等科目。

（2）收到同级政府财政部门预拨的下期预算款和没有纳入预算的暂付款项时，按照实际收到的金额，借记"银行存款"等科目，贷记"其他应付款"科目；待到下一预算期或批准纳入预算时，借记"其他应付款"科目，贷记"财政拨款收入"科目。

单位对采用实拨资金方式通过本单位转拨给下属单位的财政拨款，按照实际收到的金额，借记"银行存款"科目，贷记"其他应付款"科目；向下属单位转拨财政拨款时，按照转拨的金额，借记"其他应付款"科目，贷记"银行存款"科目。

（3）本单位公务卡持卡人报销时，按照审核报销的金额，借记"业务活动费用""单位管理费用"等科目，贷记"其他应付款"科目；偿还公务卡欠款时，借记"其他应付款"科目，贷记"零余额账户用款额度"等科目。

（4）单位对无法偿付或债权人豁免偿还的其他应付款项，应当按照规定报经批准后进行账务处理。经批准核销时，借记"其他应付款"科目，贷记"其他收入"科目。核销的其他应付款应在备查簿中保留登记。

【例5-15】某事业单位发生如下其他应付款业务。

（1）收到M单位租用本单位专用设备交来的押金15 000元，款项存入银行。

| 借：银行存款 | 15 000 | |
| 贷：其他应付款——M单位 | | 15 000 |

（2）1个月后，M单位将该设备归还，押金退还。

| 借：其他应付款——M单位 | 15 000 | |
| 贷：银行存款 | | 15 000 |

【例5-16】某行政单位职工张三出差调研，其差旅费等相关费用计5 000元。

（1）职工持公务卡报销时。

借：业务活动费用   5 000

  贷：其他应付款——张三   5 000

（2）通过财政授权支付方式支付时。

借：其他应付款——张三   5 000

  贷：零余额账户用款额度   5 000

第六节　应付政府补贴款

一、应付政府补贴款的内容

应付政府补贴款是指负责发放政府补贴的单位，按照有关规定应付给政府补贴接受者的各种政府补贴款。

二、应付政府补贴款的核算

为了核算各种政府补贴款的发放，单位应设置"应付政府补贴款"科目，并按照应支付的政府补贴种类进行明细核算。单位还应按照补贴接受者建立备查簿，进行相应的明细核算。本科目期末贷方余额，反映单位应付未付的政府补贴金额。应付政府补贴款应当在规定发放政府补贴的时间确认。

单位发生应付政府补贴时，按照依规定计算确定的应付政府补贴金额，借记"业务活动费用"科目，贷记"应付政府补贴款"科目。支付应付政府补贴款时，按照支付金额，借记"应付政府补贴款"科目，贷记"零余额账户用款额度""银行存款"等科目。

【例5-17】某市政府林业部门支付给县级林业部门退耕还林政府补贴款120 000元，款项已通过银行转账。

借：业务活动费用   120 000

  贷：应付政府补贴款   120 000

借：应付政府补贴款   120 000

  贷：银行存款   120 000

第七节　非流动负债

非流动负债是指流动负债以外的负债，单位的非流动负债主要包括长期借款和长期应付款等。

一、长期借款

长期借款是指事业单位经批准向银行或其他金融机构等借入的期限超过 1 年（不含1年）的各种借款本息。

为了核算事业单位举借长期借款的增减变动情况，事业单位应设置"长期借款"科目。本科目属于负债类科目，贷方登记取得借款的本息数额，借方登记偿还借款的本息数额，期末贷方余额，反映事业单位尚未偿还的长期借款本息金额。

"长期借款"科目应当设置"本金"和"应计利息"明细科目，并按照贷款单位和贷款种类进行明细核算。对于建设项目借款，还应按照具体项目进行明细核算。长期借款的主要账务处理如下。

1. 借入长期借款

借入各项长期借款时，按照实际借入的金额，借记"银行存款"科目，贷记"长期借款"科目（本金）。

2. 长期借款利息

单位对为建造固定资产、公共基础设施等应支付的专门借款利息，按期计提利息时，分别按以下情况处理。

（1）属于工程项目建设期间发生的利息，计入工程成本，按照计算确定的应支付的利息金额，借记"在建工程"科目，贷记"应付利息"科目。

（2）属于工程项目完工交付使用后发生的利息，计入当期费用，按照计算确定的应支付的利息金额，借记"其他费用"科目，贷记"应付利息"科目。

（3）按期计提其他长期借款的利息时，按照计算确定的应支付的利息金额，借记"其他费用"科目，贷记"应付利息"科目（分期付息、到期还本借款的利息）或"长期借款"科目（应计利息）[到期一次还本付息借款的利息]。

（4）到期归还长期借款本金、利息时，借记"长期借款"科目（本金、应计利息），贷记"银行存款"科目。

【例5-18】某事业单位经上级主管部门批准，年初从银行借入两年期贷款150 000元用于多功能报告厅的建设，年利率为6%，每年付息一次。该报告厅于第一年12月31日即达到可使用状态并交付使用。该事业单位在贷款到期时归还本息。

① 取得长期借款时。

借：银行存款 150 000

　　贷：长期借款——本金 150 000

② 第一年年末计提利息。

借：在建工程 9 000

　　贷：应付利息 9 000

支付利息时。

借：应付利息 9 000

　　贷：银行存款 9 000

③ 到期归还本息时。

借：长期借款 150 000

其他费用 9 000

　　贷：银行存款 159 000

二、长期应付款

长期应付款是指单位发生的偿还期限超过1年（不含1年）的应付款项，如以融资租赁租入固定资产的租赁费、跨年度分期付款购入固定资产的价款等。

为了核算单位长期应付款项，单位应设置"长期应付款"科目。本科目属于负债类科目，贷方登记长期应付款的增加金额，借方登记长期应付款的减少金额，期末贷方余额，反映单位尚未支付的长期应付款。单位对本科目应当按照长期应付款的类别以及债权人进行明细核算。长期应付款的主要账务处理如下。

（1）发生长期应付款时，借记"固定资产""在建工程"等科目，贷记"长期应付款"科目。

（2）支付长期应付款时，按照实际支付的金额，借记"长期应付款"科目，贷记"财政拨款收入""零余额账户用款额度""银行存款"等科目。涉及增值税业务的，相关账务处理参见"应交增值税"科目。

（3）单位对无法偿付或债权人豁免偿还的长期应付款，应当按照规定报经批准后进行账务处理。经批准核销时，借记"长期应付款"科目，贷记"其他收入"科目。核销的长期应付款应在备查簿中保留登记。

【例 5-19】某事业单位以融资租赁方式租入一台精密仪器，租赁合同规定：付款总额为 210 000元，租期 10 年。租赁费每年年底支付一次。

① 确认租入固定资产。

借：固定资产 210 000

　　贷：长期应付款 210 000

② 每年支付租金时。

借：长期应付款 21 000

　　贷：银行存款 21 000

知识总结

（1）负债是指单位过去的经济业务或者事项形成的，预期会导致经济资源流出单位的现时义务。按照流动性，负债分为流动负债和非流动负债两大类。

（2）短期借款是指事业单位借入的期限在 1 年内（含 1 年）的各种借款。

（3）应缴财政款是指单位按照规定取得的应当上缴财政的款项，主要包括政府性基金收入，行政性收费收入，罚没收入，国有资产处置收入，国有资产出租、出借收入等。

（4）应交增值税是我国对在境内销售货物、提供加工修理修配劳务（销售服务、无形资产、不动产）以及进口货物的增值额征收的一种流转税。其他应交税费是指单位按照税法等规定计算的应缴纳的除增值税以外的各种税费，包括城市维护建设税、教育费附加、地方教育费附加、车船税、房产税、城镇土地使用税和企业所得税等。

（5）应付职工薪酬是指单位按照有关规定应付给职工（含长期聘用人员）及为职工支付的各种薪酬，包括基本工资、国家统一规定的津贴补贴、规范津贴补贴（绩效工资）、改革性补贴、社会保险费（如职工基本养老保险费、职业年金、基本医疗保险费等）、住房公积金等。

（6）应付及预收款项是指单位在开展业务活动中发生的各项债务，包括应付票据、应付账款、预收账款和其他应付款。

（7）应付政府补贴款是指负责发放政府补贴的单位，按照有关规定应付给政府补贴接受者的各种政府补贴款。

（8）非流动负债是指流动负债以外的负债。单位的非流动负债主要包括长期借款和长期应付款等。

练习与实训

一、名词解释

负债　应缴财政款　应交增值税　应付职工薪酬　应付账款　其他应付款　应付政府补贴款长期应付款

二、简答题

1. 什么是行政事业单位的负债？具体包括哪些内容？

2. 什么是应缴财政款？主要包括哪些内容？

3. 什么是短期借款？应当如何核算？

4. 事业单位一般纳税人与小规模纳税人在会计核算上有什么不同？

5. 行政事业单位的非流动负债包括哪些内容？

三、业务核算题

习题一

1. 目的：练习行政单位应缴款项的核算。

2. 资料：某行政单位发生下列经济业务。

（1）收到一项应缴预算的政府性基金 1 500 元，款项于当日存入银行。

（2）收到行政性收费收入 2 300 元，款项于当日存入银行。

（3）按照财政部门的规定，将有关的应缴财政款上缴国库，共计 26 000 元。

3. 要求：根据上述经济业务编制会计分录。

习题二

1. 目的：练习事业单位应付及预收款项的核算。

2. 资料：某事业单位（小规模纳税人）发生如下经济业务。

（1）为开展事业活动购入材料一批，价款 15 000 元，开出一张 3 个月到期的商业承兑汇票。

（2）为开展经营活动购入材料一批，价款共计 6 000 元，材料验收入库，款项尚未支付。

（3）在开展事业活动中预收甲单位款项 6 000 元，存入银行。

（4）按合同规定向甲单位提供劳务，应收费 5 800 元，以银行存款退还多收款项 200 元。

（5）按合同收到某单位交来的包装物押金 1 200 元，存入银行。

3. 要求：根据上述经济业务编制会计分录。

习题三

1. 目的：练习行政单位应付及暂存款项的核算。

2. 资料：某行政单位发生下列经济业务。

（1）通过财政零余额账户向在职职工发放工资 520 000 元。

（2）向某企业购入物资材料一批，价值 32 000 元，已验收入库，款项尚未支付。

（3）通过预算单位零余额账户支付上述款项。

（4）在职工工资中代扣住房公积金 98 000 元。

（5）支付给某企业节能补贴款 10 000 元。

3. 要求：根据上述经济业务编制会计分录。

第六章 | 行政事业单位收入的核算

第一节 行政事业单位收入概述

一、行政事业单位收入的概念及分类

行政事业单位的收入是指报告期内导致政府会计主体净资产增加的、含有服务潜力或者经济利益的经济资源的流入，即行政事业单位依法取得的非偿还性资金。行政事业单位依法取得

的应当上缴财政的罚没收入、行政事业性收费、政府性基金收入等，不属于行政事业单位的收入。

行政事业单位的收入，按来源可以分为财政拨款收入、非同级财政拨款收入、捐赠收入、利息收入、租金收入、其他收入。此外，还有事业单位专有收入，包括事业收入、上级补助收入、附属单位上缴收入、经营收入和投资收益。

二、行政事业单位收入的管理要求

收入是行政事业单位保证其持续运转，履行行政管理职能和开展专业业务活动的财力保障。由于行政单位的主要任务就是按照行政管理职责开展业务活动，所从事的业务活动属于满足社会公共需要的范畴，具有公益性和非营利性的特征，所以行政单位开展业务活动所需的资金，全部或大部分由国家预算拨付。事业单位的收入来源渠道同行政单位基本依靠财政拨款不同。事业单位在开展专业业务活动中取得事业收入，这是事业单位的"主营业务收入"。某些事业单位还有部分经营活动收入。事业单位还有从财政部门取得的财政补助收入，从主管部门或上级单位取得的上级补助收入，用以弥补业务活动的费用消耗。除此以外，还有附属单位上缴收入、投资收益等。行政事业单位是否能够顺利实现政府职能，是否能够及时提供公共产品和服务，完全取决于其收入的实现。取得的各项收入应当全部纳入单位预算，统一核算，统一管理。按照财务管理的要求，分项如实核算。具体来说，包括以下几个方面。

（1）行政事业单位的收入要依法取得。行政事业单位取得收入必须符合国家有关法律、法规和规章制度的规定，不得违反国家的有关规定，通过不正当渠道谋取收入。不得私设"小金库"转移收入、隐瞒收入、少报和虚报收入。

（2）行政事业单位的收入需要纳入单位预算。我国取消了预算外资金收入后，要求预算单位的各项收入全部纳入单位预算统一管理，统筹安排各项支出。行政事业单位不仅要管好财政预算核拨的收入，也要管理好其他方面的合法收入。

（3）行政事业单位的年度收入原则上不予调整。从预算调整审批权限上看，在年度预算执行中，经财政预算核拨的收入，原则上不予调整。行政事业单位年度收入因特殊情况确需调整的，需要按照规定程序报财政部门审批。

微课：剥掉"小金库"
的隐蔽外衣

三、收入的确认

收入的确认是指收入的入账时间。一般来说，收入的确认应当同时满足以下条件。

（1）与收入相关的含有服务潜力或者经济利益的经济资源很可能流入政府会计主体。

（2）含有服务潜力或者经济利益的经济资源流入会导致政府会计主体资产增加或者负债减少。

（3）流入金额能够可靠地计量。

根据《政府会计准则——基本准则》的规定，行政事业单位财务会计核算的收入应当以权责发生制为基础确认。权责发生制是以权益、责任是否发生为标准来确定本期收益、费用的一种会计处理原则。该原则要求会计主体对一切收入或费用都是以权利已经形成或义务已经发生为标准来确定其相应的归属期间并进行记账。凡是当期已经实现的收入和已经发生的或应当负担的费用，不论款项是否收付，都应当作为当期的收入和费用；凡是不属于当期的收入和费用，即使款项已在当期收付，也不应当作为当期的收入和费用。

第二节　拨款类收入

一、财政拨款收入

1．财政拨款收入的内容

财政拨款收入是指行政事业单位按照核定的部门预算，直接从同级财政部门取得的财政预算资金。行政单位的财政拨款收入主要包括公共财政预算拨款、基金预算拨款、财政专户管理的非税收入拨款。事业单位的财政拨款收入是国家按照部门预算，对事业单位的经费拨款或弥补事业开支不足的补助款项。

2．领拨经费的依据和方式

（1）领拨经费的依据

各级行政事业单位领拨经费的基本依据是经过财政部门或主管部门审核批准后的单位预算。单位预算是各级行政事业单位根据国家相关的方针政策和要求，结合单位的计划、行政工作任务或专业业务活动，参照上年度单位预算执行情况和预算年度的变化数据编制的年度预算资金收支计划。单位预算由收入预算和支出预算组成，并需逐级上报主管预算单位或财政部门审批后统一组织实施。实行国库集中支付制度改革后，按季分月用款计划（预算单位按季分月用款计划表见表 6-1）是行政事业单位取得财政拨款收入的重要依据。预算单位应根据批准的部门预算和有关规定，在下达的用款计划范围内，根据用款需求支用资金，编制按季分月用款计划表，包括预算单位基本支出分月用款计划和预算单位项目支出分月用款计划。

表 6-1　　　　　　　　　　　　　预算单位按季分月用款计划

序号	预算科目	项目内容	合计	财政直接支付				财政授权支付				备注
				小计	预算内资金	财政性专项资金	单位其他资金	小计	预算内资金	财政性专项资金	单位其他资金	
	合计											

（2）领拨经费的方式

① 国库集中支付制度下的拨款方式。在国库集中支付制度下，财政拨款方式有财政直接支付和财政授权支付两种。在财政直接支付方式下，行政事业单位根据部门预算和用款计划，在需要财政部门支付资金时，向财政部门提出财政直接支付申请。财政部门经审核无误后，开出支付令，送代理银行，通过国库单—账户体系中的财政零余额账户直接将财政性资金支付到收款人或收款单位账户。行政事业单位在收到财政部门委托财政零余额账户代理银行转来的财政直接支付入账通知书时，确认财政拨款收入。在这种方式下，行政事业单位在确认财政拨款收入时，就已经使用了财政资金。在财政授权支付方式下，行政事业单位按照部门预算和用款计划确定资金用途，向财政部门申请财政授权支付用款额度（财政授权支付申请书见表 6-2）。财政部门经审核无误后，将财政授权支付用款额度通知行政事业单位零余额账户代理银行。行政事业单位在收到代理银行转来的财政授权支付到账通知书时，确认财政拨款收入。

表 6-2   财政授权支付申请书

| 序号 | 预算指标类型 | 预算科目 | | 项目 | 收款人 | | | 本次申请金额 | 财政核定金额 |
		类	款		全称	开户银行	银行账号		
合计									
财政核定金额：（大写）									
申请支付单位（盖章）		财政国库支付执行机构（盖章）			代理银行（盖章）				
负责人	经办人	负责人		经办人	负责人		经办人		
年 月 日	年 月 日	年 月 日		年 月 日	年 月 日		年 月 日		

② 传统的财政拨款方式。未实行国库集中支付制度之前，中央和地方各级财政部门对主管部门和各行政事业单位的财政拨款采用实拨资金方式。实拨资金是财政部门根据主管单位的申请，按月开出预算拨款凭证，通知国库将财政资金划转到申请单位在银行的存款户，由主管单位按规定用途办理转拨或支用，月末由用款单位编报单位预算支出报表的一种拨款办法。随着国库集中支付制度的实施，财政资金从国库单一账户直接支付给商品、劳务供应者或用款单位，不再通过实拨资金方式支付。

微课：国库集中支付制度

3. 财政拨款收入的核算

为了反映行政事业单位财政资金的增减变化，单位应设置"财政拨款收入"科目，用来核算单位从同级财政部门取得的财政预算资金。本科目属于收入类科目，贷方登记取得的财政拨款经费数，借方登记缴回或核销数，平时贷方余额反映财政拨款收入累计数。期末，单位将本科目本期发生额转入"本期盈余"科目。期末结账后，本科目应无余额。

单位对本科目可按照一般公预算财政拨款、政府性基金预算财政拨款等拨款种类进行明细核算。同级政府财政部门预拨的下期预算款和没有纳入预算的暂付款项，以及采用实拨资金方式通过本单位转拨给下属单位的财政拨款，通过"其他应付款"科目核算，不通本科目核算。

（1）财政直接支付方式下财政拨款收入的核算

在财政直接支付方式下，单位根据收到的"财政直接支付入账通知书"及相关原始凭证，借记"库存物品""固定资产""业务活动费用""单位管理费用""应付职工薪酬"等科目，贷记"财政拨款收入"科目。

【例 6-1】某市公安局已经实行国库集中支付制度，发生如下业务。

（1）通过财政直接支付方式支付职工工资 400 000 元。

① 计提工资时。

借：业务活动费用   400 000
　　贷：应付职工薪酬——工资   400 000

② 支付工资时。

借：应付职工薪酬——工资   400 000

    贷：财政拨款收入   400 000

  （2）购置不需要安装的侦查设备一台，价款30 000元，款项由财政直接支付。

  借：固定资产   30 000

    贷：财政拨款收入   30 000

  【例6-2】某事业单位已经实行国库集中支付制度，发生如下经济业务。

  （1）外购一批材料用于专业业务活动，材料已经验收入库，发票上注明的价格为5 000元，支付运费100元，通过财政直接支付方式支付。

  借：库存物品   5 100

    贷：财政拨款收入   5 100

  （2）收到财政部门委托代理银行转来的"财政直接支付入账通知书"，财政部门为事业单位向某物业公司支付了本年物业管理费36 000元。

  借：单位管理费用   36 000

    贷：财政拨款收入   36 000

  （2）财政授权支付方式下财政拨款收入的核算

  在财政授权支付方式下，单位根据收到的"财政授权支付额度到账通知书"，借记"零余额账户用款额度"科目，贷记"财政拨款收入"科目。

  【例6-3】某公安局收到代理银行转来的财政授权支付额度到账通知书，收到本月财政授权支付额度428 000元。该单位向单位零余额账户代理银行开具支付令，支付办公经费45 000元。

  （1）收到授权支付额度到账通知书时。

  借：零余额账户用款额度   428 000

    贷：财政拨款收入   428 000

  （2）支付办公经费时。

  借：业务活动费用   45 000

    贷：零余额账户用款额度   45 000

  （3）实拨资金方式下财政拨款收入的核算

  单位在收到开户银行转来的收款通知时，按照实际收到的金额，借记"银行存款"等科目，贷记"财政拨款收入"科目。

  【例6-4】某行政单位尚未纳入国库集中支付制度改革，发生如下财政拨款收入业务。

  （1）收到开户银行转来的收款通知，收到同级财政部门拨入的日常办公经费300 000元。

  借：银行存款   300 000

    贷：财政拨款收入   300 000

  （2）收到同级财政部门拨入的专项会议经费50 000元。

  借：银行存款   50 000

    贷：财政拨款收入   50 000

  目前，绝大多数行政事业单位已经进行了财政国库单一制度改革，已经很少使用实拨资金方式。

  （4）财政拨款收入的期末结转

  期末，单位应将"财政拨款收入"科目本期发生额转入"本期盈余"科目，借记"财政拨款收入"科目，贷记"本期盈余"科目。

  【例6-5】期末，某单位财政拨款收入科目的本期发生额为2 080 000元，将其转入本期盈余。

  借：财政拨款收入   2 080 000

    贷：本期盈余   2 080 000

二、非同级财政拨款收入

1. 非同级财政拨款收入的内容

非同级财政拨款收入是指单位从非同级政府财政部门取得的经费拨款，包括从同级政府其他部门取得的横向转拨财政款、从上级或下级政府财政部门取得的经费拨款等。例如，实行垂直管理的行政单位从当地财政部门取得的财政拨款收入、行政单位代征地方收入的手续费收入、单位接受上级主管部门业务委托，完成相应专项任务取得的收入。

2. 非同级财政拨款收入的核算

为了反映行政事业单位非同级财政资金的增减变化，单位应设置"非同级财政拨款收入"科目。本科目属于收入类科目，贷方登记取得的非同级财政拨款经费数，借方登记缴回或核销数，平时贷方余额反映非同级财政拨款收入累计数。期末，单位将本科目本期发生额转入"本期盈余"科目。期末结账后，本科目应无余额。

单位对本科目应当按照本级横向转拨财政款和非本级财政拨款进行明细核算，并按照收入来源进行明细核算。事业单位因开展科研及其辅助活动从非同级政府财政部门取得的经费拨款，应当通过"事业收入——非同级财政拨款"科目核算，不通过本科目核算。

（1）收到款项的核算

确认非同级财政拨款收入时，按照应收或实际收到的金额，借记"其他应收款""银行存款"等科目，贷记"非同级财政拨款收入"科目。

【例6-6】某行政单位收到上级主管部门委托其开展一项基层调研活动的专项财政资金6 000元，款项已存入该行政单位的银行存款账户。

借：银行存款　　　　　　　　　　　　　　　　　　　　　　　　　　6 000
　　贷：非同级财政拨款收入　　　　　　　　　　　　　　　　　　　　6 000

（2）非同级财政拨款收入的期末结转

期末，将本科目本期发生额转入本期盈余，借记"非同级财政拨款收入"科目，贷记"本期盈余"科目。

【例6-7】期末，某单位非同级财政拨款收入科目的贷方本期发生额为780 000元，将其转入本期盈余。

借：非同级财政拨款收入　　　　　　　　　　　　　　　　　　　　780 000
　　贷：本期盈余　　　　　　　　　　　　　　　　　　　　　　　　780 000

第三节　事业单位专有收入

一、事业收入

1. 事业收入的内容

事业收入是指事业单位开展专业业务活动及其辅助活动取得的收入。专业业务活动又称主营业务，是事业单位根据本单位专业特点所从事或开展的主要业务活动，如教育事业单位的教学活动、科学事业单位的科研活动、文化事业单位的演出活动、卫生事业单位的医疗保健活动等。辅助活动是指与专业业务活动相关，直接为专业业务活动服务的单位行政管理、后勤服务活动及其他有关活动。通过开展上述活动取得的收入，均作为事业收入核算。由于我国事业单位涉及行业广泛，其所从事的专业业务活动及其辅助活动各有不同，所以事业单位的事业收入的内容也就具有多样性。

需要说明的是，对于实行财政专户返还方式管理的事业收入，在取得资金时不能直接作为事业收入处理，收取时应缴入同级财政专户，待同级财政拨付本单位使用时，才能确认为事业收入。

2．**事业收入的核算**

为了反映事业单位开展专业业务活动及其辅助活动取得的收入，事业单位应设置"事业收入"科目。本科目属于收入类科目，贷方登记取得的事业收入，借方登记缴回或核销数，平时贷方余额反映事业收入累计数。该科目不包括从同级政府财政部门取得的各类财政拨款。期末，单位将本科目本期发生额转入"本期盈余"科目。期末结账后，本科目应无余额。

单位对本科目应当按照事业收入的类别、来源等进行明细核算。对于因开展科研及其辅助活动从非同级政府财政部门取得的经费拨款，应当在本科目下单设"非同级财政拨款"明细科目进行核算。

（1）采用财政专户返还方式管理的事业收入。采用财政专户返还方式管理的事业收入主要是非税收入。事业单位依法利用政府权力（代行政府职能，包括接受行政机关委托）、政府信誉、国家资源、国有资产，提供公共服务征收或收取的税收以外的财政性资金都属于政府非税收入。财政专户返还方式管理的事业收入的特点是：取得时，事业单位确认为负债，上缴同级财政专户，收到财政专户返还款项时再确认为收入。

① 实现应上缴财政专户的事业收入时，按照实际收到或应收的金额，借记"银行存款""应收账款"等科目，贷记"应缴财政款"科目。

② 向财政专户上缴款项时，按照实际上缴的款项金额，借记"应缴财政款"科目，贷记"银行存款"等科目。

③ 收到从财政专户返还的事业收入时，按照实际收到的返还金额，借记"银行存款"等科目，贷记"事业收入"科目。

【例6-8】某事业单位收取培训费364 000元，存入银行。月末将该款项上缴财政专户，按照相关政策，从财政专户取得返还款项251 000元，并已存入该单位的银行存款账户。

① 收到培训费时。

借：银行存款 364 000
　　贷：应缴财政款 364 000

② 上缴该款项时。

借：应缴财政款 364 000
　　贷：银行存款 364 000

③ 收到财政专户返还款时。

借：银行存款 251 000
　　贷：事业收入 251 000

（2）其他事业收入。对于不需要上缴财政专户的事业收入，事业单位在收取时可以直接确认为收入。收到事业收入时，按照收到的款项金额，借记"银行存款""库存现金"等科目，贷记"事业收入"科目。

【例6-9】某事业单位在开展专业业务活动中取得事业收入56 000元，不需要上缴财政专户，款项已存入银行。

借：银行存款 56 000
　　贷：事业收入 56 000

（3）事业收入的期末结转。期末，将"事业收入"科目本期发生额转入本期盈余，借记"事业收入"科目，贷记"本期盈余"科目。

【例6-10】期末，某事业单位"事业收入"科目本期发生额为850 000元，将其转入本期盈余。

借：事业收入 850 000
　　贷：本期盈余 850 000

二、上级补助收入

1. 上级补助收入的概念

上级补助收入是指事业单位从主管部门和上级单位取得的非财政补助收入。为了促进各类事业单位的发展或弥补事业单位的经费不足，事业单位的主管部门或上级单位用自身组织的收入或集中下级单位的收入以一定的方式对事业单位予以拨款补助，这部分资金形成了事业单位的上级补助收入。财政部门通过主管部门和上级单位转拨的事业经费，计入财政拨款收入，不属于事业单位的上级补助收入。

2. 上级补助收入的核算

为了核算事业单位从主管部门和上级单位取得的非财政补助收入，事业单位应设置"上级补助收入"科目。本科目属于收入类科目，贷方登记从主管部门和上级单位取得的非财政补助收入，借方登记缴回或核销数，平时贷方余额反映上级补助收入的累计数。期末，单位将本科目本期发生额转入"本期盈余"科目。期末结账后，本科目应无余额。

单位对"上级补助收入"科目应当按照发放补助单位、补助项目等进行明细核算。上级补助收入中如有专项资金收入，还应按具体项目进行明细核算。

（1）收到上级补助收入。事业单位确认上级补助收入时，按照应收或实际收到的金额，借记"其他应收款""银行存款"等科目，贷记"上级补助收入"科目。实际收到应收的上级补助款时，按照实际收到的金额，借记"银行存款"等科目，贷记"其他应收款"科目。

【例6-11】某事业单位收到上级主管部门用自有资金拨入的非财政补助收入56 000元，款项已存入银行。

借：银行存款 56 000
　　贷：上级补助收入 56 000

（2）上级补助收入的期末结转。期末，将"上级补助收入"科目本期发生额转入本期盈余，借记"上级补助收入"科目，贷记"本期盈余"科目。

【例6-12】期末，某事业单位"上级补助收入"科目本期发生额为790 000元，将其转本期盈余。

借：上级补助收入 790 000
　　贷：本期盈余 790 000

三、附属单位上缴收入

1. 附属单位上缴收入的概念

附属单位上缴收入是指事业单位附属独立核算单位按照有关规定上缴的收入，包括附属的事业单位上缴的收入和附属的企业上缴的利润等。

附属单位是指与该事业单位（或称主体单位）间除资金联系之外还存在其他联系的事业单位或企业，具有独立的法人资格。一般而言，附属事业单位与主体事业单位之间存在预算上的拨付关系及行政上的隶属关系。附属企业通常在历史上曾经是主体事业单位的一个组成部分，从事专业业务及其辅助业务，后因种种原因，从原事业单位中独立出来，成为管理上和财务上独立核算的法人实体。但它仍旧在许多方面与原事业单位存在联系。这些联系一般包括：主体事业单位有权任免其管理人员的职务；修改或通过其预算；支持、否决或修改其决策。如果只存在资金上的联系，则一般认为该单位只是事业单位的投资单位，而非附属单位。

2. 附属单位上缴收入的核算

为了反映事业单位附属单位上缴收入的增减变动情况，事业单位应设置"附属单位上缴收入"科目。本科目属于收入类科目，贷方登记附属单位上缴的款项，借方登记期末结转数，平时贷方余额反映附属单位上缴收入的累计数。期末，单位将本科目本期发生额转入"本期盈余"科目。期末结账后，本科目应无余额。

单位对"附属单位上缴收入"科目应当按照附属单位、缴款项目等进行明细核算。附属单位上缴收入中如有专项资金收入，还应按具体项目进行明细核算。

（1）确认附属单位上缴收入。确认附属单位上缴收入时，按照应收或收到的金额，借记"其他应收款""银行存款"等科目，贷记"附属单位上缴收入"科目。

【例6-13】某事业单位发生如下附属单位缴款业务。

（1）确认所属甲预算单位应上缴的款项42 000元。

　　借：其他应收款——甲单位　　　　　　　　　　　　　　　　　　　　42 000

　　　　贷：附属单位上缴收入——甲单位　　　　　　　　　　　　　　　　42 000

（2）应收所属乙企业上缴利润86 000元。

　　借：其他应收款——乙企业　　　　　　　　　　　　　　　　　　　　86 000

　　　　贷：附属单位上缴收入——乙企业　　　　　　　　　　　　　　　　86 000

（2）收到附属单位缴款。事业单位收到附属单位缴来款项时，按照实际收到金额，借记"银行存款"等科目，贷记"其他应收款"科目。

【例6-14】接【例6-13】，该事业单位收到甲单位和乙企业应上交的款项共计128 000元。

　　借：银行存款　　　　　　　　　　　　　　　　　　　　　　　　　128 000

　　　　贷：其他应收款——甲单位　　　　　　　　　　　　　　　　　　42 000

　　　　　　其他应收款——乙企业　　　　　　　　　　　　　　　　　　86 000

（3）附属单位上缴收入的期末结转。期末，将本科目本期发生额转入本期盈余，借记"附属单位上缴收入"科目，贷记"本期盈余"科目。

【例6-15】期末，某事业单位"附属单位上缴收入"科目本期发生额为53 000元，将其转入本期盈余。

　　借：附属单位上缴收入　　　　　　　　　　　　　　　　　　　　　　53 000

　　　　贷：本期盈余　　　　　　　　　　　　　　　　　　　　　　　　53 000

四、经营收入

1. 经营收入的内容

经营收入是指事业单位在专业业务活动及其辅助活动之外开展非独立核算经营活动取得的收入。事业单位存在某些与自身正常业务活动及其辅助活动之外开展非独立核算经营活动取得的收入，其定价可以市场公平价格为标准，在保本的基础上含有一些利润，类似企业营利活动，具体包括以下几个方面。

（1）商品销售收入。事业单位通过销售定型、批量产品和单位职工食堂、单位内部商店等非独立核算部门销售商品取得的收入。该类收入一般存在于科学研究型事业单位。

（2）提供劳务收入。事业单位对外提供餐饮、住宿、交通运输等经营服务活动取得的收入。

（3）让渡资产使用权收入。事业单位对外出租房屋、车辆、场地、设备等取得的收入。

事业单位的经营收入要与附属单位上缴收入相区别。经营收入是非独立核算单位开展经营活动取得的收入，事业单位所属的实行独立核算的单位上缴的收入应作为"附属单位上缴收入"核算。

例如，学校的后勤单位如果是一个独立的法人实体，单独设置会计机构、配备会计人员，单独设置账目，独立计算盈亏，则其开展的经营活动属于独立核算的经营活动。该后勤单位将一部分收入上缴学校时，学校应当作为"附属单位上缴收入"处理。如果后勤单位不单独设置会计机构，不单独计算盈亏，收支报由学校统一进行会计核算，则这部分收入应当作为"经营收入"处理。

2. 经营收入的确认和计量

单位对经营收入应当在提供服务或发出存货，同时收讫价款或者取得索取价款的凭据时，按照实际收到或应收的金额确认收入。

3. 经营收入的核算

为了核算事业单位在专业业务活动及其辅助活动之外开展非独立核算经营活动取得的收入，事业单位应设置"经营收入"科目。本科目属于收入类科目，贷方登记取得的经营收入，借方登记缴回或结转数，平时贷方余额反映经营收入的累计数。期末，单位将本科目本期发生额转入"本期盈余"。期末结账后，本科目应无余额。

单位对"经营收入"科目应当按照经营活动类别、项目、收入来源等进行明细核算。

（1）取得经营收入。事业单位实现经营收入时，按照确定的收入金额，借记"银行存款""应收账款""应收票据"等科目，贷记"经营收入"科目。

① 增值税小规模纳税人的核算。属于增值税小规模纳税人的事业单位实现经营收入，按实际出售价款，借记"银行存款""应收账款""应收票据"等科目，按出售价款扣除增值税税额后的金额，贷记"经营收入"科目，按应缴增值税金额，贷记"应交增值税——简易计税"科目。

【例6-16】某事业单位所属非独立核算的服务部门为增值税小规模纳税人，适用3%的征收率。对外提供劳务，取得收入2 369元，款项存入银行；出售商品取得不含税收入50 000元，款项尚未收到。

① 对外提供劳务收到款项时。

借：银行存款　　　　　　　　　　　　　　　　　　　2 369
　　贷：经营收入　　　　　　　　　　　　　　　　　　2 300
　　　　应交增值税——简易计税　　　　　　　　　　　　69

② 出售商品时。

借：应收账款　　　　　　　　　　　　　　　　　　　51 500
　　贷：经营收入　　　　　　　　　　　　　　　　　　50 000
　　　　应交增值税——简易计税　　　　　　　　　　　1 500

② 增值税一般纳税人的核算。属于增值税一般纳税人的事业单位实现经营收入，按包含增值税的价款总额，借记"银行存款""应收账款""应收票据"等科目，按扣除增值税销项税额后的价款金额，贷记"经营收入"科目，按增值税专用发票上注明的增值税金额，贷记"应交增值税——应交税金（销项税额）"科目。

【例6-17】某研究所下属非独立核算经营部门为增值税一般纳税人，适用13%的税率。该部门加工销售自制商品，开具的增值税专用发票上注明的价款为40 000元，增值税额5 200元，款项全部存入银行。

借：银行存款　　　　　　　　　　　　　　　　　　　45 200
　　贷：经营收入　　　　　　　　　　　　　　　　　　40 000
　　　　应交增值税——应交税金（销项税额）　　　　　5 200

（2）经营收入的期末结转。期末，将"经营收入"科目本期发生额转入本期盈余，借记"经营收入"科目，贷记"本期盈余"科目。

【例 6-18】期末，某事业单位"经营收入"科目本期发生额为 58 000 元，转入"本期盈余"科目。

借：经营收入   58 000

    贷：本期盈余   58 000

五、投资收益

投资收益是指事业单位进行股权投资和债券投资所实现的收益或发生的损失。

为了核算事业单位的投资收益业务，事业单位应设置"投资收益"总账科目，对本科目应当按照投资的种类等进行明细核算。期末，将本科目本期发生额转入本期盈余。期末结转后，本科目应无余额。

1. 收到短期投资持有期间的利息

收到短期投资持有期间的利息时，按照实际收到的金额，借记"银行存款"科目，贷记"投资收益"科目。具体账务处理参见"短期投资"。

2. 出售或到期收回短期债券本息

出售或到期收回短期债券本息时，按照实际收到的金额，借记"银行存款"科目，按照出售或收回短期投资的成本，贷记"短期投资"科目，按照其差额，贷记或借记"投资收益"科目。

【例 6-19】某事业单位出售其以 50 000 元购入 9 个月的有价证券，收到 50 800 元，并收到持有期间的其他利息 1 500 元。

借：银行存款   52 300

    贷：短期投资   50 000

        投资收益   2 300

3. 持有的长期债券投资的利息

持有分期付息、一次还本的长期债券投资，按期确认利息收入时，按照计算确定的应收未收利息，借记"应收利息"科目，贷记"投资收益"科目；持有到期一次还本付息的债券投资，按期确认利息收入时，按照计算确定的应收未收利息，借记"长期债券投资——应计利息"科目，贷记"投资收益"科目。

【例 6-20】某事业单位取得一项长期债券投资，到期一次还本付息。年末确认应计利息 1 090 元。

借：长期债券投资——应计利息   1 090

    贷：投资收益   1 090

4. 出售长期债券投资或到期收回长期债券投资本息

出售长期债券投资或到期收回长期债券投资本息时，按照实际收到的金额，借记"银行存款"等科目，按照债券初始投资成本和已计未收利息金额，贷记"长期债券投资——成本、应计利息"科目（到期一次还本付息债券）或"长期债券投资""应收利息"科目（分期付息债券），按照其差额，贷记或借记"投资收益"科目。

5. 长期股权投资持有期间投资损益的确定

（1）成本法。在采用成本法核算的长期股权投资持有期间，被投资单位宣告分派现金股利或利润时，按照宣告分派的现金股利或利润中属于单位应享有的份额，借记"应收股利"科目，贷记"投资收益"科目。

【例 6-21】某事业单位购入甲单位 10%的股权，次年 3 月，被投资单位宣告发放现金股利400 000 元。

借：应收股利   400 000

    贷：投资收益   400 000

（2）权益法。在采用权益法核算的长期股权投资持有期间，按照应享有或应分担的被投资单位实现的净损益的份额，借记或贷记"长期股权投资——损益调整"科目，贷记或借记"投资收益"科目；被投资单位发生净亏损，但以后年度又实现净利润的，单位在其收益分享额弥补未确认的亏损分担额等后，恢复确认投资收益，借记"长期股权投资——损益调整"科目，贷记"投资收益"科目。

【例6-22】某文化事业单位1月1日购入乙公司20%的股份，该事业单位对乙公司的财务和经营决策具有重大影响，并准备长期持有该股份。乙公司全年实现净利润350万元。

确认投资收益时。

借：长期股权投资——损溢调整   700 000
 贷：投资收益   700 000

6．处置长期股权投资

按照规定处置长期股权投资时有关投资收益的账务处理，参见"长期股权投资"科目。

7．投资收益的期末结转

期末，将"投资收益"科目本期发生额转入本期盈余，借记或贷记"投资收益"科目，贷记或借记"本期盈余"科目。

【例6-23】期末，某事业单位"投资收益"科目本期发生额为68 000元，转入"本期盈余"科目。

借：投资收益   68 000
 贷：本期盈余   68 000

第四节 捐赠收入与利息收入

一、捐赠收入

捐赠收入是指单位接受其他单位或者个人捐赠取得的收入。为了核算捐赠收入业务，单位应设置"捐赠收入"总账科目。该科目属于收入类科目，贷方登记捐赠收入的增加数，借方登记冲销转出数，平时本科目贷方余额反映捐赠收入累计数。单位对本科目应当按照捐赠资产的用途和捐赠单位等进行明细核算。期末，将该科目本期发生额转入本期盈余。期末结转后，本科目应无余额。

1．接受捐赠的货币资金

单位对接受捐赠的货币资金，按照实际收到的金额，借记"银行存款""库存现金"等科目，贷记"捐赠收入"科目。

【例6-24】某事业单位收到其他单位的货币资金捐赠收入50 000元，款项已经存入银行。

借：银行存款   50 000
 贷：捐赠收入   50 000

2．接受捐赠的存货、固定资产等非现金资产

单位对接受捐赠的存货、固定资产等非现金资产，按照确定的成本，借记"库存物品""固定资产"等科目，按照发生的相关税费、运输费等，贷记"银行存款"等科目，按照其差额，贷记"捐赠收入"科目。

【例6-25】某科研事业单位收到其他单位捐赠的设备一台，评估价值100 000元，该事业单位支付运输费用300元。

借：固定资产   100 300
 贷：银行存款   300
  捐赠收入   100 000

3. 接受捐赠的按照名义金额入账的资产

单位对接受捐赠的资产按照名义金额入账的，按照名义金额，借记"库存物品""固定资产"等科目，贷记"捐赠收入"科目；同时，按照发生的相关税费、运输费等，借记"其他费用"科目，贷记"银行存款"等科目。

4. 捐赠收入的期末结转

期末，将本科目本期发生额转入本期盈余，借记"捐赠收入"科目，贷记"本期盈余"科目。

【例6-26】期末，某事业单位"捐赠收入"科目本期发生额为68 000元，将其转入本期盈余。

借：捐赠收入　　　　　　　　　　　　　　　　　　　　　　　68 000
　　贷：本期盈余　　　　　　　　　　　　　　　　　　　　　　68 000

二、利息收入

利息收入是指单位取得的银行存款利息收入。为了核算利息收入业务，单位应设置"利息收入"总账科目。该科目属于收入类科目，贷方登记利息收入的增加数，借方登记冲销转出数，平时本科目贷方余额反映利息收入累计数。期末，本科目本期发生额转入本期盈余。期末结转后，本科目应无余额。

单位取得银行存款利息时，按照实际收到的金额，借记"银行存款"科目，贷记"利息收入"科目。期末，将"利息收入"科目本期发生额转入本期盈余，借记"利息收入"科目，贷记"本期盈余"科目。

【例6-27】某事业单位本期取得银行存款利息收入5 000元，期末将其转入本期盈余。

① 取得利息收入时。

借：银行存款　　　　　　　　　　　　　　　　　　　　　　　5 000
　　贷：利息收入　　　　　　　　　　　　　　　　　　　　　　5 000

② 期末结转时。

借：利息收入　　　　　　　　　　　　　　　　　　　　　　　5 000
　　贷：本期盈余　　　　　　　　　　　　　　　　　　　　　　5 000

第五节　租金收入与其他收入

一、租金收入

租金收入是指单位经批准利用国有资产出租取得并按照规定纳入本单位预算管理的租金收入。

为了核算租金收入，单位应设置"租金收入"总账科目。该科目属于收入类科目，贷方登记租金收入的增加数，借方登记冲销转出数，平时本科目贷方余额反映租金收入累计数。单位对本科目应当按照出租国有资产类别和收入来源等进行明细核算。期末，本科目本期发生额转入本期盈余。期末结转后，本科目应无余额。

1. 取得租金收入

单位对国有资产出租收入应当在租赁期内各个期间按照直线法予以确认。

采用预收租金方式的，预收租金时，按照收到的金额，借记"银行存款"等科目，贷记"预收账款"科目；分期确认租金收入时，按照各期租金金额，借记"预收账款"科目，贷记"租金收入"科目。

采用后付租金方式的，每期确认租金收入时，按照各期租金金额，借记"应收账款"科目，贷记"租金收入"科目；收到租金时，按照实际收到的金额，借记"银行存款"等科目，贷记"应收账款"科目。

采用分期收取租金方式的，每期收取租金时，按照租金金额，借记"银行存款"等科目，贷记"租金收入"科目。

【例 6-28】某教育事业单位对外出租体育场取得租金收入 15 000 元，款项已收到并存入单位银行存款账户。

借：银行存款   15 000

 贷：租金收入   15 000

2. 租金收入的期末结转

期末，将"租金收入"科目本期发生额转入本期盈余，借记"租金收入"科目，贷记"本期盈余"科目。

【例 6-29】某单位期末"租金收入"科目本期贷方发生额共计 40 000 元，将其转入"本期盈余"科目。

借：租金收入   40 000

 贷：本期盈余   40 000

二、其他收入

其他收入是指单位取得的除财政拨款收入、事业收入、上级补助收入、附属单位上缴收入、经营收入、非同级财政拨款收入、投资收益、捐赠收入、利息收入、租金收入以外的各项收入，包括现金盘盈收入、按照规定纳入单位预算管理的科技成果转化收入、行政单位收回已核销的其他应收款、无法偿付的应付及预收款项、置换换出资产评估增值等。

为了核算其他收入业务，单位应设置"其他收入"科目。该科目属于收入类科目，贷方登记其他收入的增加数，借方登记冲销转出数，平时本科目贷方余额反映其他收入累计数。单位对本科目应当按照其他收入的类别、来源等进行明细核算。期末，本科目本期发生额转入本期盈余。期末结转后，本科目应无余额。

1. 现金盘盈收入

每日现金账款核对中发现的现金溢余，属于无法查明原因的部分，报经批准后，借记"待处理财产损溢"科目，贷记"其他收入"科目。

2. 科技成果转化收入

单位科技成果转化所取得的收入，按照规定留归本单位的，按照所取得收入扣除相关费用之后的净收益，借记"银行存款"等科目，贷记"其他收入"科目。

【例 6-30】某科研事业单位以技术转让方式向某企业转让其一项专利技术，扣除相关转让手续费用后的收益为 500 000 元，款项已存入该单位银行存款账户。

借：银行存款   500 000

 贷：其他收入   500 000

3. 收回已核销的其他应收款

行政单位已核销的其他应收款在以后期间收回的，按照实际收回的金额，借记"银行存款"等科目，贷记"其他收入"科目。

【例 6-31】某行政单位收回已作为坏账处理的甲单位的其他应收款 2 000 元，款项已存入该单位银行存款账户。

借：银行存款   2 000

 贷：其他收入   2 000

4. 无法偿付的应付及预收款项

无法偿付或债权人豁免偿还的应付账款、预收账款、其他应付款及长期应付款，借记"应付账款""预收账款""其他应付款""长期应付款"等科目，贷记"其他收入"科目。

5. 置换换出资产评估增值

资产置换过程中，换出资产评估增值的，按照评估价值高于资产账面价值或账面余额的金额，借记有关科目，贷记"其他收入"科目。具体账务处理参见"库存物品"等科目。

以未入账的无形资产取得的长期股权投资，按照评估价值加相关税费作为投资成本，借记"长期股权投资"科目，按照发生的相关税费，贷记"银行存款""其他应交税费"等科目，按其差额，贷记"其他收入"科目。

6. 上述几项收入以外的其他收入

确认1～5项以外的其他收入时，按照应收或实际收到的金额，借记"其他应收款""银行存款""库存现金"等科目，贷记"其他收入"科目。

7. 其他收入的期末结转

期末，将本科目本期发生额转入本期盈余，借记"其他收入"科目，贷记"本期盈余"科目。期末结转后，本科目应无余额。

【例6-32】期末，某行政单位"其他收入"科目本期发生额为360 000元，将其转入"本期盈余"科目。

```
借：其他收入                                    360 000
    贷：本期盈余                                  360 000
```

知识总结

（1）行政事业单位收入是指行政事业单位依法取得的非偿还性资金。该收入按来源可以分为财政拨款收入、非同级财政拨款收入、捐赠收入、利息收入、租金收入、其他收入。此外，还有事业单位专有收入，包括事业收入、上级补助收入、附属单位上缴收入、经营收入和投资收益。

（2）行政事业单位取得的各项收入应当全部纳入单位预算，统一核算，统一管理。按照财务管理的要求，分项如实核算。

（3）根据《政府会计准则——基本准则》的规定，行政事业单位财务会计核算的收入应当以权责发生制为基础确认。

（4）财政拨款收入是指行政事业单位按照核定的部门预算，直接从同级财政部门取得的财政预算资金。非同级财政拨款收入是指单位从非同级政府财政部门取得的经费拨款，包括从同级政府其他部门取得的横向转拨财政款、从上级或下级政府财政部门取得的经费拨款等。

（5）事业收入是指事业单位开展专业业务活动及其辅助活动取得的收入。上级补助收入是指事业单位从主管部门和上级单位取得的非财政补助收入。附属单位上缴收入是指事业单位附属独立核算单位按照有关规定上缴的收入，包括附属的事业单位上缴的收入和附属的企业上缴的利润等。经营收入是指事业单位在专业业务活动及其辅助活动之外开展非独立核算经营活动取得的收入。投资收益是指事业单位进行股权投资和债券投资所实现的收益或发生的损失。

（6）捐赠收入是指单位接受其他单位或者个人捐赠取得的收入。利息收入是指单位取得的银行存款利息收入。

（7）租金收入是指单位经批准利用国有资产出租取得并按照规定纳入本单位预算管理的租金收入。其他收入是指单位取得的除财政拨款收入、事业收入、上级补助收入、附属单位上缴收入、经营收入、非同级财政拨款收入、投资收益、捐赠收入、利息收入、租金收入以外的各项收入，包括现金盘盈收入、按照规定纳入单位预算管理的科技成果转化收入、行政单位收回已核销的其他应收款、无法偿付的应付及预收款项、置换换出资产评估增值等。

练习与实训

一、名词解释

财政拨款收入　非同级财政拨款收入　事业收入　上级补助收入　附属单位上缴收入　财政直接支付　财政授权支付

二、简答题

1. 简述行政事业单位收入的含义及分类。

2. 简述行政事业单位收入的管理要求。

3. 简述财政拨款收入包括的内容。

4. 简述领拨经费的依据和方式。

5. 简述用财政专户返还方式管理的事业收入如何核算？

6. 什么是事业单位的上级补助收入？它与财政补助收入有什么区别？

7. 什么是事业单位的经营收入？经营收入与事业收入、附属单位上缴收入有什么区别？

8. 其他收入主要包括哪些内容？

三、业务核算题

习题一

1. 目的：练习国库集中支付制度下行政单位收入的核算。

2. 资料：某行政单位发生下列经济业务。

（1）以财政直接支付方式支付职工工资 500 000 元，购入各种材料，价款 6 000 元，购置一台不需要安装的办公设备，价款 80 000 元。

（2）收到"财政授权支付到账通知书"，本期用款额度为 100 000 元，并以财政授权支付方式支付办公经费 56 000 元。

（3）从零余额账户提取现金 3 000 元，支付日常办公费用 2 900 元。

（4）期末，"财政拨款收入"科目贷方发生额为 2 430 000 元。

3. 要求：根据上述经济业务编制会计分录。

习题二

1. 目的：练习事业单位收入的核算。

2. 资料：某事业单位发生如下经济业务。

（1）在开展专业业务活动中取得劳务收入 53 000 元，款项存入银行。

（2）收到罚没收入 34 000 元，存入银行。月末将该款项上缴财政专户。按照相关政策，从财政专户取得返还款项 28 000 元，并已存入该单位的银行存款账户。

（3）非独立核算的招待所交来住宿、餐饮等收入共计 5 200 元，款项以现金结算。

（4）收到所属独立核算的甲单位交来的利润 40 000 元。

（5）收到上级单位拨来的用于开展日常专业业务活动的补助款项 14 000 元，已经通过银行转账方式支付。

（6）收到短期投资的利息收入 2 000 元。

3. 要求：根据上述经济业务编制会计分录。

第七章 | 行政事业单位费用的核算

第一节 行政事业单位费用概述

一、费用的概念

费用是指报告期内导致政府会计主体净资产减少的、含有服务潜力或者经济利益的经济资源的流出。

二、费用的确认与计量

费用的确认应当同时满足以下条件。

（1）与费用相关的含有服务潜力或者经济利益的经济资源很可能流出政府会计主体。

（2）含有服务潜力或者经济利益的经济资源流出会导致政府会计主体资产减少或者负债增加。

（3）流出金额能够可靠地计量。

采用权责发生制确认的费用，应当在其发生时予以确认，并按照实际发生额计量。

第二节 业务活动费用

一、业务活动费用的概念

业务活动费用是指行政事业单位为实现其职能目标，依法履职或开展专业业务活动及其辅助活动所发生的各项费用。行政单位为了实现社会管理职能，完成行政任务必然需要一定的资金消耗，业务活动费用是行政单位最主要的支出。业务活动费用也是事业单位从事专业活动及其辅助活动时发生的各项资金耗费和损失，具有经常性、数额大的特点，这是事业单位支出的主要内容。反映了事业单位在履行其职能、提供公共服务过程中发生的必要的耗费，是考核事业成果和资金使用效率的重要依据。业务活动费用主要包括为履职或开展业务活动人员计提的薪酬、外部人员劳务费、领用的库存物品、相关资产计提的折旧和摊销、各项税费以及履职或开展业务活动发生的其他各项费用。

微课：财政的钱怎样才能不乱花

二、业务活动费用的核算

为了核算行政事业单位在开展业务活动中发生的各项业务活动费用，单位应设置"业务活动费用"科目。该科目属于费用类科目，借方登记业务活动费用实际支出数，贷方登记支出收回或冲销转出数，平时借方余额反映业务活动费用累计数。期末，将该科目本期发生额转入本期盈余。期末结转后，该科目无余额。

本科目应当按照项目、服务或者业务类别、支付对象等进行明细核算。为了满足成本核算需要，本科目下还可按照"工资福利费用""商品和服务费用""对个人和家庭的补助费用""对企业补助费用""固定资产折旧费""无形资产摊销费""公共基础设施折旧（摊销）费""保障性住房折旧费""计提专用基金"等成本项目设置明细科目，归集能够直接计入业务活动或采用一定方法计算后计入业务活动的费用。

1．为本单位人员计提薪酬

为履职或开展业务活动人员计提的薪酬，按照计算确定的金额，借记"业务活动费用"科目，贷记"应付职工薪酬"科目。具体账务处理参见"应付职工薪酬"科目。

2．外部人员劳务费

为履职或开展业务活动发生的外部人员劳务费，按照计算确定的金额，借记"业务活动费用"科目，按照代扣代缴个人所得税的金额，贷记"其他应交税费——应交个人所得税"科目，按照扣税后应付或实际支付的金额，贷记"其他应付款""财政拨款收入""零余额账户用款额度""银行存款"等科目。

3．领用库存物品

为履职或开展业务活动领用库存物品，按照领用库存物品或发出相关政府储备物资的账面余额，借记"业务活动费用"科目，贷记"库存物品"科目。

【例7-1】某行政单位的业务部门从仓库领用一批库存物品，用于开展日常行政活动，该批物品的成本为800元。

借：业务活动费用   800

  贷：库存物品   800

4．长期资产的折旧与摊销

为履职或开展业务活动所使用的固定资产、无形资产以及为所控制的公共基础设施、保障性住房计提的折旧、摊销，按照计提金额，借记"业务活动费用"科目，贷记"固定资产累计折旧""无形资产累计摊销""公共基础设施累计折旧（摊销）""保障性住房累计折旧"科目。

【例7-2】某事业单位为本单位购入的一辆运货汽车提取折旧，月折旧额为5 000元。

借：业务活动费用   5 000

  贷：固定资产累计折旧   5 000

5．各项税费

为履职或开展业务活动发生的城市维护建设税、教育费附加、地方教育费附加、车船税、房产税、城镇土地使用税等，按照计算确定应交纳的金额，借记"业务活动费用"科目，贷记"其他应交税费"等科目。

【例7-3】某行政单位本年度应交车船税7 800元，通过该单位零余额账户缴纳。

① 计提税金时。

借：业务活动费用   7 800

  贷：其他应交税费——应交车船税   7 800

② 缴纳税金时。

借：其他应交税费——应交车船税   7 800

  贷：零余额账户用款额度   7 800

6．其他各项费用

为履职或开展业务活动发生其他各项费用时，按照费用确认金额，借记"业务活动费用"科目，贷记"财政拨款收入""零余额账户用款额度""银行存款""应付账款""其他应付款""其他应收款"等科目。

【例7-4】某行政单位通过零余额账户购置一批办公用品5 000元，直接交付有关部门使用。

借：业务活动费用   5 000

  贷：零余额账户用款额度   5 000

7．提取专用基金

按照规定从收入中提取专用基金并计入费用的，一般按照预算会计下基于预算收入计算提取的金额，借记"业务活动费用"科目，贷记"专用基金"科目。国家另有规定的，从其规定。

8．业务活动费用的期末结转

期末，将本科目本期发生额转入本期盈余，借记"本期盈余"科目，贷记"业务活动费用"科目。

【例7-5】期末，某行政单位"业务活动费用"总账科目借方发生额7 890 000元。将其转入本期盈余。

借：本期盈余 7 890 000
　　贷：业务活动费用 7 890 000

第三节　事业单位专有费用

一、单位管理费用

1．单位管理费用的概念

单位管理费用是指事业单位本级行政及后勤管理部门开展管理活动发生的各项费用，包括单位行政及后勤管理部门发生的人员经费、公用经费、资产折旧（摊销）等费用，以及由单位统一负担的离退休人员经费、工会经费、诉讼费、中介费等。

2．单位管理费用的核算

为了核算事业单位本级行政及后勤管理部门开展管理活动发生的各项费用，事业单位应设置"单位管理费用"科目。该科目属于费用类科目，借方登记单位管理费用实际支出数，贷方登记费用收回或冲销转出数，平时借方余额反映单位管理费用累计数。期末，将该科目本期发生额转入本期盈余。期末结转后，该科目无余额。

本科目应当按照项目、费用类别、支付对象等进行明细核算。为了满足成本核算需要，本科目下还可按照"工资福利费用""商品和服务费用""对个人和家庭的补助费用""固定资产折旧费""无形资产摊销费"等成本项目设置明细科目，归集能够直接计入单位管理活动或采用一定方法计算后计入单位管理活动的费用。

（1）为管理活动人员计提的薪酬，按照计算确定的金额，借记"单位管理费用"科目，贷记"应付职工薪酬"科目。

（2）为开展管理活动发生的外部人员劳务费，按照计算确定的费用金额，借记"单位管理费用"科目，按照代扣代缴个人所得税的金额，贷记"其他应交税费——应交个人所得税"科目，按照扣税后应付或实际支付的金额，贷记"其他应付款""财政拨款收入""零余额账户用款额度""银行存款"等科目。

（3）开展管理活动内部领用库存物品，按照领用物品实际成本，借记"单位管理费用"科目，贷记"库存物品"科目。

（4）为管理活动所使用固定资产、无形资产计提的折旧、摊销，按照应提折旧、摊销额，借记"单位管理费用"科目，贷记"固定资产累计折旧""无形资产累计摊销"科目。

（5）为开展管理活动发生的城市维护建设税、教育费附加、地方教育费附加、车船税、房产税、城镇土地使用税等，按照计算确定应交纳的金额，借记"单位管理费用"科目，贷记"其他应交税费"等科目。

（6）为开展管理活动发生的其他各项费用，按照费用确认金额，借记"单位管理费用"科目，贷记"财政拨款收入""零余额账户用款额度""银行存款""其他应付款""其他应收款"等科目。

（7）期末，将本科目本期发生额转入本期盈余，借记"本期盈余"科目，贷记"单位管理费用"科目。

【例7-6】某高校的行政管理部门和后勤管理部门发生如下经济业务。

（1）计提行政管理和后勤管理部门人员奖励性绩效工资212 000元。

借：单位管理费用	212 000
贷：应付职工薪酬	212 000

（2）教务处以银行存款支付外聘技术人员劳务费2 000元，代扣个人所得税500元。

借：单位管理费用	2 500
贷：其他应交税费——应交个人所得税	500
银行存款	2 000

（3）后勤处维修办公室门窗领用库存材料一批，价值6 000元。

借：单位管理费用	6 000
贷：库存物品	6 000

（4）为行政管理部门和后勤部门使用的固定资产计提折旧40 000元。

借：单位管理费用	40 000
贷：固定资累计折旧	40 000

（5）通过单位零余额账户支付本月水电费860元。

借：单位管理费用	860
贷：零余额账户用款额度	860

（6）期末，该单位"单位管理费用"总账科目借方发生额890 000元，将其转入"本期盈余"科目。

借：本期盈余	890 000
贷：单位管理费用	890 000

二、上缴上级费用

上缴上级费用是指事业单位按照财政部门和主管部门的规定上缴上级单位款项发生的费用。

为了反映事业单位向上级单位缴款情况，事业单位应设置"上缴上级费用"总账科目。本科目应当按照收缴款项单位、缴款项目等进行明细核算。期末，将本科目本期发生额转入本期盈余。期末结转后，本科目应无余额。

1. 发生上缴上级费用

单位发生上缴上级费用的，按照实际上缴的金额或者按照规定计算出应当上缴上级单位的金额，借记"上缴上级费用"科目，贷记"银行存款""其他应付款"等科目。

【例7-7】某事业单位根据本年收入情况，按规定比例上缴上级单位100 000元，款项已通过银行支付。

借：上缴上级费用	100 000
贷：银行存款	100 000

2. 上缴上级费用的期末结转

期末，将"上缴上级费用"科目本期发生额转入本期盈余，借记"本期盈余"科目，贷记"上缴上级费用"科目。

【例7-8】某事业单位期末"上缴上级费用"科目借方本期发生额520 000元，将其转入"本期盈余"科目。

借：本期盈余　　　　　　　　　　　　　　　　　　　　520 000

　　贷：上缴上级费用　　　　　　　　　　　　　　　　　　　520 000

三、对附属单位补助费用

对附属单位补助费用是指事业单位用财政拨款收入之外的收入对附属单位补助发生的费用。附属单位是指实行独立核算的下级单位，事业单位作为上级单位，可以用自己组织的除财政补助收入以外的资金对下属单位进行各项补助，支持所属单位事业的发展。

为了反映事业单位给予所属单位的补助情况，事业单位应设置"对附属单位补助费用"科目。该科目属于费用类科目，借方登记对附属单位补助的实际支出数，贷方登记支出补助收回或冲销转出数，平时借方余额反映对附属单位补助支出累计数。期末，将该科目本期发生额转入本期盈余。期末结账后，该科目无余额。

本科目应当按照接受补助单位、补助项目等进行明细核算。

1. 发生对附属单位补助费用

单位发生对附属单位补助费用的，按照实际补助的金额或者按照规定计算出应当对附属单位补助的金额，借记"对附属单位补助费用"科目，贷记"银行存款""其他应付款"等科目。

【例7-9】某事业单位对附属甲单位拨款60 000元，款项通过银行支付。

借：对附属单位补助费用——甲单位　　　　　　　　　　60 000

　　贷：银行存款　　　　　　　　　　　　　　　　　　　　60 000

2. 对附属单位补助费用的期末结转

期末，将"对附属单位补助费用"科目本期发生额转入本期盈余，借记"本期盈余"科目，贷记"对附属单位补助费用"科目。

【例7-10】期末，"对附属单位补助费用"科目借方本期发生额89 000元，将其转入"本期盈余"科目。

借：本期盈余　　　　　　　　　　　　　　　　　　　　89 000

　　贷：对附属单位补助费用　　　　　　　　　　　　　　　　89 000

四、经营费用

1. 经营费用的内容

经营费用是指事业单位在专业业务活动及其辅助活动之外开展非独立核算经营活动发生的各项费用。这里的"非独立核算"部门或单位是指事业单位内部的不具有独立法人资格、没有完整会计工作组织体系的部门或单位。这些部门或单位，如生产、销售产品，承包建筑、安装、维修工程，出租、出借仪器设备、房屋场地，向社会提供餐饮、住宿、交通运输等劳务都属于经营活动，在这个过程中所发生的资金耗费和损失属于经营费用。事业单位的经营费用是使用经营收入发生的支出，不能将财政拨款收入、事业收入等非经营性收入用于经营费用。

2. 经营费用的核算

为了核算事业单位在专业业务活动及其辅助活动之外开展非独立核算经营活动发生的各项费用，事业单位应设置"经营费用"科目。该科目属于费用类科目，借方登记经营费用的实际支出数，贷方登记支出收回或冲销转出数，平时借方余额反映经营费用累计数。期末，将该科目本期发生额转入本期盈余。期末结账后，该科目无余额。

本科目应当按照经营活动类别、项目、支付对象等进行明细核算。为了满足成本核算需要，本科目下还可按照"工资福利费用""商品和服务费用""对个人和家庭的补助费用""固定资产折旧费""无形资产摊销费"等成本项目设置明细科目，归集能够直接计入单位经营活动或采用一定方法计算后计入单位经营活动的费用。

（1）为经营活动人员计提的薪酬，按照计算确定的金额，借记"经营费用"科目，贷记"应付职工薪酬"科目。

（2）开展经营活动领用或发出库存物品，按照物品实际成本，借记"经营费用"科目，贷记"库存物品"科目。

（3）为经营活动所使用固定资产、无形资产计提的折旧、摊销，按照应提折旧、摊销额，借记"经营费用"科目，贷记"固定资产累计折旧""无形资产累计摊销"科目。

（4）开展经营活动发生的城市维护建设税、教育费附加、地方教育费附加、车船税、房产税、城镇土地使用税等，按照计算确定应交纳的金额，借记"经营费用"科目，贷记"其他应交税费"等科目。

（5）发生与经营活动相关的其他各项费用时，按照费用确认金额，借记"经营费用"科目，贷记"银行存款""其他应付款""其他应收款"等科目。

（6）发生当年购货退回等业务，对于已计入本年经营费用的，按照收回或应收的金额，借记"银行存款""其他应收款"等科目，贷记"经营费用"科目。

（7）期末，将"经营费用"科目本期发生额转入本期盈余，借记"本期盈余"科目，贷记"经营费用"科目。

【例7-11】某科研事业单位销售其自行开发的新产品，实行统一核算，相关经济业务如下。

（1）为经营活动人员计提的工资薪酬120 000元。

借：经营费用	120 000
贷：应付职工薪酬	120 000

（2）发出材料实际成本20 000元。

借：经营费用	20 000
贷：库存物品	20 000

（3）为经营部门使用的固定资产计提折旧40 000元。

借：经营费用	40 000
贷：固定资产累计折旧	40 000

（4）通过单位零余额账户支付本月经营部门用水电费860元。

借：经营费用	860
贷：零余额账户用款额度	860

（5）期末，该单位"经营费用"总账科目借方本期发生额890 000元，将其转入"本期盈余"科目。

借：本期盈余	890 000
贷：经营费用	890 000

五、所得税费用

所得税费用是指有企业所得税缴纳义务的事业单位按规定缴纳企业所得税所形成的费用。

为了核算所得税费用业务，有企业所得税缴纳义务的事业单位应设置"所得税费用"总账科目。年末，将本科目本年发生额转入本期盈余。年末结转后，本科目应无余额。

（1）发生企业所得税纳税义务的，按照税法规定计算的应交税金数额，借记"所得税费用"科目，贷记"其他应交税费——单位应交所得税"科目。实际缴纳时，按照缴纳金额，借记"其他应交税费——单位应交所得税"科目，贷记"银行存款"科目。

（2）年末，将"所得税费用"科目本年发生额转入本期盈余，借记"本期盈余"科目，贷记"所得税费用"科目。

【例 7-12】某事业单位有企业所得税纳税义务，本年应缴纳企业所得税 20 050 元。通过单位银行存款账户向税务机关缴纳税款。年末将所得税费用结转本期盈余。

① 计算应纳企业所得税。

借：所得税费用 20 050

    贷：其他应交税费——单位应交所得税 20 050

② 实际缴纳时。

借：其他应交税费——单位应交所得税 20 050

    贷：银行存款 20 050

③ 所得税费用的期末结转。

借：本期盈余 20 050

    贷：所得税费用 20 050

第四节　资产处置费用与其他费用

一、资产处置费用

资产处置费用是指单位经批准处置资产时发生的费用，包括转销的被处置资产价值，以及在处置过程中发生的相关费用或者处置收入小于相关费用形成的净支出。资产处置的形式按照规定包括无偿调拨、出售、出让、转让、置换、对外捐赠、报废、毁损以及货币性资产损失核销等。

为了核算资产处置费用，单位应当设置"资产处置费用"总账科目。本科目应当按照处置资产的类别、资产处置的形式等进行明细核算。期末，将本科目本期发生额转入本期盈余。期末结转后，本科目应无余额。

单位在资产清查中查明的资产盘亏、毁损以及资产报废等，应当先通过"待处理财产损溢"科目进行核算，再将处理资产价值和处理净支出计入本科目。短期投资、长期股权投资、长期债券投资的处置，按照相关资产科目的规定进行账务处理。

1. 不通过"待处理财产损溢"科目核算的资产处置

（1）按照规定报经批准处置资产时，按照处置资产的账面价值，借记"资产处置费用"科目（处置固定资产、无形资产的，还应借记"固定资产累计折旧""无形资产累计摊销"科目），按照处置资产的账面余额，贷记"库存物品""固定资产""无形资产""其他应收款""在建工程"等科目。

（2）处置资产过程中仅发生相关费用的，按照实际发生金额，借记"资产处置费用"科目，贷记"银行存款""库存现金"等科目。

（3）处置资产过程中取得收入的，按照取得的价款，借记"库存现金""银行存款"等科目，按照处置资产过程中发生的相关费用，贷记"银行存款""库存现金"等科目，按照其差额，借记"资产处置费用"科目或贷记"应缴财政款"等科目。

【例 7-13】某事业单位经上级主管部门批准，将一栋办公楼出售给 A 公司，合同价款 580 000

元。该办公楼原价 250 000 元，已计提折旧 120 000 元，该事业单位用银行存款支付清理费 20 000 元，按照国家税法规定，销售不动产按销售收入的 5% 缴纳增值税（不考虑其他税费）。A 公司通过银行转账方式支付全部款项，该办公楼出售净收入按规定上缴国库。

① 结转固定资产账面价值。

借：资产处置费用	130 000
累计折旧	120 000
贷：固定资产	250 000

② 收到出售收入、支付相关费用。

借：银行存款	580 000
贷：银行存款	20 000
应交增值税	29 000
应缴财政款	531 000

③ 缴纳税费。

借：应交增值税	29 000
贷：银行存款	29 000

④ 将处置净收入上缴国库。

借：应缴财政款	531 000
贷：银行存款	531 000

2．通过"待处理财产损溢"科目核算的资产处置

（1）单位账款核对中发现的现金短缺，属于无法查明原因的，报经批准核销时，借记"资产处置费用"科目，贷记"待处理财产损溢"科目。

（2）单位资产清查过程中盘亏或者毁损、报废的存货、固定资产、无形资产等，报经批准处理时，按照处理资产价值，借记"资产处置费用"科目，贷记"待处理财产损溢——待处理财产价值"科目。处理收支结清时，处理过程中所取得收入小于所发生相关费用的，按照相关费用减去处理收入后的净支出，借记"资产处置费用"科目，贷记"待处理财产损溢——处理净收入"科目。

【例 7-14】年末，某事业单位对固定资产进行盘点，盘亏笔记本电脑一台，账面余额为 12 000 元，已计提折旧 2 000 元。经查因被盗丢失，报经批准后予以核销。

① 将固定资产转入待处理财产时。

借：待处理财产损溢	10 000
固定资产累计折旧	2 000
贷：固定资产	12 000

② 固定资产报经批准予以核销时。

借：资产处置费用	10 000
贷：待处理财产损溢	10 000

3．资产处置费用的期末结转

期末，将"资产处置费用"科目本期发生额转入本期盈余，借记"本期盈余"科目，贷记"资产处置费用"科目。

【例 7-15】某单位期末将"资产处置费用"科目本期借方发生额 70 000 元转入本期盈余。

借：本期盈余	70 000
贷：资产处置费用	70 000

二、其他费用

其他费用是指单位发生的除业务活动费用、单位管理费用、经营费用、资产处置费用、上缴上级费用、附属单位补助费用、所得税费用以外的各项费用，包括利息费用、坏账损失、罚没支出、现金资产捐赠支出以及相关税费、运输费等。

为了核算其他费用业务，单位应设置"其他费用"总账科目。本科目应当按照其他费用的类别等进行明细核算。单位发生的利息费用较多的，可以单独设置"利息费用"科目。期末，将"其他费用"科目本期发生额转入本期盈余。期末结转后，本科目应无余额。

1. 利息费用

按期计算确认借款利息费用时，按照计算确定的金额，借记"在建工程"科目或"其他费用"科目，贷记"应付利息""长期借款——应计利息"科目。

【例7-16】某事业单位从银行取得借款200 000元，每月月末计提利息1 000元。

预提利息时。

借：其他费用——利息支出   1 000

  贷：应付利息   1 000

2. 坏账损失

年末，事业单位按照规定对收回后不需上缴财政的应收账款和其他应收款计提坏账准备时，按照计提金额，借记"其他费用"科目，贷记"坏账准备"科目；冲减多提的坏账准备时，按照冲减金额，借记"坏账准备"科目，贷记"其他费用"科目。

【例7-17】某事业单位对收回后不需上缴财政的应收账款按其期末余额的1%提取坏账准备2 000元。

借：其他费用——计提的坏账准备   2 000

  贷：坏账准备   2 000

3. 罚没支出

单位发生罚没支出的，按照实际缴纳或应当缴纳的金额，借记"其他费用"科目，贷记"银行存款""库存现金""其他应付款"等科目。

【例7-18】某行政单位以银行存款支付本年度交通违章罚款2 300元。

借：其他费用——罚没支出   2 300

  贷：银行存款   2 300

4. 现金资产捐赠

单位对外捐赠现金资产的，按照实际捐赠的金额，借记"其他费用"科目，贷记"银行存款""库存现金"等科目。

【例7-19】某科研事业单位为支持农村义务教育的发展，向某希望小学捐赠现款100 000元。

借：其他费用——捐赠费用   100 000

  贷：银行存款   100 000

5. 其他相关费用

单位接受捐赠（或无偿调入）以名义金额计量的存货、固定资产、无形资产等发生的相关税费、运输费等，按照实际支付的金额，借记"其他费用"科目，贷记"财政拨款收入""零余额账户用款额度""银行存款""库存现金"等科目。

【例7-20】某事业单位接受国内某出版社赠送的图书，该单位以现金支付运费500元。

借：其他费用——其他支出   500

  贷：库存现金   500

6. 其他费用的期末结转

期末，将"其他费用"科目本期发生额转入本期盈余，借记"本期盈余"科目，贷记"其他费用"科目。

【例7-21】某单位期末将"其他费用"科目本期借方发生额10 000元转入本期盈余。

借：本期盈余   10 000
  贷：其他费用   10 000

知识总结

（1）行政事业单位费用是指报告期内导致政府会计主体净资产减少的、含有服务潜力或者经济利益的经济资源的流出。

（2）业务活动费用是指行政事业单位为实现其职能目标，依法履职或开展专业业务活动及其辅助活动所发生的各项费用。

（3）单位管理费用是指事业单位本级行政及后勤管理部门开展管理活动发生的各项费用。上缴上级费用是指事业单位按照财政部门和主管部门的规定上缴上级单位款项发生的费用。对附属单位补助费用是指事业单位用财政拨款收入之外的收入对附属单位补助发生的费用。

（4）经营费用是指事业单位在专业业务活动及其辅助活动之外开展非独立核算经营活动发生的各项费用。所得税费用是指有企业所得税缴纳义务的事业单位按规定缴纳企业所得税所形成的费用。

（5）资产处置费用是指单位经批准处置资产时发生的费用，包括转销的被处置资产价值，以及在处置过程中发生的相关费用或者处置收入小于相关费用形成的净支出。

（6）其他费用是指单位发生的除业务活动费用、单位管理费用、经营费用、资产处置费用、上缴上级费用、附属单位补助费用、所得税费用以外的各项费用，包括利息费用、坏账损失、罚没支出、现金资产捐赠支出以及相关税费、运输费等。

练习与实训

一、名词解释

业务活动费用 单位管理费用 上缴上级费用 对附属单位补助费用 经营费用

二、简答题

1. 什么是行政事业单位的费用？应如何确认？
2. 事业单位的专有费用包括哪些内容？
3. 对附属单位补助费用与经营费用的区别是什么？
4. 什么是资产处置费用？
5. 行政事业单位的其他费用包括哪些内容？

三、业务核算题

习题一

1. 目的：练习行政单位费用的核算。
2. 资料：某行政单位（已经实行国库集中支付制度改革）发生下列经济业务。

（1）开出转账支票，支付本月办公费用5 000元，支付汽车修理费用6 000元。

（2）用专项经费，开展某项活动，发生支出8 500元，以存款支付。

（3）领用办公用材料一批，价值7 000元。

（4）计提计算机设备折旧费 12 000 元。

（5）以银行存款支付本年度交通违章罚款 1 000 元。

（6）期末结转时，"业务活动费用"账户本期借方发生额 830 000 元，"资产处置费用"账户借方发生额 60 000 元，"其他费用"借方发生额 9 000 元。

3. 要求：根据上述经济业务编制会计分录。

习题二

1. 目的：练习事业单位支出的核算。

2. 资料：某事业单位（已经实行国库集中支付制度改革）发生下列经济业务。

（1）本月管理人员工资总额 654 000 元，代扣水电费 23 000 元，代扣个人所得税 56 000 元，通过单位零余额账户支付工资。

（2）按规定的定额上缴上级单位款项 50 000 元，款项已通过银行支付。

（3）对附属单位拨款 40 000 元，款项通过银行支付。

（4）从仓库领用材料 3 500 元，用于业务实验。

（5）向某小学捐赠现金 50 000 元。

（6）期末，"其他费用"科目借方发生额 12 000 元。

3. 要求：根据上述经济业务编制会计分录。

第八章　行政事业单位净资产的核算

第一节　盈余及盈余分配

一、本期盈余

本期盈余是指单位本期各项收入、费用相抵后的余额。各项收入合计大于费用合计为盈余，否则为亏损。

为了核算单位的本期盈余，单位应设置"本期盈余"总账科目。本科目属于净资产类的科目，借方登记本期费用发生额的转入数，贷方登记本期收入发生额的转入数。本科目期末如为贷方余额，反映单位自年初至当期期末累计实现的盈余；如为借方余额，反映单位自年初至当期期末累计发生的亏损。年末，将本科目余额转入"本年盈余分配"科目。年末结账后，本科目应无余额。

（1）期末，将各类收入科目的本期发生额转入本期盈余，借记"财政拨款收入""事业收入""上级补助收入""附属单位上缴收入""经营收入""非同级财政拨款收入""投资收益""捐赠收入""利息收入""租金收入""其他收入"科目，贷记"本期盈余"科目；将各类费用科目本期发生额转入本期盈余，借记"本期盈余"科目，贷记"业务活动费用""单位管理费用""经营费用""所得税费用""资产处置费用""上缴上级费用""对附属单位补助费用""其他费用"科目。

（2）年末，完成上述结转后，将"本期盈余"科目余额转入"本年盈余分配"科目，借记或贷记"本期盈余"科目，贷记或借记"本年盈余分配"科目。

【例 8-1】某市中级人民法院 12 月初"本期盈余"科目的贷方余额为 2 000 元，12 月有关各项收入和费用的账户发生额如表 8-1 所示。

表 8-1 各项收入和费用的账户发生额 单位：元

收入类科目	发生额（贷方）	费用类科目	发生额（借方）
财政拨款收入	350 000	业务活动费用	440 000
非同级财政拨款收入	70 000	资产处置费用	8 000
捐赠收入	20 000	其他费用	1 000
利息收入	4 000		
租金收入	6 000		
其他收入	1 000		
合计	451 000	合计	449 000

① 结转本期收入类科目发生额。

借：财政拨款收入 350 000
  非同级财政拨款收入 70 000
  捐赠收入 20 000
  利息收入 4 000
  租金收入 6 000
  其他收入 1 000
  贷：本期盈余 451 000

② 结转本期费用类科目发生额。

借：本期盈余 449 000
  贷：业务活动费用 440 000
    资产处置费用 8 000
    其他费用 1 000

③ 年终，将"本期盈余"科目贷方余额 4 000 元转入"本年盈余分配"科目。

借：本期盈余 4 000
  贷：本年盈余分配 4 000

二、本年盈余分配

本年盈余分配是指行政事业单位本年度盈余分配的情况和结果。

为了核算单位本年度盈余分配的情况和结果，单位应设置"本年盈余分配"科目。年末，将本科目余额转入累计盈余。年末结账后，本科目应无余额。

（1）年末，将"本期盈余"科目余额转入"本年盈余分配"科目，借记或贷记"本期盈余"科目，贷记或借记"本年盈余分配"科目。

（2）年末，根据有关规定从本年度非财政拨款结余或经营结余中提取专用基金的，按照预算会计下计算的提取金额，借记"本年盈余分配"科目，贷记"专用基金"科目。

（3）年末，按照规定完成上述处理后，将"本年盈余分配"科目余额转入累计盈余，借记或贷记"本年盈余分配"科目，贷记或借记"累计盈余"科目。

【例 8-2】某事业单位年末"本期盈余"科目的贷方余额为 12 000 元，按预算会计下从本年度非财政拨款结余中提取专用基金 10 000 元，年末"本年盈余分配"余额为 2 000 元。

（1）将"本期盈余"科目余额转入"本年盈余分配"科目。

借：本期盈余　　　　　　　　　　　　　　　　　　　　　　　12 000

　　贷：本年盈余分配　　　　　　　　　　　　　　　　　　　　　12 000

（2）提取专用基金。

借：本年盈余分配　　　　　　　　　　　　　　　　　　　　　10 000

　　贷：专用基金　　　　　　　　　　　　　　　　　　　　　　　10 000

（3）结转本年盈余分配科目余额。

借：本年盈余分配　　　　　　　　　　　　　　　　　　　　　　2 000

　　贷：累计盈余　　　　　　　　　　　　　　　　　　　　　　　2 000

三、累计盈余

累计盈余是指单位历年实现的盈余扣除盈余分配后滚存的金额，以及因无偿调入调出资产产生的净资产变动额。

为了核算累计盈余业务，单位应设置"累计盈余"科目。本科目期末余额，反映单位未分配盈余（或未弥补亏损）的累计数以及截至上年末无偿调拨净资产变动的累计数。按照规定上缴、缴回、单位间调剂结转结余资金产生的净资产变动额，以及对以前年度盈余的调整金额，也通过本科目核算。本科目年末余额，反映单位未分配盈余（或未弥补亏损）以及无偿调拨净资产变动的累计数。

（1）年末，将"本年盈余分配"科目的余额转入累计盈余，借记或贷记"本年盈余分配"科目，贷记或借记"累计盈余"科目。

（2）年末，将"无偿调拨净资产"科目的余额转入累计盈余，借记或贷记"无偿调拨净资产"科目，贷记或借记"累计盈余"科目。

（3）按照规定上缴财政拨款结转结余、缴回非财政拨款结转资金、向其他单位调出财政拨款结转资金时，按照实际上缴、缴回、调出金额，借记"累计盈余"科目，贷记"财政应返还额度""零余额账户用款额度""银行存款"等科目。按照规定从其他单位调入财政拨款结转资金时，按照实际调入金额，借记"零余额账户用款额度""银行存款"等科目，贷记"累计盈余"科目。

（4）将"以前年度盈余调整"科目的余额转入"累计盈余"科目，借记或贷记"以前年度盈余调整"科目，贷记或借记"累计盈余"科目。

（5）按照规定使用专用基金购置固定资产、无形资产的，按照固定资产、无形资产成本金额，借记"固定资产""无形资产"科目，贷记"银行存款"等科目；同时，按照专用基金使用金额，借记"专用基金"科目，贷记"累计盈余"科目。

【例8-3】某事业单位12月31日有关净资产科目余额及相关经济业务如下。

（1）"本年盈余分配"科目的贷方余额为4 000元。

（2）"无偿调拨净资产"科目的贷方余额为10 000元。

（3）12月31日，使用专用基金购置一台设备150 000元。

相关账务处理如下。

（1）将"本年盈余分配"科目余额转入"累计盈余"科目。

借：本年盈余分配　　　　　　　　　　　　　　　　　　　　　　4 000

　　贷：累计盈余　　　　　　　　　　　　　　　　　　　　　　　4 000

（2）将"无偿调拨净资产"科目余额转入"累计盈余"科目。

借：无偿调拨净资产   10 000

  贷：累计盈余   10 000

（3）使用专用基金购置固定资产。

借：固定资产   150 000

  贷：银行存款   150 000

借：专用基金   150 000

  贷：累计盈余   150 000

四、以前年度盈余调整

以前年度盈余调整是指单位本年度发生的调整以前年度盈余的事项，包括本年度发生的重要前期差错更正涉及调整以前年度盈余的事项。

为了调整以前年度盈余，单位应设置"以前年度盈余调整"科目。调整后，将"以前年度盈余调整"科目的余额转入累计盈余。本科目结转后应无余额。

（1）调整增加以前年度收入时，按照调整增加的金额，借记有关科目，贷记"以前年度盈余调整"科目。调整减少的，做相反会计分录。

（2）调整增加以前年度费用时，按照调整增加的金额，借记"以前年度盈余调整"科目，贷记有关科目。调整减少的，做相反会计分录。

（3）盘盈的各种非流动资产，报经批准后处理时，借记"待处理财产损溢"科目，贷记"以前年度盈余调整"科目。

（4）经上述调整后，应将"以前年度盈余调整"科目的余额转入累计盈余，借记或贷记"累计盈余"科目，贷记或借记"以前年度盈余调整"科目。

【例8-4】某事业单位发生如下经济业务。

（1）有一笔预收账款10 000元，已达到收入确认条件，上年度没有确认为收入。

借：预收账款   10 000

  贷：以前年度盈余调整   10 000

（2）年终财产清查盘点，盘盈两台计算机，评估价值6 000元。经查系以前年度调入未入账。

借：待处理财产损溢   6 000

  贷：以前年度盈余调整   6 000

（3）将上述"以前年度盈余调整"科目的余额转入累计盈余。

借：以前年度盈余调整   16 000

  贷：累计盈余   16 000

第二节 专用基金

一、专用基金的概念及科目设置

专用基金是指事业单位按照规定提取或设置的具有专门用途的净资产，主要包括职工福利基金、科技成果转换基金等。

为了核算事业单位具有专门用途的净资产，应设置"专用基金"科目。本科目应当按照专用基金的类别进行明细核算。本科目期末贷方余额，反映事业单位累计提取或设置的尚未使用的专用基金。

二、专用基金的核算

1. 提取或设置专用基金

（1）年末，根据有关规定从本年度非财政拨款结余或经营结余中提取专用基金的，按照预算会计下计算的提取金额，借记"本年盈余分配"科目，贷记"专用基金"科目。

（2）根据有关规定从收入中提取专用基金并计入费用的，一般按照预算会计下基于预算收入计算提取的金额，借记"业务活动费用"等科目，贷记"专用基金"科目。国家另有规定的，从其规定。

（3）根据有关规定设置的其他专用基金，按照实际收到的基金金额，借记"银行存款"等科目，贷记"专用基金"科目。

【例8-5】年末，某事业单位非财政拨款结余科目余额300 000元，按照30%的比例提取职工福利基金。

借：本年盈余分配   90 000

  贷：专用基金——职工福利基金   90 000

2. 使用专用基金

按照规定使用提取的专用基金时，借记"专用基金"科目，贷记"银行存款"等科目。使用提取的专用基金购置固定资产、无形资产的，按照固定资产、无形资产成本金额，借记"固定资产""无形资产"科目，贷记"银行存款"等科目；同时，按照专用基金使用金额，借记"专用基金"科目，贷记"累计盈余"科目。

【例8-6】接【例8-5】，该事业单位使用提取的职工福利基金购置职工福利设施24 000元，款项以银行存款支付，购入的设施作为固定资产管理。

借：固定资产   24 000

  贷：银行存款   24 000

借：专用基金   24 000

  贷：累计盈余   24 000

第三节　权益法调整

权益法调整是指事业单位持有的长期股权投资采用权益法核算时，按照被投资单位除净损益和利润分配以外的所有者权益变动份额调整长期股权投资账面余额而计入净资产的金额。

为了核算权益法调整业务，事业单位应设置"权益法调整"科目。本科目应当按照被投资单位进行明细核算。期末余额，反映事业单位在被投资单位除净损益和利润分配以外的所有者权益变动中累积享有（或分担）的份额。

（1）年末，按照被投资单位除净损益和利润分配以外的所有者权益变动应享有（或应分担）的份额，借记或贷记"长期股权投资——其他权益变动"科目，贷记或借记"权益法调整"科目。

（2）采用权益法核算的长期股权投资，因被投资单位除净损益和利润分配以外的所有者权益变动而将应享有（或应分担）的份额计入单位净资产的，处置该项投资时，按照原计入净资产的相应部分金额，借记或贷记"权益法调整"科目，贷记或借记"投资收益"科目。

第四节　无偿调拨净资产

无偿调拨净资产是指单位无偿调入或调出非现金资产所引起的净资产变动金额。

为了核算无偿调拨净资产业务，单位应设置"无偿调拨净资产"科目。年末，将本科目余额转入累计盈余。年末结账后，本科目应无余额。

一、无偿调入资产

按照规定取得无偿调入的存货、长期股权投资、固定资产、无形资产、公共基础设施、政府储备物资、文物文化资产、保障性住房等，按照确定的成本，借记"库存物品""长期股权投资""固定资产""无形资产""公共基础设施""政府储备物资""文物文化资产""保障性住房"等科目，按照调入过程中发生的归属于调入方的相关费用，贷记"零余额账户用款额度""银行存款"等科目，按照其差额，贷记"无偿调拨净资产"科目。

【例8-7】某福利事业单位接受无偿调入10台计算机，价值70 000元。调入过程中发生的归属于调入方的运费等费用1 000元，以银行存款支付。

借：固定资产　　　　　　　　　　　　　　　　　　71 000
　　贷：银行存款　　　　　　　　　　　　　　　　　　　1 000
　　　　无偿调拨净资产　　　　　　　　　　　　　　　70 000

二、无偿调出资产

按照规定经批准无偿调出存货、长期股权投资、固定资产、无形资产、公共基础设施、政府储备物资、文物文化资产、保障性住房等，按照调出资产的账面余额或账面价值，借记"无偿调拨净资产"科目，按照固定资产累计折旧、无形资产累计摊销、公共基础设施累计折旧或摊销、保障性住房累计折旧的金额，借记"固定资产累计折旧""无形资产累计摊销""公共基础设施累计折旧（摊销）""保障性住房累计折旧"科目，按照调出资产的账面余额，贷记"库存物品""长期股权投资""固定资产""无形资产""公共基础设施""政府储备物资""文物文化资产""保障性住房"等科目；同时，按照调出过程中发生的归属于调出方的相关费用，借记"资产处置费用"科目；贷记"零余额账户用款额度""银行存款"等科目。

【例8-8】某福利事业单位无偿调出存货一批，价值23 000元。调出过程中发生的由本单位承担的相关费用500元，以现金支付。

借：无偿调拨净资产　　　　　　　　　　　　　　　23 000
　　贷：库存物品　　　　　　　　　　　　　　　　　　23 000
借：资产处置费用　　　　　　　　　　　　　　　　　　500
　　贷：库存现金　　　　　　　　　　　　　　　　　　　　500

三、无偿调拨净资产的期末结转

年末，将"无偿调拨净资产"科目余额转入累计盈余，借记或贷记"无偿调拨净资产"科目，贷记或借记"累计盈余"科目。

【例8-9】年末，将"无偿调拨净资产"科目余额转入累计盈余。

借：无偿调拨净资产　　　　　　　　　　　　　　　47 000
　　贷：累计盈余　　　　　　　　　　　　　　　　　　47 000

知识总结

（1）本期盈余是指单位本期各项收入、费用相抵后的余额。本年盈余分配是指行政事业单位本年度盈余分配的情况和结果。

（2）累计盈余是指单位历年实现的盈余扣除盈余分配后滚存的金额，以及因无偿调入调出资产产生的净资产变动额。

（3）以前年度盈余调整是指单位本年度发生的调整以前年度盈余的事项，包括本年度发生的重要前期差错更正涉及调整以前年度盈余的事项。

（4）专用基金是指事业单位按照规定提取或设置的具有专门用途的净资产，主要包括职工福利基金、科技成果转换基金等。

（5）权益法调整是指事业单位持有的长期股权投资采用权益法核算时，按照被投资单位除净损益和利润分配以外的所有者权益变动份额调整长期股权投资账面余额而计入净资产的金额。

（6）无偿调拨净资产是指单位无偿调入或调出非现金资产所引起的净资产变动金额。

练习与实训

一、名词解释
本期盈余　累计盈余　专用基金　权益法调整

二、简答题
1. 什么是行政事业单位的本年盈余分配，如何核算？
2. 哪些因素影响累计盈余的期末金额？
3. 什么是以前年度盈余调整，如何核算？
4. 专用基金是如何提取的，它们有什么用途？
5. 如何核算无偿调入和无偿调出资产？

三、业务核算题
习题一

1. 目的：练习行政事业单位盈余及盈余分配的核算。

2. 资料：某事业单位12月初"本期盈余"的贷方余额为10 000元，12月收入和费用账户发生额如表8-2所示。

表8-2　　　　　　　　　　12月收入和费用账户发生额　　　　　　　　　　单位：元

收入、费用类项目	借方发生额	贷方发生额
财政拨款收入		50 000
事业收入		30 000
上级补助收入		15 000
附属单位上缴收入		5 000
经营收入		8 000
业务活动费用	65 000	
单位管理费用	21 000	

续表

收入、费用类项目	借方发生额	贷方发生额
上缴上级费用	10 000	
对附属单位补助费用	8 000	
经营费用	3 000	
其他费用	500	

（1）将收入类科目发生额结转到"本期盈余"科目。

（2）将费用类科目发生额结转到"本期盈余"科目。

（3）年终，将"本期盈余"科目余额转入"本年盈余分配"科目。

（4）按预算会计下从本年度非财政拨款结余中提取专用基金 8 000 元。

（5）将"本年盈余分配"科目余额转入累计盈余。

3．要求：根据上述经济业务编制会计分录。

习题二

1．目的：练习行政事业单位净资产的核算。

2．资料：某事业单位发生下列经济业务。

（1）按本年度非财政拨款结余的一定比例提取职工福利基金 30 000 元。

（2）使用职工福利基金购置职工俱乐部健身器材 14 000 元，款项以银行存款支付。

（3）接受无偿调入设备一台，价值 30 000 元。调入过程中发生的归属于调入方的运费等费用 800 元，以银行存款支付。

（4）年末，"无偿调拨净资产"科目余额 38 000 元，将其转入累计盈余。

3．要求：根据以上经济业务计算并编制会计分录。

第九章 行政事业单位财务报表

第一节 财务会计报表概述

一、财务报告与财务报表

1．财务报告

《政府会计准则——基本准则》第五条规定，政府会计主体应当编制决算报告和财务报告。

政府财务报告是反映政府会计主体某一特定日期的财务状况和某一会计期间的运行情况和现金流量等信息的文件。其目标是向财务报告使用者提供与政府的财务状况、运行情况（含运行成本，下同）和现金流量等有关信息，反映政府会计主体公共受托责任履行情况，有助于财务报告使用者做出决策或者进行监督和管理。政府财务报告使用者包括各级人民代表大会常务委员会、债权人、各级政府及其有关部门、政府会计主体自身和其他利益相关者。

政府财务报告包括政府综合财务报告和政府部门财务报告。

政府综合财务报告是指由政府财政部门编制的，反映各级政府整体财务状况、运行情况和财政中长期可持续性的报告。

微课：权责发生制政府综合财务报告制度改革方案

政府部门财务报告是指政府各部门、各单位按规定编制的财务报告。

政府财务报告应当包括财务报表和其他应当在财务报告中披露的相关信息和资料。政府财务报告的编制主要以权责发生制为基础，以财务会计核算生成的数据为准。

2. 财务报表

财务报表是对政府会计主体财务状况、运行情况和现金流量等信息的结构性表述。财务报表包括会计报表和附注。会计报表至少应当包括资产负债表、收入费用表和现金流量表。财务报表的构成如表9-1所示。

表 9-1　　　　　　　　　　　　　　财务报表的构成

编号	财务报表名称	编制期
会政财01表	资产负债表	月度、年度
会政财02表	收入费用表	月度、年度
会政财03表	净资产变动表	年度
会政财04表	现金流量表	年度
	附注	年度

资产负债表是反映政府会计主体在某一特定日期的财务状况的报表。

收入费用表是反映政府会计主体在一定会计期间运行情况的报表。

现金流量表是反映政府会计主体在一定会计期间现金及现金等价物流入和流出情况的报表。

附注是对在资产负债表、收入费用表、现金流量表等报表中列示项目所做的进一步说明，以及对未能在这些报表中列示项目的说明。

二、财务报表的编制要求

财务报表应当根据登记完整、核对无误的账簿记录和其他有关资料编制，做到数字真实、计算准确、内容完整、报送及时。

（1）数字真实。会计报表中的各项数据指标必须真实、可靠。单位应当加强日常会计核算工作。会计报表的数字要根据经审核无误的会计账簿汇总填制，切实做到账表相符，有根有据，不得估列代编，伪造、变造会计资料。

（2）计算准确。会计报表中的各项指标数字的计算必须正确无误，相互衔接。所列数字的勾稽关系要清楚、正确，各项目明细数字与小计、合计、总计数字以及相关数字必须相符，防止数字遗漏和重复计算。

（3）内容完整。会计报表必须按政府会计制度规定填报的种类、项目填制，各个种类的报表项目必须填列完整、齐全。对于会计报表中未能反映的重要事项，应当编写会计报表附注做必要的说明解释。

（4）报送及时。会计报表应当按照月度和年度编制。所有的报表都应当编制年度报表，资产负债表和收入费用表还应当编制月度报表。会计报表的时效性很强，应按照规定的期限编制完成，并在规定的时间内向有关部门报送。

第二节　资产负债表

一、资产负债表的内容及结构

资产负债表是反映单位在某一特定日期全部资产、负债和净资产情况的报表。资产负债表应当按照资产、负债和净资产分类、分项列示，其中资产分流动资产和非流动资产列示。资产按照其流动程度排序，流动性强的项目排前，即先流动资产项目，后非流动资产项目，而非流动资产又划分为若干项目。负债分流动负债和非流动负债列示。按其到期日由近及远的顺序排列，即先流动负债，后非流动负债。

资产负债表的格式一般有表首、正表两部分。其中表首概括地说明报表名称、编制单位、编制日期、报表编号、货币名称、计量单位等。正表是资产负债表的主体，列示了用以说明单位财务状况的各个项目。资产负债表采用账户式结构，它依据"资产=负债+净资产"的会计平衡公式，利用账户形式列示各类项目，在报表的左方列示资产类的各个项目数额，右方列示负债类和净资产类的各个项目数额，并使资产负债表左右两方的数额保持平衡。我国政府财务会计资产负债表的格式如表 9-2 所示。

表 9-2　　　　　　　　　　　　　　　　　资产负债表

会政财 01 表

编制单位：　　　　　　　　　　　＿＿＿年＿＿＿月＿＿＿日　　　　　　　　　　　单位：元

资产	期末余额	年初余额	负债和净资产	期末余额	年初余额
流动资产：			流动负债：		
货币资金			短期借款		
短期投资			应交增值税		
财政应返还额度			其他应交税费		
应收票据			应缴财政款		
应收账款净额			应付职工薪酬		
预付账款			应付票据		
应收股利			应付账款		
应收利息			应付政府补贴款		
其他应收款净额			应付利息		
存货			预收账款		
待摊费用			其他应付款		
一年内到期的非流动资产			预提费用		
其他流动资产			一年内到期的非流动负债		
流动资产合计			其他流动负债		
非流动资产：			流动负债合计		
长期股权投资			非流动负债：		
长期债券投资			长期借款		
固定资产原值			长期应付款		
减：固定资产累计折旧			预计负债		
固定资产净值			其他非流动负债		
工程物资			非流动负债合计		
在建工程			受托代理负债		
无形资产原值			负债合计		
减：无形资产累计摊销					
无形资产净值					

续表

资产	期末余额	年初余额	负债和净资产	期末余额	年初余额
研发支出					
公共基础设施原值					
减：公共基础设施累计折旧（摊销）					
公共基础设施净值					
政府储备物资					
文物文化资产					
保障性住房原值					
减：保障性住房累计折旧			净资产：		
保障性住房净值			累计盈余		
长期待摊费用			专用基金		
待处理财产损溢			权益法调整		
其他非流动资产			无偿调拨净资产*		——
非流动资产合计			本期盈余*		——
受托代理资产			净资产合计		
资产总计			负债和净资产总计		

注："*"标识项目为月报项目，年报中不需列示。

二、资产负债表的填列方法

资产负债表各项目都设有两栏，即"年初余额"和"期末余额"。其中，"年初余额"栏内各项数字，应当根据上年年末资产负债表"期末余额"栏内数字填列。如果本年度资产负债表规定的项目的名称和内容同上年度不一致，应当对上年年末资产负债表项目的名称和数字按照本年度的规定调整，将调整后的数字填入本表"年初余额"栏内。如果本年度单位发生了因前期差错更正、会计政策变更等调整以前年度盈余的事项，还应当对"年初余额"栏中的有关项目金额进行相应调整。本表中的"资产总计"项目期末（年初）余额应当与"负债和净资产总计"项目期末（年初）余额相等。

"期末余额"栏各项目的内容和填列方法如下。

1. 资产类项目

（1）"货币资金"项目，反映单位期末库存现金、银行存款、零余额账户用款额度、其他货币资金的合计数。本项目应当根据"库存现金""银行存款""零余额账户用款额度""其他货币资金"科目的期末余额的合计数填列；若单位存在通过"库存现金""银行存款"科目核算的受托代理资产，则还应当按照前述合计数扣减"库存现金""银行存款"科目下"受托代理资产"明细科目的期末余额后的金额填列。

（2）"短期投资"项目，反映事业单位期末持有的短期投资账面余额。本项目应当根据"短期投资"科目的期末余额填列。

（3）"财政应返还额度"项目，反映单位期末财政应返还额度的金额。本项目应当根据"财政应返还额度"科目的期末余额填列。

（4）"应收票据"项目，反映事业单位期末持有的应收票据的票面金额。本项目应当根据"应收票据"科目的期末余额填列。

（5）"应收账款净额"项目，反映单位期末尚未收回的应收账款减去已计提的坏账准备后的净额。本项目应当根据"应收账款"科目的期末余额，减去"坏账准备"科目中对应收账款计提的坏账准备的期末余额后的金额填列。

（6）"预付账款"项目，反映单位期末预付给商品或者劳务供应单位的款项。本项目应当根据"预付账款"科目的期末余额填列。

（7）"应收股利"项目，反映事业单位期末因股权投资而应收取的现金股利或应当分得的利润。本项目应当根据"应收股利"科目的期末余额填列。

（8）"应收利息"项目，反映事业单位期末因债券投资等而应收取的利息。事业单位购入的到期一次还本付息的长期债券投资持有期间应收的利息，不包括在本项目内。本项目应当根据"应收利息"科目的期末余额填列。

（9）"其他应收款净额"项目，反映单位期末尚未收回的其他应收款减去已计提的坏账准备后的净额。本项目应当根据"其他应收款"科目的期末余额减去"坏账准备"科目中对其他应收款计提的坏账准备的期末余额后的金额填列。

（10）"存货"项目，反映单位期末存储的存货的实际成本。本项目应当根据"在途物品""库存物品""加工物品"科目的期末余额的合计数填列。

（11）"待摊费用"项目，反映单位期末已经支出，但应当由本期和以后各期负担的分摊期在1年以内（含1年）的各项费用。本项目应当根据"待摊费用"科目的期末余额填列。

（12）"一年内到期的非流动资产"项目，反映单位期末非流动资产项目中将在1年内（含1年）到期的金额，如事业单位将在1年内（含1年）到期的长期债券投资金额。本项目应当根据"长期债券投资"等科目的明细科目的期末余额分析填列。

（13）"其他流动资产"项目，反映单位期末除本表中上述各项之外的其他流动资产的合计金额。本项目应当根据有关科目期末余额的合计数填列。

（14）"流动资产合计"项目，反映单位期末流动资产的合计数。本项目应当根据本表中"货币资金""短期投资""财政应返还额度""应收票据""应收账款净额""预付账款""应收股利""应收利息""其他应收款净额""存货""待摊费用""一年内到期的非流动资产""其他流动资产"项目金额的合计数填列。

（15）"长期股权投资"项目，反映事业单位期末持有的长期股权投资的账面余额。本项目应当根据"长期股权投资"科目的期末余额填列。

（16）"长期债券投资"项目，反映事业单位期末持有的长期债券投资的账面余额。本项目应当根据"长期债券投资"科目的期末余额减去其中将于1年内（含1年）到期的长期债券投资余额后的金额填列。

（17）"固定资产原值"项目，反映单位期末固定资产的原值。本项目应当根据"固定资产"科目的期末余额填列。

"固定资产累计折旧"项目，反映单位期末固定资产已计提的累计折旧金额。本项目应当根据"固定资产累计折旧"科目的期末余额填列。

"固定资产净值"项目，反映单位期末固定资产的账面价值。本项目应当根据"固定资产"科目期末余额减去"固定资产累计折旧"科目期末余额后的金额填列。

（18）"工程物资"项目，反映单位期末为在建工程准备的各种物资的实际成本。本项目应当根据"工程物资"科目的期末余额填列。

（19）"在建工程"项目，反映单位期末所有的建设项目工程的实际成本。本项目应当根据"在建工程"科目的期末余额填列。

（20）"无形资产原值"项目，反映单位期末无形资产的原值。本项目应当根据"无形资产"科目的期末余额填列。

"无形资产累计摊销"项目，反映单位期末无形资产已计提的累计摊销金额。本项目应当根据"无形资产累计摊销"科目的期末余额填列。

"无形资产净值"项目，反映单位期末无形资产的账面价值。本项目应当根据"无形资产"科目期末余额减去"无形资产累计摊销"科目期末余额后的金额填列。

（21）"研发支出"项目，反映单位期末正在进行的无形资产开发项目开发阶段发生的累计支出数。本项目应当根据"研发支出"科目的期末余额填列。

（22）"公共基础设施原值"项目，反映单位期末控制的公共基础设施的原值。本项目应当根据"公共基础设施"科目的期末余额填列。

"公共基础设施累计折旧（摊销）"项目，反映单位期末控制的公共基础设施已计提的累计折旧和累计摊销金额。本项目应当根据"公共基础设施累计折旧（摊销）"科目的期末余额填列。

"公共基础设施净值"项目，反映单位期末控制的公共基础设施的账面价值。本项目应当根据"公共基础设施"科目期末余额减去"公共基础设施累计折旧（摊销）"科目期末余额后的金额填列。

（23）"政府储备物资"项目，反映单位期末控制的政府储备物资的实际成本。本项目应当根据"政府储备物资"科目的期末余额填列。

（24）"文物文化资产"项目，反映单位期末控制的文物文化资产的成本。本项目应当根据"文物文化资产"科目的期末余额填列。

（25）"保障性住房原值"项目，反映单位期末控制的保障性住房的原值。本项目应当根据"保障性住房"科目的期末余额填列。

"保障性住房累计折旧"项目，反映单位期末控制的保障性住房已计提的累计折旧金额。本项目应当根据"保障性住房累计折旧"科目的期末余额填列。

"保障性住房净值"项目，反映单位期末控制的保障性住房的账面价值。本项目应当根据"保障性住房"科目期末余额减去"保障性住房累计折旧"科目期末余额后的金额填列。

（26）"长期待摊费用"项目，反映单位期末已经支出，但应由本期和以后各期负担的分摊期限在1年以上（不含1年）的各项费用。本项目应当根据"长期待摊费用"科目的期末余额填列。

（27）"待处理财产损溢"项目，反映单位期末尚未处理完毕的各种资产的净损失或净溢余。本项目应当根据"待处理财产损溢"科目的期末借方余额填列；如"待处理财产损溢"科目期末为贷方余额，则以"-"号填列。

（28）"其他非流动资产"项目，反映单位期末除本表中上述各项之外的其他非流动资产的合计数。本项目应当根据有关科目的期末余额合计数填列。

（29）"非流动资产合计"项目，反映单位期末非流动资产的合计数。本项目应当根据本表中"长期股权投资""长期债券投资""固定资产净值""工程物资""在建工程""无形资产净值""研发支出""公共基础设施净值""政府储备物资""文物文化资产""保障性住房净值""长期待摊费用""待处理财产损溢""其他非流动资产"项目金额的合计数填列。

（30）"受托代理资产"项目，反映单位期末受托代理资产的价值。本项目应当根据"受托代理资产"科目的期末余额与"库存现金""银行存款"科目下"受托代理资产"明细科目的期末余额的合计数填列。

（31）"资产总计"项目，反映单位期末资产的合计数。本项目应当根据本表中"流动资产合计""非流动资产合计""受托代理资产"项目金额的合计数填列。

2．负债类项目

（1）"短期借款"项目，反映事业单位期末短期借款的余额。本项目应当根据"短期借款"科目的期末余额填列。

（2）"应交增值税"项目，反映单位期末应缴未缴的增值税税额。本项目应当根据"应交增值税"科目的期末余额填列；如"应交增值税"科目期末为借方余额，则以"-"号填列。

（3）"其他应交税费"项目，反映单位期末应缴未缴的除增值税以外的税费金额。本项目应当根据"其他应交税费"科目的期末余额填列；如"其他应交税费"科目期末为借方余额，则以"-"号填列。

（4）"应缴财政款"项目，反映单位期末应当上缴财政但尚未缴纳的款项。本项目应当根据"应缴财政款"科目的期末余额填列。

（5）"应付职工薪酬"项目，反映单位期末按有关规定应付给职工及为职工支付的各种薪酬。本项目应当根据"应付职工薪酬"科目的期末余额填列。

（6）"应付票据"项目，反映事业单位期末应付票据的金额。本项目应当根据"应付票据"科目的期末余额填列。

（7）"应付账款"项目，反映单位期末应当支付但尚未支付的偿还期限在1年以内（含1年）的应付账款的金额。本项目应当根据"应付账款"科目的期末余额填列。

（8）"应付政府补贴款"项目，反映负责发放政府补贴的行政单位期末按照规定应当支付给政府补贴接受者的各种政府补贴款余额。本项目应当根据"应付政府补贴款"科目的期末余额填列。

（9）"应付利息"项目，反映事业单位期末按照合同约定应支付的借款利息。事业单位到期一次还本付息的长期借款利息不包括在本项目内。本项目应当根据"应付利息"科目的期末余额填列。

（10）"预收账款"项目，反映事业单位期末预先收取但尚未确认收入和实际结算的款项余额。本项目应当根据"预收账款"科目的期末余额填列。

（11）"其他应付款"项目，反映单位期末其他各项偿还期限在1年内（含1年）的应付及暂收款项余额。本项目应当根据"其他应付款"科目的期末余额填列。

（12）"预提费用"项目，反映单位期末已预先提取的已经发生但尚未支付的各项费用。本项目应当根据"预提费用"科目的期末余额填列。

（13）"一年内到期的非流动负债"项目，反映单位期末将于1年内（含1年）偿还的非流动负债的余额。本项目应当根据"长期应付款""长期借款"等科目的明细科目的期末余额分析填列。

（14）"其他流动负债"项目，反映单位期末除本表中上述各项之外的其他流动负债的合计数。本项目应当根据有关科目的期末余额的合计数填列。

（15）"流动负债合计"项目，反映单位期末流动负债合计数。本项目应当根据本表"短期借款""应交增值税""其他应交税费""应缴财政款""应付职工薪酬""应付票据""应付账款""应付政府补贴款""应付利息""预收账款""其他应付款""预提费用""一年内到期的非流动负债""其他流动负债"项目金额的合计数填列。

（16）"长期借款"项目，反映事业单位期末长期借款的余额。本项目应当根据"长期借款"科目的期末余额减去其中将于1年内（含1年）到期的长期借款余额后的金额填列。

（17）"长期应付款"项目，反映单位期末长期应付款的余额。本项目应当根据"长期应付款"科目的期末余额减去其中将于1年内（含1年）到期的长期应付款余额后的金额填列。

（18）"预计负债"项目，反映单位期末已确认但尚未偿付的预计负债的余额。本项目应当根据"预计负债"科目的期末余额填列。

（19）"其他非流动负债"项目，反映单位期末除本表中上述各项之外的其他非流动负债的合计数。本项目应当根据有关科目的期末余额合计数填列。

（20）"非流动负债合计"项目，反映单位期末非流动负债合计数。本项目应当根据本表中"长期借款""长期应付款""预计负债""其他非流动负债"项目金额的合计数填列。

（21）"受托代理负债"项目，反映单位期末受托代理负债的金额。本项目应当根据"受托代理负债"科目的期末余额填列。

（22）"负债合计"项目，反映单位期末负债的合计数。本项目应当根据本表中"流动负债合计""非流动负债合计""受托代理负债"项目金额的合计数填列。

3．净资产类项目

（1）"累计盈余"项目，反映单位期末未分配盈余（或未弥补亏损）以及无偿调拨净资产变动的累计数。本项目应当根据"累计盈余"科目的期末余额填列。

（2）"专用基金"项目，反映事业单位期末累计提取或设置但尚未使用的专用基金余额。本项目应当根据"专用基金"科目的期末余额填列。

（3）"权益法调整"项目，反映事业单位期末在被投资单位除净损益和利润分配以外的所有者权益变动中累积享有的份额。本项目应当根据"权益法调整"科目的期末余额填列。如"权益法调整"科目期末为借方余额，则以"-"号填列。

（4）"无偿调拨净资产"项目，反映单位本年度截至报告期期末无偿调入的非现金资产价值扣减无偿调出的非现金资产价值后的净值。本项目仅在月度报表中列示，年度报表中不列示。月度报表中本项目应当根据"无偿调拨净资产"科目的期末余额填列；"无偿调拨净资产"科目期末为借方余额时，以"-"号填列。

（5）"本期盈余"项目，反映单位本年度截至报告期期末实现的累计盈余或亏损。本项目仅在月度报表中列示，年度报表中不列示。月度报表中本项目应当根据"本期盈余"科目的期末余额填列；"本期盈余"科目期末为借方余额时，以"-"号填列。

（6）"净资产合计"项目，反映单位期末净资产合计数。本项目应当根据本表中"累计盈余""专用基金""权益法调整""无偿调拨净资产"（月度报表）、"本期盈余"（月度报表）项目金额的合计数填列。

（7）"负债和净资产总计"项目，应当按照本表中"负债合计""净资产合计"项目金额的合计数填列。

第三节　收入费用表

一、收入费用表的内容及结构

收入费用表是反映单位在某一会计期间内发生的收入、费用及当期盈余情况的报表。收入费用表应当按照收入、支出费用的构成和本期盈余情况分项列示。

收入费用表的结构为单步式，即采用基本的计算公式：本期收入-本期支出=本期盈余。其格式如表9-3所示。

表 9-3 收入费用表 会政财 02 表

编制单位： ____年____月 单位：元

项目	本月数	本年累计数
一、本期收入		
（一）财政拨款收入		
其中：政府性基金收入		
（二）事业收入		
（三）上级补助收入		
（四）附属单位上缴收入		
（五）经营收入		
（六）非同级财政拨款收入		
（七）投资收益		
（八）捐赠收入		
（九）利息收入		
（十）租金收入		
（十一）其他收入		
二、本期费用		
（一）业务活动费用		
（二）单位管理费用		
（三）经营费用		
（四）资产处置费用		
（五）上缴上级费用		
（六）对附属单位补助费用		
（七）所得税费用		
（八）其他费用		
三、本期盈余		

二、收入费用表的填列方法

收入费用表各项目都设有两栏，即"本月数"和"本年累计数"。其中，"本月数"栏反映各项目的本月实际发生数。编制年度收入费用表时，应当将本栏改为"本年数"，反映本年度各项目的实际发生数。

本表"本年累计数"栏反映各项目自年初至报告期期末的累计实际发生数。编制年度收入费用表时，应当将本栏改为"上年数"，反映上年度各项目的实际发生数，"上年数"栏应当根据上年年度收入费用表中"本年数"栏内所列数字填列。

如果本年度收入费用表规定的项目的名称和内容同上年度不一致，应当对上年度收入费用表项目的名称和数字按照本年度的规定进行调整，将调整后的金额填入本年度收入费用表的"上年数"栏内。

如果本年度单位发生了因前期差错更正、会计政策变更等调整以前年度盈余的事项，还应当对年度收入费用表中"上年数"栏中的有关项目金额进行相应调整。

1. 本期收入

（1）"本期收入"项目，反映单位本期收入总额。本项目应当根据本表中"财政拨款收入""事业收入""上级补助收入""附属单位上缴收入""经营收入""非同级财政拨款收入""投资收益""捐赠收入""利息收入""租金收入""其他收入"项目金额的合计数填列。

（2）"财政拨款收入"项目，反映单位本期从同级政府财政部门取得的各类财政拨款。本项目应当根据"财政拨款收入"科目的本期发生额填列。

"政府性基金收入"项目，反映单位本期取得的财政拨款收入中属于政府性基金预算拨款的金额。本项目应当根据"财政拨款收入"相关明细科目的本期发生额填列。

（3）"事业收入"项目，反映事业单位本期开展专业业务活动及其辅助活动实现的收入。本项目应当根据"事业收入"科目的本期发生额填列。

（4）"上级补助收入"项目，反映事业单位本期从主管部门和上级单位收到或应收的非财政拨款收入。本项目应当根据"上级补助收入"科目的本期发生额填列。

（5）"附属单位上缴收入"项目，反映事业单位本期收到或应收的独立核算的附属单位按照有关规定上缴的收入。本项目应当根据"附属单位上缴收入"科目的本期发生额填列。

（6）"经营收入"项目，反映事业单位本期在专业业务活动及其辅助活动之外开展非独立核算经营活动实现的收入。本项目应当根据"经营收入"科目的本期发生额填列。

（7）"非同级财政拨款收入"项目，反映单位本期从非同级政府财政部门取得的财政拨款，不包括事业单位因开展科研及其辅助活动从非同级财政部门取得的经费拨款。本项目应当根据"非同级财政拨款收入"科目的本期发生额填列。

（8）"投资收益"项目，反映事业单位本期进行股权投资和债券投资所实现的收益或发生的损失。本项目应当根据"投资收益"科目的本期发生额填列；如为投资净损失，则以"-"号填列。

（9）"捐赠收入"项目，反映单位本期接受捐赠取得的收入。本项目应当根据"捐赠收入"科目的本期发生额填列。

（10）"利息收入"项目，反映单位本期取得的银行存款利息收入。本项目应当根据"利息收入"科目的本期发生额填列。

（11）"租金收入"项目，反映单位本期经批准利用国有资产出租取得并按规定纳入本单位预算管理的租金收入。本项目应当根据"租金收入"科目的本期发生额填列。

（12）"其他收入"项目，反映单位本期取得的除以上收入项目外的其他收入的总额。本项目应当根据"其他收入"科目的本期发生额填列。

2. 本期费用

（1）"本期费用"项目，反映单位本期费用总额。本项目应当根据本表中"业务活动费用""单位管理费用""经营费用""资产处置费用""上缴上级费用""对附属单位补助费用""所得税费用"和"其他费用"项目金额的合计数填列。

（2）"业务活动费用"项目，反映单位本期为实现其职能目标，依法履职或开展专业业务活动及其辅助活动所发生的各项费用。本项目应当根据"业务活动费用"科目本期发生额填列。

（3）"单位管理费用"项目，反映事业单位本期本级行政及后勤管理部门开展管理活动发生的各项费用，以及由单位统一负担的离退休人员经费、工会经费、诉讼费、中介费等。本项目应当根据"单位管理费用"科目的本期发生额填列。

（4）"经营费用"项目，反映事业单位本期在专业业务活动及其辅助活动之外开展非独立核算经营活动发生的各项费用。本项目应当根据"经营费用"科目的本期发生额填列。

（5）"资产处置费用"项目，反映单位本期经批准处置资产时转销的资产价值以及在处置过程中发生的相关费用或者处置收入小于处置费用形成的净支出。本项目应当根据"资产处置费用"科目的本期发生额填列。

（6）"上缴上级费用"项目，反映事业单位按照规定上缴上级单位款项发生的费用。本项目应当根据"上缴上级费用"科目的本期发生额填列。

（7）"对附属单位补助费用"项目，反映事业单位用财政拨款收入之外的收入对附属单位补助发生的费用。本项目应当根据"对附属单位补助费用"科目的本期发生额填列。

（8）"所得税费用"项目，反映有企业所得税缴纳义务的事业单位本期计算应缴纳的企业所得税。本项目应当根据"所得税费用"科目的本期发生额填列。

（9）"其他费用"项目，反映单位本期发生的除以上费用项目外的其他费用的总额。本项目应当根据"其他费用"科目的本期发生额填列。

3. 本期盈余

"本期盈余"项目，反映单位本期收入扣除本期费用后的净额。本项目应当根据本表中"本期收入"项目金额减去"本期费用"项目金额后的金额填列；如为负数，则以"-"号填列。

第四节　净资产变动表

一、净资产变动表的内容与结构

净资产变动表反映单位在某一会计年度内净资产项目的变动情况。

净资产变动表采用矩阵的形式列示：一方面，按照引起净资产变动的业务活动列示；另一方面，按照净资产的构成项目，即累计盈余、专用基金、权益法调整等列示。同时，净资产变动表还就各项目再分为"本年数"和"上年数"两栏分别填列。

净资产变动表的格式如表9-4所示。

表9-4　　　　　　　　　　净资产变动表

编制单位：　　　　　　　　　　＿＿＿年　　　　　　　　　　单位：元

项目	本年数				上年数			
	累计盈余	专用基金	权益法调整	净资产合计	累计盈余	专用基金	权益法调整	净资产合计
一、上年年末余额								
二、以前年度盈余调整（减少以"-"号填列）		—	—			—	—	
三、本年年初余额								
四、本年变动金额（减少以"-"号填列）								
（一）本年盈余		—	—			—	—	
（二）无偿调拨净资产		—	—			—	—	
（三）归集调整预算结转结余		—	—			—	—	
（四）提取或设置专用基金			—				—	
其中：从预算收入中提取	—		—		—		—	
从预算结余中提取			—				—	
设置的专用基金	—				—			

续表

项目	本年数				上年数			
	累计盈余	专用基金	权益法调整	净资产合计	累计盈余	专用基金	权益法调整	净资产合计
（五）使用专用基金			—				—	
（六）权益法调整	—	—			—	—		
五、本年年末余额								

二、净资产变动表的填列方法

本表"本年数"栏反映本年度各项目的实际变动数。本表"上年数"栏反映上年度各项目的实际变动数，应当根据上年度净资产变动表中"本年数"栏内所列数字填列。

如果上年度净资产变动表规定的项目的名称和内容与本年度不一致，则相关人员应对上年度净资产变动表项目的名称和数字按照本年度的规定进行调整，将调整后的金额填入本年度净资产变动表的"上年数"栏内。

本表"本年数"栏各项目的内容和填列方法如下。

（1）"上年年末余额"行，反映单位净资产各项目上年年末的余额。本行各项目应当根据"累计盈余""专用基金""权益法调整"科目上年年末余额填列。

（2）"以前年度盈余调整"行，反映单位本年度调整以前年度盈余的事项对累计盈余进行调整的金额。本行"累计盈余"项目应当根据本年度"以前年度盈余调整"科目转入"累计盈余"科目的金额填列；如调整减少累计盈余，则以"-"号填列。

（3）"本年年初余额"行，反映经过以前年度盈余调整后，单位净资产各项目的本年年初余额。本行"累计盈余""专用基金""权益法调整"项目应当根据其各自在"上年年末余额"和"以前年度盈余调整"行对应项目金额的合计数填列。

（4）"本年变动金额"行，反映单位净资产各项目本年变动总金额。本行"累计盈余""专用基金""权益法调整"项目应当根据其各自在"本年盈余""无偿调拨净资产""归集调整预算结转结余""提取或设置专用基金""使用专用基金""权益法调整"行对应项目金额的合计数填列。

（5）"本年盈余"行，反映单位本年发生的收入、费用对净资产的影响。本行"累计盈余"项目应当根据年末由"本期盈余"科目转入"本年盈余分配"科目的金额填列；如转入时借记"本年盈余分配"科目，则以"-"号填列。

（6）"无偿调拨净资产"行，反映单位本年无偿调入、调出非现金资产事项对净资产的影响。本行"累计盈余"项目应当根据年末由"无偿调拨净资产"科目转入"累计盈余"科目的金额填列；如转入时借记"累计盈余"科目，则以"-"号填列。

（7）"归集调整预算结转结余"行，反映单位本年财政拨款结转结余资金归集调入、归集上缴或调出，以及非财政拨款结转资金缴回对净资产的影响。本行"累计盈余"项目应当根据"累计盈余"科目明细账记录分析填列；如归集调整减少预算结转结余，则以"-"号填列。

（8）"提取或设置专用基金"行，反映单位本年提取或设置专用基金对净资产的影响。本行"累计盈余"项目应当根据"从预算结余中提取"行"累计盈余"项目的金额填列。本行"专用基金"项目应当根据"从预算收入中提取""从预算结余中提取""设置的专用基金"行"专用基金"项目金额的合计数填列。

"从预算收入中提取"行，反映单位本年从预算收入中提取专用基金对净资产的影响。本行"专用基金"项目应当通过对"专用基金"科目明细账记录的分析,根据本年按有关规定从预算收入中提取基金的金额填列。

"从预算结余中提取"行,反映单位本年根据有关规定从本年度非财政拨款结余或经营结余中提取专用基金对净资产的影响。本行"累计盈余""专用基金"项目应当通过对"专用基金"科目明细账记录的分析,根据本年按有关规定从本年度非财政拨款结余或经营结余中提取专用基金的金额填列;本行"累计盈余"项目以"-"号填列。

"设置的专用基金"行,反映单位本年根据有关规定设置的其他专用基金对净资产的影响。本行"专用基金"项目应当通过对"专用基金"科目明细账记录的分析,根据本年按有关规定设置的其他专用基金的金额填列。

(9)"使用专用基金"行,反映单位本年按规定使用专用基金对净资产的影响。本行"累计盈余""专用基金"项目应当通过对"专用基金"科目明细账记录的分析,根据本年按规定使用专用基金的金额填列;本行"专用基金"项目以"-"号填列。

(10)"权益法调整"行,反映单位本年按照被投资单位除净损益和利润分配以外的所有者权益变动份额而调整长期股权投资账面余额对净资产的影响。本行"权益法调整"项目应当根据"权益法调整"科目本年发生额填列;本年净发生额为借方时,以"-"号填列。

(11)"本年年末余额"行,反映单位本年各净资产项目的年末余额。本行"累计盈余""专用基金""权益法调整"项目应当根据其各自在"本年年初余额""本年变动金额"行对应项目金额的合计数填列。

(12)本表各行"净资产合计"项目,应当根据所在行"累计盈余""专用基金""权益法调整"项目金额的合计数填列。

第五节 现金流量表

一、现金流量表的内容与结构

现金流量表是反映单位在某一会计年度内现金流入和流出的信息会计报表。单位应在年末编制年报时编报现金流量表。现金流量表中的现金概念是报表的编制基础。本表所指的现金,是指单位的库存现金以及其他可以随时用于支付的款项,包括库存现金、可以随时用于支付的银行存款、其他货币资金、零余额账户用款额度、财政应返还额度,以及通过财政直接支付方式支付的款项。

现金流量表应当按照日常活动、投资活动、筹资活动的现金流量分别反映。本表所指的现金流量,是指现金的流入和流出。

现金流量表采用报告式的结构,分类反映日常活动产生的现金流量、投资活动产生的现金流量和筹资活动产生的现金流量,最后汇总反映现金的净增加值。现金流量表的格式如表9-5所示。

表9-5   现金流量表

编制单位: 20×9年   单位:元

项目	本年金额	上年金额
一、日常活动产生的现金流量		
财政基本支出拨款收到的现金		
财政非资本性项目拨款收到的现金		
事业活动收到的除财政拨款以外的现金		

续表

项目	本年金额	上年金额
收到的其他与日常活动有关的现金		
日常活动的现金流入小计		
购买商品、接受劳务支付的现金		
支付给职工以及为职工支付的现金		
支付的各项税费		
支付的其他与日常活动有关的现金		
日常活动的现金流出小计		
日常活动产生的现金流量净额		
二、投资活动产生的现金流量		
收回投资收到的现金		
取得投资收益收到的现金		
处置固定资产、无形资产、公共基础设施等收回的现金净额		
收到的其他与投资活动有关的现金		
投资活动的现金流入小计		
购建固定资产、无形资产、公共基础设施等支付的现金		
对外投资支付的现金		
上缴处置固定资产、无形资产、公共基础设施等净收入支付的现金		
支付的其他与投资活动有关的现金		
投资活动的现金流出小计		
投资活动产生的现金流量净额		
三、筹资活动产生的现金流量		
财政资本性项目拨款收到的现金		
取得借款收到的现金		
收到的其他与筹资活动有关的现金		
筹资活动的现金流入小计		
偿还借款支付的现金		
偿还利息支付的现金		
支付的其他与筹资活动有关的现金		
筹资活动的现金流出小计		
筹资活动产生的现金流量净额		
四、汇率变动对现金的影响额		
五、现金净增加额		

二、现金流量表的编制方法

单位应当采用直接法编制现金流量表。在直接法下，通过现金收入和现金支出的总括分类反映来自单位日常活动的现金流量。采用直接法编制日常活动的现金流量时，有关现金收入和支出的资料可以从会计记录中直接获得。

本表"本年金额"栏反映各项目的本年实际发生数。本表"上年金额"栏反映各项目的上年实际发生数，应当根据上年现金流量表中"本年金额"栏内所列数字填列。

本表"本年金额"栏各项目的填列方法如下。

1. 日常活动产生的现金流量

（1）"财政基本支出拨款收到的现金"项目，反映单位本年接受财政基本支出拨款取得的现金。本项目应当根据"零余额账户用款额度""财政拨款收入""银行存款"等科目及其所属明细科目的记录分析填列。

（2）"财政非资本性项目拨款收到的现金"项目，反映单位本年接受除用于购建固定资产、无形资产、公共基础设施等资本性项目以外的财政项目拨款取得的现金。本项目应当根据"银行存款""零余额账户用款额度""财政拨款收入"等科目及其所属明细科目的记录分析填列。

（3）"事业活动收到的除财政拨款以外的现金"项目，反映事业单位本年开展专业业务活动及其辅助活动取得的除财政拨款以外的现金。本项目应当根据"库存现金""银行存款""其他货币资金""应收账款""应收票据""预收账款""事业收入"等科目及其所属明细科目的记录分析填列。

（4）"收到的其他与日常活动有关的现金"项目，反映单位本年收到的除以上项目之外的与日常活动有关的现金。本项目应当根据"库存现金""银行存款""其他货币资金""上级补助收入""附属单位上缴收入""经营收入""非同级财政拨款收入""捐赠收入""利息收入""租金收入""其他收入"等科目及其所属明细科目的记录分析填列。

（5）"日常活动的现金流入小计"项目，反映单位本年日常活动产生的现金流入的合计数。本项目应当根据本表中"财政基本支出拨款收到的现金""财政非资本性项目拨款收到的现金""事业活动收到的除财政拨款以外的现金""收到的其他与日常活动有关的现金"项目金额的合计数填列。

（6）"购买商品、接受劳务支付的现金"项目，反映单位本年在日常活动中用于购买商品、接受劳务支付的现金。本项目应当根据"库存现金""银行存款""财政拨款收入""零余额账户用款额度""预付账款""在途物品""库存物品""应付账款""应付票据""业务活动费用""单位管理费用""经营费用"等科目及其所属明细科目的记录分析填列。

（7）"支付给职工以及为职工支付的现金"项目，反映单位本年支付给职工以及为职工支付的现金。本项目应当根据"库存现金""银行存款""零余额账户用款额度""财政拨款收入""应付职工薪酬""业务活动费用""单位管理费用""经营费用"等科目及其所属明细科目的记录分析填列。

（8）"支付的各项税费"项目，反映单位本年用于缴纳日常活动相关税费而支付的现金。本项目应当根据"库存现金""银行存款""零余额账户用款额度""应交增值税""其他应交税费""业务活动费用""单位管理费用""经营费用""所得税费用"等科目及其所属明细科目的记录分析填列。

（9）"支付的其他与日常活动有关的现金"项目，反映单位本年支付的除上述项目之外与日常活动有关的现金。本项目应当根据"库存现金""银行存款""零余额账户用款额度""财政拨款收入""其他应付款""业务活动费用""单位管理费用""经营费用""其他费用"等科目及其所属明细科目的记录分析填列。

（10）"日常活动的现金流出小计"项目，反映单位本年日常活动产生的现金流出的合计数。本项目应当根据本表中"购买商品、接受劳务支付的现金""支付给职工以及为职工支付的现金""支付的各项税费""支付的其他与日常活动有关的现金"项目金额的合计数填列。

（11）"日常活动产生的现金流量净额"项目，应当按照本表中"日常活动的现金流入小计"

项目金额减去"日常活动的现金流出小计"项目金额后的金额填列；如为负数，则以"-"号填列。

2. 投资活动产生的现金流量

（1）"收回投资收到的现金"项目，反映单位本年出售、转让或者收回投资收到的现金。本项目应该根据"库存现金""银行存款""短期投资""长期股权投资""长期债券投资"等科目的记录分析填列。

（2）"取得投资收益收到的现金"项目，反映单位本年因对外投资而收到被投资单位分配的股利或利润，以及收到投资利息而取得的现金。本项目应当根据"库存现金""银行存款""应收股利""应收利息""投资收益"等科目的记录分析填列。

（3）"处置固定资产、无形资产、公共基础设施等收回的现金净额"项目，反映单位本年处置固定资产、无形资产、公共基础设施等非流动资产所取得的现金，减去为处置这些资产而支付的有关费用之后的净额。由于自然灾害造成的固定资产等长期资产损失而收到的保险赔款收入，也在本项目反映。本项目应当根据"库存现金""银行存款""待处理财产损溢"等科目的记录分析填列。

（4）"收到的其他与投资活动有关的现金"项目，反映单位本年收到的除上述项目之外与投资活动有关的现金。对于金额较大的现金流入，应当单列项目反映。本项目应当根据"库存现金""银行存款"等有关科目的记录分析填列。

（5）"投资活动的现金流入小计"项目，反映单位本年投资活动产生的现金流入的合计数。本项目应当根据本表中"收回投资收到的现金""取得投资收益收到的现金""处置固定资产、无形资产、公共基础设施等收回的现金净额""收到的其他与投资活动有关的现金"项目金额的合计数填列。

（6）"购建固定资产、无形资产、公共基础设施等支付的现金"项目，反映单位本年购买和建造固定资产、无形资产、公共基础设施等非流动资产所支付的现金；融资租入固定资产支付的租赁费不在本项目反映，在筹资活动的现金流量中反映。本项目应当根据"库存现金""银行存款""固定资产""工程物资""在建工程""无形资产""研发支出""公共基础设施""保障性住房"等科目的记录分析填列。

（7）"对外投资支付的现金"项目，反映单位本年为取得短期投资、长期股权投资、长期债券投资而支付的现金。本项目应当根据"库存现金""银行存款""短期投资""长期股权投资""长期债券投资"等科目的记录分析填列。

（8）"上缴处置固定资产、无形资产、公共基础设施等净收入支付的现金"项目，反映本年单位将处置固定资产、无形资产、公共基础设施等非流动资产所收回的现金净额予以上缴财政所支付的现金。本项目应当根据"库存现金""银行存款""应缴财政款"等科目的记录分析填列。

（9）"支付的其他与投资活动有关的现金"项目，反映单位本年支付的除上述项目之外与投资活动有关的现金。对于金额较大的现金流出，应当单列项目反映。本项目应当根据"库存现金""银行存款"等有关科目的记录分析填列。

（10）"投资活动的现金流出小计"项目，反映单位本年投资活动产生的现金流出的合计数。本项目应当根据本表中"购建固定资产、无形资产、公共基础设施等支付的现金""对外投资支付的现金""上缴处置固定资产、无形资产、公共基础设施等净收入支付的现金""支付的其他与投资活动有关的现金"项目金额的合计数填列。

（11）"投资活动产生的现金流量净额"项目，应当按照本表中"投资活动的现金流入小计"

项目金额减去"投资活动的现金流出小计"项目金额后的金额填列；如为负数，则以"-"号填列。

3．筹资活动产生的现金流量

（1）"财政资本性项目拨款收到的现金"项目，反映单位本年接受用于购建固定资产、无形资产、公共基础设施等资本性项目的财政项目拨款取得的现金。本项目应当根据"银行存款""零余额账户用款额度""财政拨款收入"等科目及其所属明细科目的记录分析填列。

（2）"取得借款收到的现金"项目，反映事业单位本年举借短期、长期借款所收到的现金。本项目应当根据"库存现金""银行存款""短期借款""长期借款"等科目记录分析填列。

（3）"收到的其他与筹资活动有关的现金"项目，反映单位本年收到的除上述项目之外的与筹资活动有关的现金。对于金额较大的现金流入，应当单列项目反映。本项目应当根据"库存现金""银行存款"等有关科目的记录分析填列。

（4）"筹资活动的现金流入小计"项目，反映单位本年筹资活动产生的现金流入的合计数。本项目应当根据本表中"财政资本性项目拨款收到的现金""取得借款收到的现金""收到的其他与筹资活动有关的现金"项目金额的合计数填列。

（5）"偿还借款支付的现金"项目，反映事业单位本年偿还借款本金所支付的现金。本项目应当根据"库存现金""银行存款""短期借款""长期借款"等科目的记录分析填列。

（6）"偿付利息支付的现金"项目，反映事业单位本年支付的借款利息等。本项目应当根据"库存现金""银行存款""应付利息""长期借款"等科目的记录分析填列。

（7）"支付的其他与筹资活动有关的现金"项目，反映单位本年支付的除上述项目之外的与筹资活动有关的现金，如融资租入固定资产所支付的租赁费。本项目应当根据"库存现金""银行存款""长期应付款"等科目的记录分析填列。

（8）"筹资活动的现金流出小计"项目，反映单位本年筹资活动产生的现金流出的合计数。本项目应当根据本表中"偿还借款支付的现金""偿付利息支付的现金""支付的其他与筹资活动有关的现金"项目金额的合计数填列。

（9）"筹资活动产生的现金流量净额"项目，应当按照本表中"筹资活动的现金流入小计"项目金额减去"筹资活动的现金流出小计"金额后的金额填列；如为负数，则以"-"号填列。

4．"汇率变动对现金的影响额"项目

"汇率变动对现金的影响额"项目反映单位本年外币现金流量折算为人民币时，所采用的现金流量发生日的汇率折算的人民币金额与外币现金流量净额按期末汇率折算的人民币金额之间的差额。

5．"现金净增加额"项目

"现金净增加额"项目反映单位本年现金变动的净额。本项目应当根据本表中"日常活动产生的现金流量净额""投资活动产生的现金流量净额""筹资活动产生的现金流量净额"和"汇率变动对现金的影响额"项目金额的合计数填列；如为负数，则以"-"号填列。

知识总结

（1）政府财务报告应当包括财务报表和其他应当在财务报告中披露的相关信息和资料。政府财务报告的编制主要以权责发生制为基础，以财务会计核算生成的数据为准。

（2）财务报表是对政府会计主体财务状况、运行情况和现金流量等信息的结构性表述。财务报表包括会计报表和附注。会计报表至少应当包括资产负债表、收入费用表和现金流量表。

（3）资产负债表是反映单位在某一特定日期全部资产、负债和净资产情况的报表。

（4）收入费用表是反映单位在某一会计期间内发生的收入、费用及当期盈余情况的报表。

（5）净资产变动表反映单位在某一会计年度内净资产项目的变动情况。

（6）现金流量表是反映单位在某一会计年度内现金流入和流出的信息会计报表。

练习与实训

一、名词解释

政府财务报告　财务报表　资产负债表　收入费用表　净资产变动表　现金流量表

二、简答题

1. 简述政府财务报告、财务报表、会计报表三者之间的关系。
2. 行政事业单位的会计报表包括哪几种？
3. 行政事业单位财务报表的编制要求有哪些？
4. 简述资产负债表的内容及结构。
5. 收入费用表中各项目之间具有哪些关系？
6. 简述现金流量表的内容及作用。

综合练习二

一、单项选择题

1. 各党派和社会团体在预算管理和会计核算上比照（　　）处理。
   A. 事业单位　　　　　B. 行政单位　　　　　C. 财政机关　　　　　D. 企业单位
2. 我国行政单位的收入来源主要是（　　）。
   A. 财政拨款收入　　　B. 预算外资金收入　　C. 经营收入　　　　　D. 其他收入
3. 下列单位中，不属于事业单位的是（　　）。
   A. 高等学校　　　　　B. 公园　　　　　　　C. 电力公司　　　　　D. 博物馆
4. 下列关于事业单位特点的说法错误的是（　　）。
   A. 国有性　　　　　　B. 公益性　　　　　　C. 专业性　　　　　　D. 资金来源单一性
5. 下列会计要素不属于行政事业单位财务会计要素的是（　　）。
   A. 资产　　　　　　　B. 负债　　　　　　　C. 费用　　　　　　　D. 预算支出
6. 下列项目中，不属于行政事业单位流动资产的是（　　）。
   A. 库存现金　　　　　B. 银行存款　　　　　C. 存货　　　　　　　D. 固定资产
7. 行政事业单位购入需要安装的固定资产，先通过（　　）科目核算。
   A. 固定资产　　　　　B. 业务活动费用　　　C. 专用基金　　　　　D. 在建工程
8. 在财政直接支付方式下，行政单位在确认财政拨款收入的同时确认（　　）。
   A. 银行存款增加　　　　　　　　　　　　　B. 零余额账户用款额度增加
   C. 财政零余额账户存款增加　　　　　　　　D. 业务活动费用
9. 下列各项不属于事业单位负债的是（　　）。
   A. 应缴财政款　　　　B. 应付职工薪酬　　　C. 权益法调整　　　　D. 应付票据
10. 事业单位开展专业业务活动及其辅助活动取得的收入确认为（　　）。
    A. 事业收入　　　　　B. 经营收入　　　　　C. 财政补助收入　　　D. 提供劳务收入
11. 行政事业单位实行国库集中支付后，财政授权支付方式下财政拨款收入的确认时间为
（　　）。

      A. 收到额度到账通知时　　　　　　　B. 使用授权额度时

      C. 财政应返还额度时　　　　　　　　D. 年度终了注销额度时

12. 事业单位用自有资金拨付给所属单位资金 100 万元，贷记 "银行存款" 账户，借记（　　　）账户。

      A. "业务活动费用"　　　　　　　　　B. "单位管理费用"

      C. "上缴上级费用"　　　　　　　　　D. "对附属单位补助费用"

13. 行政事业单位已经偿还银行尚未报销的本单位公务卡欠款款项，通过（　　　）账户进行核算。

      A. 财政应返还额度　　B. 其他应收款　　C. 应收账款　　　D. 预付账款

14. 下列收入属于事业单位专有收入的是（　　　）。

      A. 财政拨款收入　　　　　　　　　　B. 非同级财政拨款收入

      C. 经营收入　　　　　　　　　　　　D. 利息收入

15. 期末，行政事业单位的各项费用的本期发生额应转入（　　　）账户。

      A. 累计盈余　　　　　　　　　　　　B. 本期盈余

      C. 本年盈余分配　　　　　　　　　　D. 以前年度盈余调整

二、多项选择题

1. 下列关于行政事业单位会计的说法，正确的有（　　　）。

      A. 财务会计与预算会计适度分离并相互衔接

      B. 单位财务会计核算实行权责发生制

      C. 单位预算会计核算实行收付实现制

      D. 采用 "平行记账" 方法

2. 下列属于行政事业单位会计信息使用者的是（　　　）。

      A. 人民代表大会　　B. 政府及其有关部门 C. 上级单位　　　D. 单位自身

3. 下列会计要素属于行政事业单位财务会计要素的有（　　　）。

      A. 预算收入　　　　B. 预算结余　　　　C. 净资产　　　　D. 费用

4. 下列属于行政事业单位资产类账户的有（　　　）。

      A. 零余额账户用款额度　　　　　　　B. 应收票据

      C. 应付账款　　　　　　　　　　　　D. 应缴财政款

5. 下列项目需要计入存货成本的有（　　　）。

      A. 购买价款　　　　B. 相关税费　　　　C. 运输费　　　　D. 保险费

6. 行政事业单位可以采用的发出存货成本的计价方法有（　　　）。

      A. 先进先出法　　　B. 后进先出法　　　C. 加权平均法　　D. 个别计价法

7. 下列属于行政单位固定资产的有（　　　）。

      A. 房屋及构筑物　　B. 专用设备　　　　C. 图书、档案　　D. 文物和陈列品

8. 下列关于行政事业单位固定资产折旧的说法正确的有（　　　）。

      A. 行政事业单位固定资产计提折旧不考虑预计净残值

      B. 以名义金额入账的固定资产也提取折旧

      C. 行政事业单位一般应当采用年限平均法或工作量法计提固定资产折旧

      D. 当月增加的固定资产当月不提折旧，从下月起计提折旧

9. 行政事业单位会计中，收入类科目有（　　　）。

      A. 财政拨款收入　　B. 财政补助收入　　C. 事业收入　　　D. 经营收入

10. 下列属于单位纳入应缴财政款核算的是（　　）。

    A. 政府性基金收入　　　　　　　　B. 行政性收费收入

    C. 罚没收入　　　　　　　　　　　D. 国有资产处置收入

11. 下列属于行政事业单位收入管理要求的是（　　）。

    A. 行政事业单位的收入要依法取得　　B. 行政事业单位的收入需要纳入单位预算

    C. 行政事业单位的年度收入可以随意调整　D. 不得私设"小金库"转移收入

12. 下列各项费用属于事业单位专有费用的有（　　）。

    A. 业务活动费用　　　　　　　　　B. 单位管理费用

    C. 上缴上级费用　　　　　　　　　D. 对附属单位补助费用

13. 行政事业单位会计中，净资产类科目包括（　　）。

    A. 财政拨款结转　　B. 财政拨款结余　　C. 专用基金　　　　D. 本期盈余

14. 下列关于专用基金的说法正确的是（　　）。

    A. 专用基金具有专门用途

    B. 按规定提取、设置

    C. 主要包括职工福利基金、科技成果转换基金

    D. 专用基金属于行政事业单位的资产类账户

15. 行政事业单位的财务会计报表主要有（　　）。

    A. 资产负债表　　　B. 收入费用表　　　C. 净资产变动表　　D. 现金流量表

三、判断题

1. 行政事业单位的单位零余额账户用于财政直接支付。（　　）

2. 行政事业单位的零余额账户可办理转账、汇兑、委托收款等支付结算业务，但不能提取现金。（　　）

3. 在财政直接支付方式下，行政事业单位在实际使用了财政资金的同时确认财政补助收入。（　　）

4. 行政事业单位依法取得的应当上缴财政的罚没收入、行政事业性收费等也属于行政事业单位的收入。（　　）

5. 行政事业单位对已摊销完毕仍继续使用的无形资产和以名义金额计量的无形资产不计提折旧。（　　）

6. 事业单位的经营收入是指事业单位附属独立核算单位所取得的收入。（　　）

7. 对于实行财政专户返还方式管理的事业收入，在收取时直接计入事业收入。（　　）

8. 单位对固定资产提足折旧后，如果该项固定资产还能继续使用，应继续计提折旧。（　　）

9. 无偿调拨净资产是指单位无偿调入或调出非现金资产所引起的净资产变动金额。（　　）

10. 资产负债表是指反映单位在某一特定日期的财务状况的报表。它是单位的主要财务报表之一，属于动态报表。（　　）

四、业务核算题

某行政单位发生如下会计事项，请编制会计分录。

1. 收到财政授权支付额度到账通知书，通知书所列数额为 60 000 元。

2. 购入一批库存物品，成本为 7 200 元，款项通过财政授权支付方式支付，库存物品已验收入库。

3. 通过财政直接支付方式购买 10 台计算机，款项 60 000 元，货已验收。

4. 计提无形资产摊销 2 000 元。

5. 购入材料, 价款 9 000 元, 支付运输费、装卸费 300 元, 款项已用支票付讫, 材料已验收入库。

6. 收到应上缴国家的行政事业性收费 6 000 元, 款项已存入单位银行账户。

7. 召开专题工作会议, 支出 34 500 元, 财政直接支付。

8. 计提职工工资 239 900 元, 代扣个人所得税 18 450 元, 用财政拨款支付。

9. 以现金支付捐赠款 5 000 元。

10. 期末, "业务活动费用" 本期发生额为 190 000 元, 将其转入本期盈余。

模块三
行政事业单位预算会计

学习目标

- 理解行政事业单位预算会计要素。
- 掌握预算收入、预算支出、预算结余的含义和核算方法。
- 熟悉行政事业单位预算会计报表的编制。

教学重点

- 行政事业单位预算收入、预算支出、预算结余的核算。

第十章 | 预算收入的核算

第一节　财政拨款预算收入

一、财政拨款预算收入的内容及管理要求

财政拨款预算收入是指单位从同级政府财政部门取得的各类财政拨款。同级政府财政部门是指单位的预算管理部门。

财政拨款预算收入是行政单位最主要的资金来源，是行政单位开展行政管理活动的基本财力保证，是事业单位开展专业业务活动及其辅助活动的经常性资金来源，可以促进事业单位更好地开展社会公益性活动。因此，对财政拨款预算收入的管理是行政事业单位财务管理的重要内容之一。行政事业单位对财政拨款预算收入的管理要求主要如下。

（1）按照单位预算和用款计划取得财政拨款预算收入。预算单位应按照批准的单位预算和按季分月用款计划按月申请取得财政拨款预算收入，有计划地、合理地使用预算资金。在预算执行过程中，财政部门和主管单位根据计划分月拨款，预算单位不得申请无预算、无计划或超预算、超计划的拨款。如果工作任务或业务活动有变动，需要增加拨款，预算单位应编制追加预算，报财政部门或上级主管部门审批后，方能增加拨款。

（2）按任务进度和资金结余情况取得财政拨款预算收入。财政部门在根据核定的用款计划拨款的同时，还需结合预算单位各项计划和任务执行进度，以及资金、材料物资的结存情况划拨资金。既要保证预算内所需资金及

时供应，保证预算单位完成任务，又要防止分散和积压资金，应做到资金节约使用，灵活调度，注意提高资金的使用效益。

（3）按支出用途取得财政拨款预算收入。单位预算是经财政部门或上级主管部门批准核定的，其支出用途是不能随意改变的。预算单位的经费支出分为基本支出和项目支出，用于基本支出和项目支出的财政拨款预算收入应当分别核算，不能相互混淆。

（4）按预算级次取得财政拨款预算收入。各预算单位在取得财政拨款时，应当严格按照国家规定的预算管理级次逐级领拨。各级财政部门和主管部门不能向没有经费预算关系的单位拨付经费，同级各主管部门之间、各单位之间，也不能发生经费领拨关系。如果确有必要，预算单位应通过同级财政部门办理预算划转手续，分清资金渠道，加强经费的领拨管理。

微课：2018 年中央
本级"三公"经费
财政拨款预算限额：
58.8 亿元

二、财政拨款预算收入的核算

为了核算财政拨款预算收入业务，单位应设置"财政拨款预算收入"总账科目。在本科目下还应当设置"基本支出"和"项目支出"两个明细科目，并按照《政府收支分类科目》中"支出功能分类科目"的项级科目进行明细核算；同时，在"基本支出"明细科目下按照"人员经费"和"日常公用经费"进行明细核算，在"项目支出"明细科目下按照具体项目进行明细核算。有一般公共预算财政拨款、政府性基金预算财政拨款等两种或两种以上财政拨款的单位，还应当按照财政拨款的种类进行明细核算。年末，将本科目本年发生额转入财政拨款结转。年末结转后，本科目应无余额。

1. 财政直接支付方式下财政拨款预算收入的核算

在财政直接支付方式下，单位根据收到的"财政直接支付入账通知书"及相关原始凭证，按照通知书中的直接支付金额，借记"行政支出""事业支出"等科目，贷记"财政拨款预算收入"科目。

【例 10-1】某事业单位已经实行国库集中支付制度改革，发生如下经济业务。

（1）收到财政部门委托代理银行转来的"财政直接支付入账通知书"和"工资发放明细表"，财政部门为事业单位支付了在职人员工资 320 000 元，代理银行已将款项划入单位职工个人账户。

借：事业支出   320 000
  贷：财政拨款预算收入——基本支出   320 000

财务会计编制如下会计分录。

① 计提工资时。

借：业务活动费用   320 000
  贷：应付职工薪酬   320 000

② 支付工资时。

借：应付职工薪酬   320 000
  贷：财政拨款收入   320 000

（2）收到财政部门委托代理银行转来的"财政直接支付入账通知书"，财政部门为事业单位支付了开展日常业务活动的事业经费 36 000 元。

借：事业支出   36 000
  贷：财政拨款预算收入——基本支出   36 000

财务会计编制如下会计分录。

借：单位管理费用 36 000

    贷：财政拨款收入 36 000

（3）收到财政部门委托代理银行转来的"财政直接支付入账通知书"，财政部门为事业单位支付了为开展某项专业活动所发生的事业经费25 000元。

借：事业支出 25 000

    贷：财政拨款预算收入——项目支出 25 000

财务会计编制如下会计分录。

借：单位管理费用 25 000

    贷：财政拨款收入 25 000

2. 财政授权支付方式下财政拨款预算收入的核算

在财政授权支付方式下，单位根据收到的"财政授权支付额到账通知书"，按照通知书中的授权支付额度，借记"资金结存——零余额账户用款额度"科目，贷记"财政拨款预算收入"科目。

【例10-2】接【例10-1】，该单位收到代理银行转来的"授权支付到账通知书"，收到财政授权支付额度365 000元。该单位向单位零余额账户代理银行开具支付令，支付专业业务活动经费63 000元。

① 接到授权支付到账通知书时。

借：资金结存——零余额账户用款额度 365 000

    贷：财政拨款预算收入 365 000

财务会计编制如下会计分录。

借：零余额账户用款额度 365 000

    贷：财政拨款收入 365 000

② 支付活动经费时。

借：事业支出 63 000

    贷：资金结存——零余额账户用款额度 63 000

财务会计编制如下会计分录。

借：单位管理费用 63 000

    贷：零余额账户用款额度 63 000

3. 实拨资金方式下财政拨款收入的核算

单位按照本期预算收到财政拨款预算收入时，按照实际收到的金额，借记"资金结存——货币资金"科目，贷记"财政拨款预算收入"科目。

【例10-3】某事业单位尚未纳入国库集中支付制度改革，发生如下财政拨款收入业务。

（1）收到开户银行转来的收款通知，收到同级财政部门拨入的日常办公经费200 000元。

借：资金结存——货币资金 200 000

    贷：财政拨款预算收入——基本支出 200 000

财务会计编制如下会计分录。

借：银行存款 200 000

    贷：财政拨款收入 200 000

（2）收到同级财政部门拨入的专项事业经费30 000元。

借：资金结存——货币资金 30 000

    贷：财政拨款预算收入——项目支出 30 000

财务会计编制如下会计分录。

借：银行存款   30 000

　　贷：财政拨款收入   30 000

4．财政拨款预算收入的期末结转

年末，将"财政拨款预算收入"科目本年发生额转入财政拨款结转，借记"财政拨款预算收入"科目，贷记"财政拨款结转——本年收支结转"科目。

【例10-4】某事业单位年末"财政拨款预算收入"总账科目的贷方余额为238 000元。将以上"财政拨款预算收入"科目余额转入"财政拨款结转"科目。

借：财政拨款预算收入   238 000

　　贷：财政拨款结转——本年收支结转   238 000

财务会计编制如下会计分录。

借：财政拨款收入   238 000

　　贷：本期盈余   238 000

第二节　事业单位专有预算收入

一、事业预算收入

1．事业预算收入的概念及科目设置

事业预算收入是指事业单位开展专业业务活动及其辅助活动取得的现金流入。事业预算收入是事业单位主要的资金来源之一，是事业单位开展专业业务活动及其辅助活动的财力保障。

为了核算事业预算收入业务，事业单位应设置"事业预算收入"总账科目。单位对本科目应当按照事业预算收入类别、项目、来源、《政府收支分类科目》中"支出功能分类科目"项级科目等进行明细核算。对于因开展科研及其辅助活动从非同级政府财政部门取得的经费拨款，应当在本科目下单设"非同级财政拨款"明细科目进行明细核算；事业预算收入中如有专项资金收入，还应按照具体项目进行明细核算。年末，将"事业预算收入"科目本年发生额中的专项资金收入转入非财政拨款结转，将"事业预算收入"科目本年发生额中的非专项资金收入转入其他结余。年末结转后，本科目应无余额。

2．事业预算收入的核算

（1）采用财政专户返还方式管理的事业预算收入的核算。单位对采用财政专户返还方式管理的事业预算收入，收到从财政专户返还的事业预算收入时，按照实际收到的返还金额，借记"资金结存——货币资金"科目，贷记"事业预算收入"科目。

【例10-5】某事业单位按照相关政策，从财政专户取得返还款项51 000元，并已存入该单位的银行存款账户。

借：资金结存——货币资金   51 000

　　贷：事业预算收入   51 000

财务会计编制如下会计分录。

借：银行存款   51 000

　　贷：事业收入   51 000

（2）其他事业预算收入的核算。收到其他事业预算收入时，按照实际收到的款项金额，借记"资金结存——货币资金"科目，贷记"事业预算收入"科目。

【例 10-6】某事业单位在开展专业业务活动中取得事业收入 56 000 元，不需要上缴财政专户，款项已存入银行。

借：资金结存——货币资金   56 000

  贷：事业预算收入   56 000

财务会计编制如下会计分录。

借：银行存款   56 000

  贷：事业收入   56 000

（3）事业预算收入的年末结转。年末，将"事业预算收入"科目本年发生额中的专项资金收入转入非财政拨款结转，借记"事业预算收入"科目下各专项资金收入明细科目，贷记"非财政拨款结转——本年收支结转"科目；将"事业预算收入"科目本年发生额中的非专项资金收入转入其他结余，借记"事业预算收入"科目下各非专项资金收入明细科目，贷记"其他结余"科目。

【例 10-7】年末，某事业单位"事业预算收入"科目贷方余额为 850 000 元，其中专项资金收入 550 000 元，非专项资金收入 300 000 元，将其转入非财政拨款结转或其他结余。

借：事业预算收入——专项资金收入   550 000

  事业预算收入——非专项资金收入   300 000

  贷：非财政拨款结转——本年收支结转   550 000

    其他结余   300 000

财务会计编制如下会计分录。

借：事业收入   850 000

  贷：本期盈余   850 000

二、上级补助预算收入

1. 上级补助预算收入的概念及科目设置

上级补助预算收入是指事业单位从主管部门和上级单位取得的非财政补助现金流入。

为了核算上级补助预算收入业务，事业单位应设置"上级补助预算收入"总账科目。对本科目应当按照发放补助单位、补助项目、《政府收支分类科目》中"支出功能分类科目"的项级科目等进行明细核算。上级补助预算收入中如有专项资金收入，单位还应按照具体项目进行明细核算。年末，将本科目本年发生额中的专项资金收入转入非财政拨款结转，将本科目本年发生额中的非专项资金收入转入其他结余。年末结转后，本科目应无余额。

2. 上级补助预算收入的核算

（1）收到上级补助预算收入。收到上级补助预算收入时，按照实际收到的金额，借记"资金结存——货币资金"科目，贷记"上级补助预算收入"科目。

【例 10-8】某医疗研究机构收到上级单位拨入的补助款 200 000 元，款项已存入银行。

借：资金结存——货币资金   200 000

  贷：上级补助预算收入   200 000

财务会计编制如下会计分录。

借：银行存款   200 000

  贷：上级补助收入   200 000

（2）上级补助预算收入的年末结转。年末，将"上级补助预算收入"科目本年发生额中的专项资金收入转入非财政拨款结转，借记"上级补助预算收入"科目下各专项资金收入明细科目，贷记"非财政拨款结转——本年收支结转"科目；将"上级补助预算收入"科目本年发生额中的非专项资金收入转入其他结余，借记"上级补助预算收入"科目下各非专项资金收入明细科目，贷记"其他结余"科目。

【例10-9】年末，某事业单位"上级补助预算收入"科目贷方余额为790 000元，其中专项资金收入590 000元，非专项资金收入200 000元，将其转入非财政拨款结转或其他结余。

借：上级补助预算收入——专项资金　　　　　　　　　　　　590 000
　　上级补助预算收入——非专项资金　　　　　　　　　　　200 000
　　贷：非财政拨款结转——本年收支结转　　　　　　　　　590 000
　　　　其他结余　　　　　　　　　　　　　　　　　　　　200 000

财务会计编制如下会计分录。

借：上级补助收入　　　　　　　　　　　　　　　　　　　　790 000
　　贷：本期盈余　　　　　　　　　　　　　　　　　　　　790 000

三、附属单位上缴预算收入

1．附属单位上缴预算收入的概念及科目设置

附属单位上缴预算收入是指事业单位取得附属独立核算单位根据有关规定上缴的现金流入。

为了核算附属单位上缴预算收入业务，事业单位应设置"附属单位上缴预算收入"总账科目。对本科目应当按照附属单位、缴款项目、《政府收支分类科目》中"支出功能分类科目"的项级科目等进行明细核算。附属单位上缴预算收入中如有专项资金收入，单位还应按照具体项目进行明细核算。年末，将本科目本年发生额中的专项资金收入转入非财政拨款结转，将本科目本年发生额中的非专项资金收入转入其他结余。年末结转后，本科目应无余额。

2．附属单位上缴预算收入的核算

（1）收到附属单位缴款。收到附属单位缴来的款项时，按照实际收到的金额，借记"资金结存——货币资金"科目，贷记"附属单位上缴预算收入"科目。

【例10-10】某事业单位收到下属甲单位按比例缴来的款项共计28 000元。

借：资金结存——货币资金　　　　　　　　　　　　　　　　28 000
　　贷：附属单位上缴预算收入——甲单位　　　　　　　　　28 000

财务会计编制如下会计分录。

借：银行存款　　　　　　　　　　　　　　　　　　　　　　28 000
　　贷：附属单位上缴收入——甲单位　　　　　　　　　　　28 000

（2）附属单位上缴预算收入的年终结转。年末，将"附属单位上缴预算收入"科目本年发生额中的专项资金收入转入非财政拨款结转，借记"附属单位上缴预算收入"科目下各专项资金收入明细科目，贷记"非财政拨款结转——本年收支结转"科目；将"附属单位上缴预算收入"科目本年发生额中的非专项资金收入转入其他结余，借记"附属单位上缴预算收入"科目下各非专项资金收入明细科目，贷记"其他结余"科目。

【例10-11】年末，某事业单位"附属单位上缴预算收入"科目贷方余额为53 000元，其中专项资金收入10 000元，非专项资金收入43 000元，将其转入非财政拨款结转或其他结余。

借：附属单位上缴预算收入——专项资金　　　　　　　　　　10 000
　　附属单位上缴预算收入——非专项资金　　　　　　　　　43 000
　　贷：非财政拨款结转——本年收支结转　　　　　　　　　10 000
　　　　其他结余　　　　　　　　　　　　　　　　　　　　43 000

财务会计编制如下会计分录。

借：附属单位上缴收入   53 000

    贷：本期盈余   53 000

四、经营预算收入

经营预算收入是指事业单位在专业业务活动及其辅助活动之外开展非独立核算经营活动取得的现金流入。

为了核算经营预算收入业务，事业单位应设置"经营预算收入"总账科目。对本科目应当按照经营活动类别、项目、《政府收支分类科目》中"支出功能分类科目"的项级科目等进行明细核算。年末，将本科目本年发生额转入经营结余。年末结转后，本科目应无余额。

1. 收到经营预算收入

收到经营预算收入时，按照实际收到的金额，借记"资金结存——货币资金"科目，贷记"经营预算收入"科目。

【例10-12】某大学科研部门生产研制一种新产品推向市场销售，单价120元，共计4 000件，总价款480 000元，款项已入账。增值税税率为13%。

借：资金结存——货币资金   542 400

    贷：经营预算收入   542 400

财务会计编制如下会计分录。

借：银行存款   542 400

    贷：经营收入   480 000

        应交增值税——应交税金（销项税额）   62 400

2. 经营预算收入的年末结转

年末，将"经营预算收入"科目本年发生额转入经营结余，借记"经营预算收入"科目，贷记"经营结余"科目。

【例10-13】年末，某事业单位"经营预算收入"科目贷方余额为58 000元，转入"经营结余"科目。

借：经营预算收入   58 000

    贷：经营结余   58 000

财务会计编制如下会计分录。

借：经营收入   58 000

    贷：本期盈余   58 000

五、投资预算收益

1. 投资预算收益的内容及科目设置

投资预算收益是指事业单位取得的按照规定纳入部门预算管理的属于投资收益性质的现金流入，包括股权投资收益、出售或收回债券投资所取得的收益和债券投资利息收入。

为了核算投资预算收益，事业单位应设置"投资预算收益"科目。对本科目应当按照《政府收支分类科目》中"支出功能分类科目"的项级科目等进行明细核算。年末，将本科目本年发生额转入其他结余。年末结转后，本科目应无余额。

2. 投资预算收益的核算

（1）出售或到期收回取得的短期、长期债券投资的本息

① 出售或到期收回本年度取得的短期、长期债券时，按照实际取得的价款或实际收到的本息

金额，借记"资金结存——货币资金"科目，按照取得债券时"投资支出"科目的发生额，贷记"投资支出"科目，按照其差额，贷记或借记"投资预算收益"科目。

② 出售或到期收回以前年度取得的短期、长期债券，按照实际取得的价款或实际收到的本息金额，借记"资金结存——货币资金"科目，按照取得债券时"投资支出"科目的发生额，贷记"其他结余"科目，按照其差额，贷记或借记"投资预算收益"科目。

③ 出售、转让以货币资金取得的长期股权投资的，其账务处理参照出售或到期收回债券投资。

【例 10-14】某事业单位出售本年度取得的短期债券，实际收到款项 56 900 元，款项已存入开户银行。该短期债券实际投资成本为 52 000 元。

借：资金结存——货币资金   56 900
 贷：投资支出   52 000
   投资预算收益   4 900

财务会计编制如下会计分录。

借：银行存款   56 900
 贷：短期投资   52 000
   投资收益   4 900

（2）持有的短期投资以及分期付息、一次还本的长期债券投资收到的利息。因持有短期投资以及分期付息、一次还本的长期债券投资收到利息时，按照实际收到的金额，借记"资金结存——货币资金"科目，贷记"投资预算收益"科目。

【例 10-15】某事业单位收到持有的短期投资利息 5 000 元，款项已存入开户银行。

借：资金结存——货币资金   5 000
 贷：投资预算收益   5 000

财务会计编制如下会计分录。

借：银行存款   5 000
 贷：应收利息   5 000

（3）持有长期股权投资取得被投资单位分派的现金股利或利润。持有长期股权投资取得被投资单位分派的现金股利或利润时，按照实际收到的金额，借记"资金结存——货币资金"科目，贷记"投资预算收益"科目。

【例 10-16】某事业单位持有一项长期股权投资，取得被投资单位分派的利润 12 000 元，款项已存入开户银行。

借：资金结存——货币资金   12 000
 贷：投资预算收益   12 000

财务会计编制如下会计分录。

借：银行存款   12 000
 贷：应收股利   12 000

（4）出售、转让以非货币性资产取得的长期股权投资。出售、转让以非货币性资产取得长期股权投资时，按照实际取得的价款扣减支付的相关费用和应缴财政款后的余额（按照规定纳入单位预算管理的），借记"资金结存——货币资金"科目，贷记"投资预算收益"科目。

（5）投资预算收益的年末结转。年末，将"投资预算收益"科目本年发生额转入其他结余，借记或贷记"投资预算收益"科目，贷记或借记"其他结余"科目。

【例 10-17】年末，某事业单位"投资预算收益"科目贷方余额为 42 000 元，将其转入"其他结余"科目。

借：投资预算收益   42 000

  贷：其他结余   42 000

财务会计编制如下会计分录。

借：投资收益   42 000

  贷：本期盈余   42 000

六、债务预算收入

债务预算收入是指事业单位按照规定从银行和其他金融机构等借入的、纳入部门预算管理的、不以财政资金作为偿还来源的债务本金。

为了核算债务预算收入，事业单位应设置"债务预算收入"总账科目。对本科目应当按照贷款单位、贷款种类、《政府收支分类科目》中"支出功能分类科目"的项级科目等进行明细核算。债务预算收入中如有专项资金收入，还应按照具体项目进行明细核算。年末，将本科目本年发生额中的专项资金收入转入非财政拨款结转，将本科目本年发生额中的非专项资金收入转入其他结余。年末结转后，本科目应无余额。

1. 借入各项短期或长期借款

借入各项短期或长期借款时，按照实际借入的金额，借记"资金结存——货币资金"科目，贷记"债务预算收入"科目。

【例10-18】某事业单位非独立核算的餐厅装修，向银行借入短期贷款100 000元，款项已存入该单位银行存款账户。

借：资金结存——货币资金   100 000

  贷：债务预算收入   100 000

财务会计编制如下会计分录。

借：银行存款   100 000

  贷：短期借款   100 000

2. 债务预算收入的年末结转

年末，将"债务预算收入"科目本年发生额中的专项资金收入转入非财政拨款结转，借记"债务预算收入"科目下各专项资金收入明细科目，贷记"非财政拨款结转——本年收支结转"科目；将"债务预算收入"科目本年发生额中的非专项资金收入转入其他结余，借记"债务预算收入"科目下各非专项资金收入明细科目，贷记"其他结余"科目。

【例10-19】年末，该单位债务预算收入总账科目的贷方余额为80 000元，其中专项资金收入30 000元，非专项资金收入50 000元，将其转入非财政拨款结转或其他结余。

借：债务预算收入——专项资金   30 000

  债务预算收入——非专项资金   50 000

  贷：非财政拨款结转——本年收支结转   30 000

    其他结余   50 000

第三节 非同级财政拨款预算收入

一、非同级财政拨款预算收入的概念及科目设置

非同级财政拨款预算收入是指单位从非同级政府财政部门取得的财政拨款，包括本级横向转

拨财政款和非本级财政拨款。

为了核算非同级财政拨款预算收入，单位应设置"非同级财政拨款预算收入"总账科目。对本科目应当按照非同级财政拨款预算收入的类别、来源、《政府收支分类科目》中"支出功能分类科目"的项级科目等进行明细核算。非同级财政拨款预算收入中如有专项资金收入，单位还应按照具体项目进行明细核算。对于因开展科研及其辅助活动从非同级政府财政部门取得的经费拨款，应当通过"事业预算收入——非同级财政拨款"科目进行核算，不通过本科目核算。年末，将本科目本年发生额中的专项资金收入转入非财政拨款结转，将本科目本年发生额中的非专项资金收入转入其他结余。年末结转后，本科目应无余额。

二、非同级财政拨款预算收入的核算

1. 取得非同级财政拨款预算收入

取得非同级财政拨款预算收入时，按照实际收到的金额，借记"资金结存——货币资金"科目，贷记"非同级财政拨款预算收入"科目。

【例10-20】某行政单位收到同级单位专项资金20 000元，款项已存入该行政单位的银行存款账户。

```
借：资金结存——货币资金                              20 000
    贷：非同级财政拨款预算收入                              20 000
```

财务会计编制如下会计分录。

```
借：银行存款                                        20 000
    贷：非同级财政拨款收入                                  20 000
```

2. 非同级财政拨款预算收入的年末结转

年末，将"非同级财政拨款预算收入"科目本年发生额中的专项资金收入转入非财政拨款结转，借记"非同级财政拨款预算收入"科目下各专项资金收入明细科目，贷记"非财政拨款结转——本年收支结转"科目；将"非同级财政拨款预算收入"科目本年发生额中的非专项资金收入转入其他结余，借记"非同级财政拨款预算收入"科目下各非专项资金收入明细科目，贷记"其他结余"科目。

【例10-21】年末，该单位非同级财政拨款预算收入总账科目的贷方余额为680 000元，其中专项资金收入400 000元，非专项资金收入280 000元，将其转入非财政拨款结转或其他结余。

```
借：非同级财政拨款预算收入——专项资金                  400 000
    非同级财政拨款预算收入——非专项资金                280 000
    贷：非财政拨款结转——本年收支结转                       400 000
        其他结余                                        280 000
```

财务会计编制如下会计分录。

```
借：非同级财政拨款收入                                680 000
    贷：本期盈余                                        680 000
```

第四节　其他预算收入

一、其他预算收入的内容及科目设置

其他预算收入是指单位除财政拨款预算收入、事业预算收入、上级补助预算收入、附属单位上缴预算收入、经营预算收入、债务预算收入、非同级财政拨款预算收入、投资预算收益之外的纳入部门预算管理的现金流入，包括捐赠预算收入、利息预算收入、租金预算收入、现金盘盈收入等。

为了核算单位的其他预算收入业务，单位应设置"其他预算收入"总账科目。对本科目应当按照其他收入类别、《政府收支分类科目》中"支出功能分类科目"的项级科目等进行明细核算。其他预算收入中如有专项资金收入，单位还应按照具体项目进行明细核算。单位发生的捐赠预算收入、利息预算收入、租金预算收入金额较大或业务较多的，可单独设置"捐赠预算收入""利息预算收入""租金预算收入"等科目。年末，将本科目本年发生额中的专项资金收入转入非财政拨款结转，将本科目本年发生额中的非专项资金收入转入其他结余。年末结转后，本科目应无余额。

二、其他预算收入的核算

1. 接受捐赠现金资产、收到银行存款利息、收到租金的核算

接受捐赠现金资产、收到银行存款利息、收到资产承租人支付的租金时，按照实际收到的金额，借记"资金结存——货币资金"科目，贷记"其他预算收入"科目。

【例10-22】某高校将临街的房屋出租，年租金为60 000元，租金每季度收取一次。

每季度收取租金时。

借：资金结存——货币资金   15 000
  贷：其他预算收入   15 000

财务会计编制如下会计分录。

借：银行存款   15 000
  贷：租金收入   15 000

2. 现金溢余的核算

在每日现金账款核对中如发现现金溢余，按照溢余的现金金额，借记"资金结存——货币资金"科目，贷记"其他预算收入"科目。对经核实属于应支付给有关个人和单位的部分，按照实际支付的金额，借记"其他预算收入"科目，贷记"资金结存——货币资金"科目。

【例10-23】在年末现金清查中，某单位发现现金溢余390元，原因待查。

借：资金结存——货币资金   390
  贷：其他预算收入   390

财务会计编制如下会计分录。

借：库存现金   390
  贷：其他收入   390

3. 其他预算收入的核算

收到其他预算收入时，按照收到的金额，借记"资金结存——货币资金"科目，贷记"其他预算收入"科目。

4. 其他预算收入的年末结转

年末，将"其他预算收入"科目本年发生额中的专项资金收入转入非财政拨款结转，借记"其他预算收入"科目下各专项资金收入明细科目，贷记"非财政拨款结转——本年收支结转"科目；将"其他预算收入"科目本年发生额中的非专项资金收入转入其他结余，借记"其他预算收入"科目下各非专项资金收入明细科目，贷记"其他结余"科目。

【例10-24】年末，某单位其他预算收入总账科目的贷方余额为78 000元，其中专项资金收入40 000元，非专项资金收入38 000元，将其转入非财政拨款结转或其他结余。

借：其他预算收入——专项资金　　　　　　　　　　　　　　　　　　40 000

　　　其他预算收入——非专项资金　　　　　　　　　　　　　　　　38 000

　　　贷：非财政拨款结转——本年收支结转　　　　　　　　　　　　　　40 000

　　　　　其他结余　　　　　　　　　　　　　　　　　　　　　　　　38 000

财务会计编制如下会计分录。

借：其他收入　　　　　　　　　　　　　　　　　　　　　　　　　　78 000

　　　贷：本期盈余　　　　　　　　　　　　　　　　　　　　　　　　　78 000

知识总结

（1）财政拨款预算收入是指单位从同级政府财政部门取得的各类财政拨款。单位应按照单位预算和用款计划、按任务进度和资金结余情况、按支出用途和预算级次取得财政拨款预算收入。

（2）事业预算收入是指事业单位开展专业业务活动及其辅助活动取得的现金流入。事业预算收入是事业单位主要的资金来源之一，是事业单位开展专业业务活动及其辅助活动的财力保障。

（3）上级补助预算收入是指事业单位从主管部门和上级单位取得的非财政补助现金流入。附属单位上缴预算收入是指事业单位取得附属独立核算单位根据有关规定上缴的现金流入。经营预算收入是指事业单位在专业业务活动及其辅助活动之外开展非独立核算经营活动取得的现金流入。

（4）投资预算收益是指事业单位取得的按照规定纳入部门预算管理的属于投资收益性质的现金流入，包括股权投资收益、出售或收回债券投资所取得的收益和债券投资利息收入。

（5）债务预算收入是指事业单位按照规定从银行和其他金融机构等借入的、纳入部门预算管理的、不以财政资金作为偿还来源的债务本金。

（6）非同级财政拨款预算收入是指单位从非同级政府财政部门取得的财政拨款，包括本级横向转拨财政款和非本级财政拨款。

（7）其他预算收入是指单位除财政拨款预算收入、事业预算收入、上级补助预算收入、附属单位上缴预算收入、经营预算收入、债务预算收入、非同级财政拨款预算收入、投资预算收益之外的纳入部门预算管理的现金流入，包括捐赠预算收入、利息预算收入、租金预算收入、现金盘盈收入等。

练习与实训

一、名词解释

财政拨款预算收入　非同级财政拨款预算收入　事业预算收入　上级补助预算收入　附属单位上缴预算收入　投资预算收益　债务预算收入

二、简答题

1. 简述行政事业单位财政拨款预算收入的管理要求。

2. 用财政专户返还方式管理的事业预算收入如何核算？

3. 什么是事业单位的上级补助预算收入？它与财政拨款预算收入有什么区别？

4. 什么是事业单位的经营预算收入？经营预算收入与事业预算收入、附属单位上缴预算收入有什么区别？

5. 其他预算收入主要包括哪些内容？

三、业务核算题

习题一

1. 目的：练习行政单位预算收入的核算。

2. 资料：某行政单位发生下列经济业务。

（1）通过政府采购购置 10 台计算机，总支出为 73 400 元，款项由财政直接支付。

（2）收到"财政授权支付到账通知书"，本期用款额度为 200 000 元，并以财政授权支付方式支付办公经费 56 000 元。

（3）召开专题工作会议，支出 28 000 元，财政直接支付。

（4）期末，"财政拨款预算收入"科目贷方发生额为 830 000 元。

3. 要求：根据上述经济业务编制会计分录。

习题二

1. 目的：练习事业单位预算收入的核算。

2. 资料：某事业单位发生如下经济业务。

（1）收到财政部门委托代理银行转来的"财政直接支付入账通知书"和"工资发放明细表"，财政部门为事业单位支付了在职人员工资 560 000 元，代理银行已将款项划入单位职工个人账户。

（2）收到财政部门委托代理银行转来的"财政直接支付入账通知书"，财政部门为事业单位支付了开展日常业务活动的事业经费 56 000 元。

（3）从财政专户取得返还款项 71 000 元，并已存入该单位的银行存款账户。

（4）非独立核算的餐厅交来餐饮等款项共计 50 200 元，款项已存入银行账户。

（5）收到所属独立核算的乙单位缴来的利润 60 000 元，款项已存入银行账户。

（6）收到上级单位拨来的用于开展日常专业业务活动的补助款项 24 000 元，已经通过银行转账方式支付。

（7）收到短期投资的利息收益 3 000 元。

3. 要求：根据上述经济业务编制会计分录。

第十一章 | 预算支出的核算

第一节　行政支出

一、行政支出的内容及分类

行政支出是指行政单位履行其职责实际发生的各项现金流出，是行政单位为保障机构正常运转和完成工作任务所发生的资金耗费和损失。行政单位作为国家政权机关和管理机构，负有组织和领导国家经济、文化等各项建设的重大责任。行政支出是保证行政单位正常开展工作的基础和前提。因此，行政支出是行政单位履行行政管理职能，促进社会发展的资金保证。

行政支出内容繁多、开支范围广泛。为了有效加强对财政资金的监管，便于开展对行政单位支出的财务分析，我们有必要对行政支出进行科学的分类。根据会计制度和实际业务核算的需要，对行政支出通常从以下几个角度进行分类。

1. 按照资金的来源分类

行政单位的行政支出按照资金来源，分为财政拨款支出、非财政专项资金支出和其他资金支出。

财政拨款支出是用财政拨款的收入完成的各项支出。财政拨款支出又可以按照财政拨款的种类分为公共预算财政拨款支出和政府性基金预算拨款支出两类。公共预算财政拨款支出是指行政单位使用财政一般预算拨款收入发生的经费支出。政府性基金预算拨款支出是指行政单位使用财政政府性基金预算收入发生的经费支出。

非财政专项资金支出是指行政单位使用财政补助收入以外的、具有指定用途的资金完成的各项支出。

其他资金支出是使用财政拨款收入以外的收入完成的各项支出。

2. 按照资金的不同用途分类

行政单位的行政支出按照资金的不同用途，分为基本支出和项目支出。

（1）基本支出，指行政单位为保障机构正常运转和完成日常工作任务发生的支出，包括人员支出和公用支出，如行政单位按规定支付给工作人员的基本工资、津贴补贴等；为完成日常工作所发生的办公费、差旅费、公务接待费等。基本支出是行政单位的基本资金消耗，没有基本支出做保证，行政单位就无法正常运转，也无法完成日常的行政工作任务。

（2）项目支出，指行政单位为完成特定的工作任务，在基本支出之外发生的支出，如专项会议支出、房屋建筑物购建支出、基础设施建设支出、大型修缮支出、专项任务支出等。行政单位的项目支出一般都有专项资金来源。

3. 按照《政府收支分类科目》的要求分类

《政府收支分类科目》中的"支出经济分类科目"分为类、款两级科目。行政单位的行政支出按照《政府收支分类科目》中的"支出经济分类科目"分设类级科目，类级科目下再设款级科目。类、款两级科目在内容上逐渐细化，具体分为以下几类。

（1）工资福利支出，反映单位开支的在职职工和编制外长期聘用人员的各类劳动报酬，以及为上述人员缴纳的各项社会保险费等。该科目又设如下款级科目：基本工资、津贴补贴、奖金、社会保障缴费、伙食费、伙食补助费和其他工资福利支出。

（2）商品和服务支出，反映单位购买商品和服务的支出（不包括用于购置固定资产的支出、战略性和应急储备支出，但军事方面的耐用消费品和设备的购置费、军事性建设费以及军事建筑物的购置费等在本科目中反映）。该科目又设如下款级科目：办公费、印刷费、咨询费、手续费、水费、电费、邮电费、取暖费、物业管理费、差旅费、因公出国（境）费用、维修（护）费、租赁费、会议费、培训费、公务接待费、专用材料费、装备购置费、工程建设费、作战费、军用油料费、军队其他运行维护费、被装购置费、专用燃料费、劳务费、委托业务费、工会经费、福利费、公务用车运行维护费、其他交通费用、其他商品和服务支出。

（3）对个人和家庭的补助，反映政府用于对个人和家庭的补助支出。该科目又设如下款级科目：离休费、退休费、退职（役）费、抚恤金、生活补助、救济费、医疗费、奖励金、生产补贴、住房公积金、提租补贴、购房补贴、其他对个人和家庭的补助支出。

（4）基本建设支出，反映各级发展与改革部门集中安排的一般预算财政拨款（不包括政府性基金、预算外资金以及各类拼盘自筹资金等）用于购置固定资产、战略性和应急性储备、土地和无形资产，以及购建基础设施、大型修缮所发生的支出。该科目又设如下款级科目：房屋建筑物购建、办公设备购置、专用设备购置、基础设施建设、大型修缮、信息网络及软件购置更新、物资储备、公务用车购置、其他交通工具购置和其他基本建设支出。

（5）其他资本性支出，反映非各级发展与改革部门集中安排的用于购置固定资产、战略性和应急性储备、土地和无形资产，以及购建基础设施、大型修缮和财政支持企业更新改造所发生的支出。该科目又设如下款级科目：房屋建筑物购建、办公设备购置、专用设备购置、基础设施建设、大型修缮、信息网络及软件购置更新、物资储备、土地补偿、安置补助、地上附着物和青苗补偿、拆迁补偿、公务用车购置、其他交通工具购置和其他资本性支出。

（6）其他支出，是有预算分配权的部门专用科目，反映不能划分到上述经济科目的其他支出。

二、行政支出的管理

行政单位的行政支出既要保证履行职能的需要，又要遵守各项财政财务制度。行政单位加强对行政支出的管理，有利于维护国家机器的正常运转，保证行政单位工作任务的完成，同时有利于节约使用各项资金，提高资金使用效益。根据《行政单位财务规则》，国家对行政单位行政支出的管理主要体现在以下几个方面。

（1）行政单位应当将各项行政支出全部纳入单位预算。各项支出由单位财务部门按照批准的预算和有关规定审核办理，其他部门不允许在财务部门之外设立账外账或"小金库"。在办理各项支出时，单位不得超预算安排支出，不得将批准的预算项目自行变更或废止，将资金挪作他用。

（2）行政单位对行政支出应当严格执行国家规定的开支范围及标准，建立健全支出管理制度，对节约潜力大、管理薄弱的支出进行重点管理和控制。财政部门应当会同有关部门，根据国内差旅、因公临时出国（境）、公务接待、会议、培训等工作特点，综合考虑经济发展水平、有关货物和服务的市场价格水平，制定分地区的公务活动经费开支范围和开支标准。行政单位严格规范开支范围和标准，严格支出报销审核，不得报销任何超范围、超标准以及与相关公务活动无关的费用。

（3）行政单位从财政部门或者上级预算单位取得项目资金后，应当按照批准的项目和用途使用，专款专用、单独核算，并按照规定向同级财政部门或者上级预算单位报告资金使用情况，接受财政部门和上级预算单位的检查监督。项目完成后，行政单位应当向同级财政部门或者上级预算单位报送项目支出决算和使用效果的书面报告。

（4）行政单位应当严格执行国库集中支付制度和政府采购制度等规定，全面实行公务卡制度，健全公务卡强制结算目录。党政机关国内发生的公务差旅费、公务接待费、公务用车购置及运行费、会议费、培训费等经费支出，除按规定实行财政直接支付或银行转账外，应当使用公务卡结算。党政机关采购货物、工程和服务，应当遵循公开透明、公平竞争、诚实信用原则。政府在采购时应当依法完整编制采购预算，严格执行经费预算和资产配置标准，合理确定采购需求，不得超标准采购，不得超出办公需要采购服务。

（5）行政单位应当加强行政支出的绩效管理，提高资金的使用效益。各行政单位应根据设定的绩效目标，运用科学、合理的绩效评价指标、评价标准和评价方法，对财政支出的经济性、效率性和效益性进行客观、公正的评价。绩效评价应当以项目支出为重点，重点评价一定金额以上、与本部门职能密切相关、具有明显社会影响和经济影响的项目。有条件的地方可以对部门整体支出进行评价。

（6）行政单位应当依法加强各类票据管理，确保票据来源合法、内容真实、使用正确，不得使用虚假票据。行政单位应按照《中华人民共和国票据法》《财政票据管理办法》《行政事业单位资金往来结算票据使用管理暂行办法》等法律法规的规定，健全和完善财政票据管理制度，规范行政单位资金往来结算票据使用管理，加强行政单位财务管理监督，防止乱收费、乱罚款和各种摊派行为。

微课：公务卡制度改革之《阳光财政透明公务》

三、行政支出的核算

为了核算行政单位的各项行政支出，行政单位应设置"行政支出"总账科目。单位对本科目应当分别按照"财政拨款支出""非财政专项资金支出""其他资金支出""基本支出"和"项目支出"等进行明细核算，并按照《政府收支分类科目》中"支出功能分类科目"的项级科目进行明细核算；对"基本支出"和"项目支出"明细科目应当按照《政府收支分类科目》中"部门预算支出经济分类科目"的款级科目进行明细核算，同时对"项目支出"明细科目按照具体项目进行明细核算。有一般公共预算财政拨款、政府性基金预算财政拨款等两种或两种以上财政拨款的行政单位，还应当对"财政拨款支出"明细科目按照财政拨款的种类进行明细核算。

对于预付款项，可以在本科目下设置"待处理"明细科目进行核算，待确认具体支出项目后再转入本科目下的相关明细科目。年末结账前，应将本科目"待处理"明细科目余额全部转入本科目下的相关明细科目。

1. 行政支出的日常核算

（1）支付单位职工薪酬

向单位职工个人支付薪酬时，按照实际支付的金额，借记"行政支出"科目，贷记"财政拨款预算收入""资金结存"科目。按照规定代扣代缴个人所得税以及代扣代缴或为职工缴纳职工社会保险费、住房公积金等时，按照实际缴纳的金额，借记"行政支出"科目，贷记"财政拨款预算收入""资金结存"科目。

（2）支付外部人员劳务费

按照实际支付给外部人员个人的金额，借记"行政支出"科目，贷记"财政拨款预算收入""资金结存"科目。按照规定代扣代缴个人所得税时，按照实际缴纳的金额，借记"行政支出"科目，贷记"财政拨款预算收入""资金结存"科目。

（3）为购买存货、固定资产、无形资产等以及因在建工程支付相关款项的核算

为购买存货、固定资产、无形资产等以及因在建工程支付相关款项时，按照实际支付的金额，借记"行政支出"科目，贷记"财政拨款预算收入""资金结存"科目。

（4）预付账款的核算

发生预付账款时，按照实际支付的金额，借记"行政支出"科目，贷记"财政拨款预算收入""资金结存"科目。对于暂付款项，在支付款项时可不做预算会计处理，待结算或报销时，按照结算或报销的金额，借记"行政支出"科目，贷记"资金结存"科目。

（5）其他各项支出

发生其他各项支出时，按照实际支付的金额，借记"行政支出"科目，贷记"财政拨款预算收入""资金结存"科目。

【例11-1】某行政单位发生如下经济业务。

（1）收到代理银行转来的财政直接支付入账通知书，支付职工工资258 000元。

借：行政支出　　　　　　　　　　　　　　　　258 000
　　贷：财政拨款预算收入　　　　　　　　　　　　　　258 000
财务会计编制如下会计分录。
① 计提单位职工薪酬时。
借：业务活动费用　　　　　　　　　　　　　　258 000
　　贷：应付职工薪酬　　　　　　　　　　　　　　　258 000

② 发放工资时。

借：应付职工薪酬   258 000

 贷：财政拨款收入   258 000

（2）通过零余额账户购置一批办公用品，花费 5 000 元，办公用品直接交付有关部门使用。

借：行政支出   5 000

 贷：资金结存——零余额账户用款额度   5 000

财务会计编制如下会计分录。

借：业务活动费用   5 000

 贷：零余额账户用款额度   5 000

（3）通过银行转账方式购买修理用材料一批，价款 6 500 元，材料验收入库。

借：行政支出   6 500

 贷：资金结存——货币资金   6 500

财务会计编制如下会计分录。

借：库存物品   6 500

 贷：银行存款   6 500

（4）通过零余额账户支付上月水电费 850 元。

借：行政支出   850

 贷：资金结存——零余额账户用款额度   850

财务会计编制如下会计分录。

借：业务活动费用   850

 贷：零余额账户用款额度   850

（5）通过零余额账户支付设备购置款 26 000 元，该设备不需要安装，已经投入使用。

借：行政支出   26 000

 贷：资金结存——零余额账户用款额度   26 000

财务会计编制如下会计分录。

借：固定资产   26 000

 贷：零余额账户用款额度   26 000

（6）开出转账支票一张，预付购买专用设备款 10 000 元。

借：行政支出   10 000

 贷：资金结存——货币资金   10 000

财务会计编制如下会计分录。

借：预付账款   10 000

 贷：银行存款   10 000

2. 行政支出的年末结转

年末，将"行政支出"科目本年发生额中的财政拨款支出转入财政拨款结转，借记"财政拨款结转——本年收支结转"科目，贷记"行政支出"科目下各财政拨款支出明细科目；将"行政支出"科目本年发生额中的非财政专项资金支出转入非财政拨款结转，借记"非财政拨款结转——本年收支结转"科目，贷记"行政支出"科目下各非财政专项资金支出明细科目；将"行政支出"科目本年发生额中的其他资金支出（非财政非专项资金支出）转入其他结余，借记"其他结余"科目，贷记"行政支出"科目下其他资金支出明细科目。

【例 11-2】年末，行政单位"行政支出"总账科目借方余额为 7 890 000 元。其中，"财政拨款支出"明细科目借方余额 7 800 000 元,"其他资金支出"明细科目借方余额 90 000 元。将上述科目余额转入结转结余。

借:财政拨款结转——本年收支结转   7 800 000

　　其他结余   90 000

　　贷:行政支出——财政拨款支出   7 800 000

　　　　　　　——其他资金支出   90 000

第二节　事业单位专有预算支出

一、事业单位专有预算支出概述

1. 预算支出的概念和分类

预算支出是指事业单位开展业务及其他活动发生的资金耗费和损失。事业单位在履行职能或开展业务活动过程中,必然要发生各种各样的耗费或支出,如支付职工薪酬、计提固定资产折旧、领用存货等,它们都是事业单位从事各类事业活动付出的代价或发生的资金耗费及损失。

事业单位的支出按其用途可分为本单位的支出和对所属单位的支出。本单位支出是为了本单位开展业务及其他活动需要而发生的支出。对所属单位的支出是指有下属单位的事业单位用本单位集中的资金补助所属单位的款项。

事业单位的支出按其内容可分为事业支出、对附属单位补助支出、上缴上级支出、经营支出、投资支出、债务还本支出等。

2. 支出的管理要求

事业单位应当将各项支出全部纳入单位预算,建立健全支出管理制度。按照《事业单位财务规则》的要求,国家对事业单位支出的管理主要体现在以下几个方面。

(1)事业单位在支出时应当严格执行国家有关财务规章制度规定的开支范围及开支标准;国家有关财务规章制度没有统一规定的,由事业单位规定,报主管部门和财政部门备案。

(2)事业单位在开展非独立核算经营活动中,应当正确归集实际发生的各项费用数;不能归集的,应当按照规定的比例合理分摊。经营支出应当与经营收入配比。

(3)事业单位对从财政部门或主管部门取得的有指定项目和用途的专项资金,应当专款专用、单独核算,并按照规定向财政部门或主管部门报送专项资金使用情况。项目完成后,应当报送专项资金支出决算和使用效果的书面报告,接受检查和验收。

(4)事业单位应当加强经济核算,可以根据开展业务活动及其他活动的实际需要,实行内部成本核算办法。

(5)事业单位应当严格执行国库集中支付制度和政府采购制度等有关规定。

(6)事业单位应当加强支出的绩效管理,提高资金使用的有效性。

(7)事业单位应当依法加强各类票据管理,确保票据来源合法、内容真实、使用正确,不得使用虚假票据。

二、事业支出

1. 事业支出的内容

事业支出是指事业单位开展专业业务活动及其辅助活动实际发生的各项现金流出。事业支出具有经常性、数额大的特点,这是事业单位支出的主要内容,反映了事业单位在履行其职能、提供公共服务过程中发生的必要的耗费，是考核事业成果和资金使用效率的重要依据。事业单位应根据收入情况统筹考虑，制订事业支出预算计划，并按照财政部门批复的当年预算，合理安排和控制事业支出。

2. 事业支出的分类

（1）按部门预算管理的要求分类

按照部门预算管理的要求，事业单位的事业支出可以分为基本支出和项目支出两类。

① 基本支出。基本支出是指事业单位用于维持单位正常运转和完成日常工作任务而发生的各项支出。基本支出具有常规性、稳定性的特点。它是事业单位的基本消耗，没有基本支出做保障，事业单位就无法正常运转。在部门预算中事业支出表现为一般预算经费支出，它包括用于维持单位正常运转而发生的人员支出和日常公用支出两部分。其中人员支出包括工资福利支出和对个人和家庭的补助支出，日常公用支出主要包括用于日常开支的商品和服务支出以及用于日常公用经费实现的其他资本性支出。

② 项目支出。项目支出是指事业单位为完成专项工作或特定任务而发生的支出，是事业支出的重要组成部分。与基本支出相比，项目支出具有点多面广、非常规性、不稳定性以及烦琐复杂的特点。项目支出需要经过申报、筛选、立项、评审和审批的程序。在部门预算中表现为由省本级财政安排的专项经费支出，一般包括经济支出分类中的基本建设支出以及有专项资金来源的事业任务支出。

（2）按资金来源性质分类

按资金的来源性质分类，事业单位的事业支出可以分为财政补助支出、非财政专项资金支出和其他资金支出。这种分类使各类支出与财政补助收入、非财政专项资金收入和其他资金来源相配比，符合年终结转和专项资金需要单独报结的要求。

① 财政补助支出。财政补助支出是指事业单位使用财政补助收入而发生的事业支出。

② 非财政专项资金支出。非财政专项资金支出是指事业单位使用财政补助收入以外的、具有指定用途的资金完成的各项事业支出。

③ 其他资金支出。其他资金支出是指事业单位使用财政补助收入以外的、未限定用途的资金完成的事业支出。

（3）支出经济分类

《政府收支分类科目》中的"支出经济分类"反映事业单位支出的经济性质和具体用途，包括工资福利支出、商品和服务支出、对个人和家庭的补助、基本建设支出和其他资本性支出，具体内容在"行政支出"分类中已做介绍，在此不再赘述。

3. 事业支出的科目设置

为了核算事业单位的各项事业支出，事业单位应设置"事业支出"总账科目。单位对本科目应当分别按照"财政拨款支出""非财政专项资金支出""其他资金支出""基本支出"和"项目支出"等进行明细核算，并按照《政府收支分类科目》中"支出功能分类科目"的项级科目进行明细核算；对"基本支出"和"项目支出"明细科目应当按照《政府收支分类科目》中"部门预算支出经济分类科目"的款级科目进行明细核算，同时对"项目支出"明细科目按照具体项目进行明细核算。有一般公共预算财政拨款、政府性基金预算财政拨款等两种或两种以上财政拨款的事业单位，还应当对"财政拨款支出"明细科目按照财政拨款的种类进行明细核算。

在《政府收支分类科目》中，"支出经济分类"与"支出功能分类"是两套相互并列的政府支出科目体系。这两套政府支出科目体系，分别从不同的角度对政府的支出进行了全面系统的分类。支出功能分类主要反映政府活动的不同功能和政策目标。支出经济分类主要反映政府支出的经济性质和具体用途。

对于明细科目级次顺序的设置，并没有严格的限制，事业单位可以根据自身业务情况、年终结转和编制报表的需要设置。对于事业支出的明细科目，可以有如表 11-1 和表 11-2 所示的两种设置方法。

表 11-1   "事业支出"明细账的设置方法一

总账科目	事业支出					
明细科目	一级	财政补助支出		非财政专项资金支出	其他资金支出	
	二级	基本支出	项目支出	项目支出	基本支出	项目支出
	三级	工资福利支出 商品和服务支出 对个人和家庭的补助 基本建设支出 其他资本性支出		项目支出还需设置： ××项目 ××项目 ……		

表 11-2   "事业支出"明细账的设置方法二

总账科目	事业支出					
明细科目	一级	基本支出		项目支出		
	二级	财政补助支出	其他资金支出	财政补助支出	非财政专项资金支出	其他资金支出
	三级	工资福利支出 商品和服务支出 对个人和家庭的补助 基本建设支出 其他资本性支出		项目支出还需设置： ××项目 ××项目 ……		

单位发生教育、科研、医疗、行政管理、后勤保障等活动的，可在"事业支出"科目下设置相应的明细科目进行核算，或单设"教育支出""科研支出""医疗支出""行政管理支出""后勤保障支出"等一级会计科目进行核算。对于预付款项，可通过在"事业支出"科目下设置"待处理"明细科目进行明细核算，待确认具体支出项目后再转入"事业支出"科目下的相关明细科目。年末结账前，应将"事业支出"科目"待处理"明细科目余额全部转入"事业支出"科目下的相关明细科目。年末，将本科目本年发生额中的财政拨款支出转入财政拨款结转，将本科目本年发生额中的非财政专项资金支出转入非财政拨款结转，将本科目本年发生额中的其他资金支出（非财政非专项资金支出）转入其他结余。年末结转后，本科目应无余额。

4．事业支出的核算

（1）支付单位职工（经营部门职工除外）薪酬

职工薪酬是指事业单位为获得职工提供的服务而给予的各种形式的报酬以及其他相关支出。预算单位根据编制部门和人事部门的要求，在每月规定的时间内提供下月人员编制、实有人数、工资标准和代扣款项（包括按照国家规定由个人缴纳的住房公积金、医疗保险、养老保险、失业保险和依法缴纳的个人所得税）等数据，编制部门和人事部门审核后，在规定时间内将审核结果报送财政部门。财政部门的国库支付执行机构按照预算科目分类生成发放工资汇总（见表 11-3），通知代理银行办理资金支付。预算单位根据统发工资入账通知书（见表 11-4）进行账务处理。

表 11-3

报表提供：每月 2 日由市会计核算中心提供数据

用途：1. 作为统发工资代理银行拨款的基础数据

2. 作为市会计核算中心"财政零余额账户"记账凭证附件

年　月统发工资发放汇总

单位：角分

单位代码	单位名称	姓名	预算科目		合计	基本工资情况							津贴情况												应发工资	扣款情况						补发工资	实发工资
			科目名称			基本工资	职务（岗位）工资	级别（技术等级）工资	工龄工资	规定比例奖金	试用期工资	警衔津贴	职务市定岗位补贴津贴	保留津补贴	生活补贴	岗位补贴	其他津贴	误餐补贴	住房补贴	差旅费包干	通信补助费	住房公积金	其他		医保金	养老保险金	个人所得税	住房公积金	其他扣款	扣款合计		
			类	款 项																												
合计																																

表 11-4 预算单位统发工资入账通知书

预算单位: 单位: 元

预算科目				收款人全称	金额	备注
类	款	项	内容			

合计金额（大写）	合计金额（小写）

第一联　一级预算单位备查

以上事项，已由财政国库支付中心直接支付，请据以入账。_____银行（印章）

日期：　年　月　日

向单位职工个人支付薪酬时，按照实际支付的数额，借记"事业支出"科目，贷记"财政拨款预算收入""资金结存"科目。按照规定代扣代缴个人所得税以及代扣代缴或为职工缴纳职工社会保险费、住房公积金等时，按照实际缴纳的金额，借记"事业支出"科目，贷记"财政拨款预算收入""资金结存"科目。

【例11-3】某事业单位已经实行国库集中支付制度，工资支出实行财政直接支付方式。收到代理银行开具的工资发放明细表，支付工资总额 212 000 元。

借：事业支出　　　　　　　　　　　　　　　　　212 000
　　贷：财政拨款预算收入　　　　　　　　　　　　　　212 000

财务会计编制如下会计分录。

借：业务活动费用　　　　　　　　　　　　　　　212 000
　　贷：应付职工薪酬　　　　　　　　　　　　　　　212 000
借：应付职工薪酬　　　　　　　　　　　　　　　212 000
　　贷：财政拨款收入　　　　　　　　　　　　　　　212 000

（2）为专业业务活动及其辅助活动支付外部人员劳务费

按照实际支付给外部人员个人的金额，借记"事业支出"科目，贷记"财政拨款预算收入""资金结存"科目。按照规定代扣代缴个人所得税时，按照实际缴纳的金额，借记"事业支出"科目，贷记"财政拨款预算收入""资金结存"科目。

（3）购买存货、固定资产、无形资产等，以及在建工程支付相关款项的核算

开展专业业务活动及其辅助活动过程中为购买存货、固定资产、无形资产等，以及在建工程支付相关款项时，按照实际支付的金额，借记"事业支出"科目，贷记"财政拨款预算收入""资金结存"科目。

（4）预付账款的核算

开展专业业务活动及其辅助活动过程中发生预付账款时，按照实际支付的金额，借记"事业支出"科目，贷记"财政拨款预算收入""资金结存"科目。对于暂付款项，在支付款项时可不做预算会计处理，待结算或报销时，按照结算或报销的金额，借记"事业支出"科目，贷记"资金结存"科目。

（5）税费及其他各项支出的核算

开展专业业务活动及其辅助活动过程中缴纳相关税费，以及发生其他各项支出，按照实际支

付的金额，借记"事业支出"科目，贷记"财政拨款预算收入""资金结存"科目。

【例11-4】某事业单位发生如下经济业务。

（1）李磊出差归来报销差旅费950元，以现金付讫。

借：事业支出——基本支出   950

 贷：资金结存——货币资金   950

财务会计编制如下会计分录。

借：业务活动费用   950

 贷：库存现金   950

（2）通过单位零余额账户支付本月水电费860元。

借：事业支出——基本支出   860

 贷：资金结存——零余额账户用款额度   860

财务会计编制如下会计分录。

借：业务活动费用   860

 贷：零余额账户用款额度   860

（3）用事业经费购置一台专用设备，价值30 000元，以银行存款支付，设备不需要安装，已经通过验收。

借：事业支出——项目支出   30 000

 贷：资金结存——货币资金   30 000

财务会计编制如下会计分录。

借：固定资产   30 000

 贷：银行存款   30 000

（4）通过零余额账户购买办公用品，花费3 600元，办公用品已交付有关部门使用。

借：事业支出——基本支出   3 600

 贷：资金结存——零余额账户用款额度   3 600

财务会计编制如下会计分录。

借：业务活动费用   3 600

 贷：零余额账户用款额度   3 600

（6）事业支出的年末结转

年末，将"事业支出"科目本年发生额中的财政拨款支出转入财政拨款结转，借记"财政拨款结转——本年收支结转"科目，贷记"事业支出"科目下各财政拨款支出明细科目；将"事业支出"科目本年发生额中的非财政专项资金支出转入非财政拨款结转，借记"非财政拨款结转——本年收支结转"科目，贷记"事业支出"科目下各非财政专项资金支出明细科目；将"事业支出"科目本年发生额中的其他资金支出（非财政非专项资金支出）转入其他结余，借记"其他结余"科目，贷记"事业支出"科目下其他资金支出明细科目。

【例11-5】某事业单位年末有关"事业支出"科目及其明细账科目的余额如表11-5所示。

表11-5   "事业支出"科目及其明细账科目的余额

总账科目	明细账科目	余额（借方）（元）
事业支出	财政拨款支出——基本支出	465 000
	财政拨款支出——项目支出	253 000
	非财政专项资金支出	56 000
	其他资金支出	64 000

结转本年"事业支出"科目余额。

借：财政拨款结转——基本支出结转　　　　　　　　　　　465 000

　　　　　　　　　——项目支出结转　　　　　　　　　　253 000

　　贷：事业支出——财政拨款支出——基本支出　　　　　465 000

　　　　　　　　　——财政拨款支出——项目支出　　　　253 000

借：非财政补助结转　　　　　　　　　　　　　　　　　　 56 000

　　贷：事业支出——非财政专项资金支出　　　　　　　　 56 000

借：其他结余　　　　　　　　　　　　　　　　　　　　　 64 000

　　贷：事业支出——其他资金支出　　　　　　　　　　　 64 000

财务会计编制如下会计分录。

借：本期盈余　　　　　　　　　　　　　　　　　　　　　838 000

　　贷：业务活动费用/单位管理费用　　　　　　　　　　 838 000

三、上缴上级支出

上缴上级支出是指事业单位按照财政部门和主管部门的规定上缴上级单位款项发生的现金流出。根据我国《事业单位财务规则》的规定，非财政补助收入大于支出较多的事业单位，可以实行收入上缴办法。结合事业单位的具体情况，财政部门会同有关主管部门制定收入上缴办法。收入上缴主要有两种形式：一种是定额上缴，即在核定预算时，确定一个上缴的绝对数额；另一种是按比例上缴，即根据收支情况，确定按收入的一定比例上缴。事业单位上缴上级单位的各项收入，形成事业单位的上缴上级支出。它与上级单位的附属单位上缴预算收入相对应。

为了核算事业单位上缴上级支出业务，事业单位应设置"上缴上级支出"总账科目。单位对本科目应当按照收缴款项单位、缴款项目、《政府收支分类科目》中"支出功能分类科目"的项级科目和"部门预算支出经济分类科目"的款级科目等进行明细核算。年末，将本科目本年发生额转入其他结余。年末结转后，本科目应无余额。

1. 将款项上缴上级单位

按照规定将款项上缴上级单位的，按照实际上缴的金额，借记"上缴上级支出"科目，贷记"资金结存"科目。

【例 11-6】某事业单位根据本年收入情况，按规定比例上缴上级单位 100 000 元。

借：上缴上级支出　　　　　　　　　　　　　　　　　　　100 000

　　贷：资金结存——货币资金　　　　　　　　　　　　　100 000

财务会计编制如下会计分录。

借：上缴上级费用　　　　　　　　　　　　　　　　　　　100 000

　　贷：银行存款　　　　　　　　　　　　　　　　　　　100 000

2. 上缴上级支出的年末结转

年末，将"上缴上级支出"科目本年发生额转入其他结余，借记"其他结余"科目，贷记"上缴上级支出"科目。

【例 11-7】某单位年末"上缴上级支出"科目借方余额为 520 000 元，将其转入"其他结余"科目。

借：其他结余　　　　　　　　　　　　　　　　　　　　　520 000

　　贷：上缴上级支出　　　　　　　　　　　　　　　　　520 000

财务会计编制如下会计分录。

借：本期盈余   520 000

  贷：上缴上级费用   520 000

四、对附属单位补助支出

对附属单位补助支出是指事业单位用财政拨款预算收入之外的收入对附属单位补助发生的现金流出。

为了核算事业单位对附属单位的补助支出，事业单位应设置"对附属单位补助支出"总账科目。单位对本科目应当按照接受补助单位、补助项目、《政府收支分类科目》中"支出功能分类科目"的项级科目和"部门预算支出经济分类科目"的款级科目等进行明细核算。年末，将本科目本年发生额转入其他结余。年末结转后，本科目应无余额。

1. 发生对附属单位补助支出

发生对附属单位补助支出的，按照实际补助的金额，借记"对附属单位补助支出"科目，贷记"资金结存"科目。

【例11-8】某事业单位对附属甲单位拨款60 000元，款项通过银行支付。

借：对附属单位补助支出   60 000

  贷：资金结存——货币资金   60 000

财务会计编制如下会计分录。

借：对附属单位补助费用——甲单位   60 000

  贷：银行存款   60 000

2. 对附属单位补助支出的年末结转

年末，将"对附属单位补助支出"科目本年发生额转入其他结余，借记"其他结余"科目，贷记"对附属单位补助支出"科目。

【例11-9】年末，某单位"对附属单位补助支出"科目借方余额为89 000元，将其转入"其他结余"科目。

借：其他结余   89 000

  贷：对附属单位补助支出   89 000

财务会计编制如下会计分录。

借：本期盈余   89 000

  贷：对附属单位补助费用   89 000

五、经营支出

1. 经营支出的内容与核算原则

经营支出是指核算事业单位在专业业务活动及其辅助活动之外开展非独立核算经营活动实际发生的各项现金流出。

按照《事业单位财务规则》的要求，事业单位经营支出的核算应当遵循以下两个原则。

（1）正确归集与合理分配费用。事业单位开展非独立核算经营活动的，应当正确归集开展经营活动发生的各项费用数；无法直接归集的，应当按照规定的标准或比例合理分摊。

（2）经营支出与经营收入相配比。配比性原则是指单位进行会计核算时，收入与取得该收入发生的成本、费用应当相互配比，以便计算特定业务或特定期间的经营成果。为了提供与事业单位经济业务管理水平相关的信息，单位对经营活动的核算必须遵循收支配比原则。

2. 经营支出的核算

为了核算事业单位的经营支出，事业单位应设置"经营支出"总账科目。单位对本科目应当按照经营活动类别、项目、《政府收支分类科目》中"支出功能分类科目"的项级科目和"部门预算支出经济分类科目"的款级科目等进行明细核算。

对于预付款项，可通过在本科目下设置"待处理"明细科目进行明细核算，待确认具体支出项目后再转入本科目下相关明细科目。年末结账前，应将本科目"待处理"明细科目余额全部转入本科目下相关明细科目。年末，将本科目本年发生额转入经营结余。年末结转后，本科目应无余额。

（1）支付经营部门职工薪酬。向职工个人支付薪酬时，按照实际的金额，借记"经营支出"科目，贷记"资金结存"科目。按照规定代扣代缴个人所得税以及代扣代缴或为职工缴纳职工社会保险费、住房公积金时，按照实际缴纳的金额，借记"经营支出"科目，贷记"资金结存"科目。

（2）为经营活动支付外部人员劳务费。按照实际支付给外部人员个人的金额，借记"经营支出"科目，贷记"资金结存"科目。按照规定代扣代缴个人所得税时，按照实际缴纳的金额，借记"经营支出"科目，贷记"资金结存"科目。

（3）购买存货、固定资产、无形资产等，以及在建工程支付相关款项的核算。开展经营活动过程中为购买存货、固定资产、无形资产等，以及在建工程支付相关款项时，按照实际支付的金额，借记"经营支出"科目，贷记"资金结存"科目。

（4）预付账款的核算。开展经营活动过程中发生预付账款时，按照实际支付的金额，借记"经营支出"科目，贷记"资金结存"科目。对于暂付款项，在支付款项时可不做预算会计处理，待结算或报销时，按照结算或报销的金额，借记"经营支出"科目，贷记"资金结存"科目。

（5）税费及其他各项支出的核算。因开展经营活动缴纳的相关税费以及发生的其他各项支出，按照实际支付的金额，借记"经营支出"科目，贷记"资金结存"科目。

【例11-10】某高校科研所销售其自行开发的新产品，实行统一核算，相关经济业务如下。

（1）通过银行转账方式为经营活动人员发放工资薪酬120 000元。

借：经营支出   120 000
  贷：资金结存——货币资金   120 000

财务会计编制如下会计分录。

借：经营费用   120 000
  贷：应付职工薪酬   120 000

借：应付职工薪酬   120 000
  贷：银行存款   120 000

（2）代扣代缴经营活动人员个人所得税24 000元，已通过单位银行存款账户向税务机关缴纳。

借：经营支出   24 000
  贷：资金结存——货币资金   24 000

财务会计编制如下会计分录。

借：其他应交税费——应交个人所得税   24 000
  贷：银行存款   24 000

（3）购买材料预付款项20 000元。

借：经营支出   20 000
  贷：资金结存——货币资金   20 000

财务会计编制如下会计分录。

借：预付账款 20 000

　　贷：银行存款 20 000

（6）经营支出的期末结转。年末，将"经营支出"科目本年发生额转入经营结余，借记"经营结余"科目，贷记"经营支出"科目。

【例11-11】年末，某单位"经营支出"总账科目借方余额为890 000元，将其转入"经营结余"科目。

借：经营结余 890 000

　　贷：经营支出 890 000

财务会计编制如下会计分录。

借：本期盈余 890 000

　　贷：经营费用 890 000

六、投资支出

投资支出是指事业单位以货币资金对外投资发生的现金流出。

为了核算事业单位的投资支出业务，事业单位应设置"投资支出"总账科目。单位对本科目应当按照投资类型、投资对象、《政府收支分类科目》中"支出功能分类科目"的项级科目和"部门预算支出经济分类科目"的款级科目等进行明细核算。年末，将本科目本年发生额转入其他结余。年末结转后，本科目应无余额。

1. 以货币资金对外投资

以货币资金对外投资时，按照投资金额和所支付的相关税费金额的合计数，借记"投资支出"科目，贷记"资金结存"科目。

2. 出售、对外转让或到期收回本年度以货币资金取得的对外投资

出售、对外转让或到期收回本年度以货币资金取得的对外投资的，如果按规定将投资收益纳入单位预算，则按照实际收到的金额，借记"资金结存"科目，按照取得投资时"投资支出"科目的发生额，贷记"投资支出"科目，按照其差额，贷记或借记"投资预算收益"科目；如果按规定将投资收益上缴财政的，则按照取得投资时"投资支出"科目的发生额，借记"资金结存"科目，贷记"投资支出"科目。

【例11-12】某教育事业单位发生如下经济业务。

（1）3月1日，以银行存款购买50 000元的国库券，准备8个月之内出售。

借：投资支出 50 000

　　贷：资金结存——货币资金 50 000

财务会计编制如下会计分录。

借：短期投资 50 000

　　贷：银行存款 50 000

（2）11月1日，该单位出售该债券，收到51 000元。

借：资金结存——货币资金 51 000

　　贷：投资支出 50 000

　　　　投资预算收益 1 000

财务会计编制如下会计分录。

借：银行存款 51 000

　　贷：短期投资 50 000

　　　　投资收益 1 000

3. 投资支出的年末结转

年末，将"投资支出"科目本年发生额转入其他结余，借记"其他结余"科目，贷记"投资支出"科目。

【例11-13】年末，某单位"投资支出"总账科目借方余额为90 000元，将其转入"其他结余"科目。

借：其他结余   90 000

 贷：投资支出   90 000

七、债务还本支出

债务还本支出是指事业单位偿还自身承担的纳入预算管理的从金融机构举借的债务本金的现金流出。

为了核算事业单位的债务还本支出，事业单位应设置"债务还本支出"科目。单位对本科目应当按照贷款单位、贷款种类、《政府收支分类科目》中"支出功能分类科目"的项级科目和"部门预算支出经济分类科目"的款级科目等进行明细核算。年末，将本科目本年发生额转入其他结余。年末结转后，本科目应无余额。

1. 偿还各项短期或长期借款

偿还各项短期或长期借款时，按照偿还的借款本金，借记"债务还本支出"科目，贷记"资金结存"科目。

【例11-14】某事业单位通过转账方式向银行归还半年前借入的用于购买大型实验设备的借款本金200 000元，利息已支付。

借：债务还本支出   200 000

 贷：资金结存——货币资金   200 000

财务会计编制如下会计分录。

借：短期借款   200 000

 贷：银行存款   200 000

2. 债务还本支出的年末结转

年末，将"债务还本支出"科目本年发生额转入其他结余，借记"其他结余"科目，贷记"债务还本支出"科目。

【例11-15】年末，某单位"债务还本支出"总账科目借方余额为250 000元，将其转入"其他结余"科目。

借：其他结余   250 000

 贷：债务还本支出   250 000

第三节　其他支出

一、其他支出的内容及科目设置

其他支出是指单位除行政支出、事业支出、经营支出、上缴上级支出、对附属单位补助支出、投资支出、债务还本支出以外的各项现金流出，包括利息支出、对外捐赠现金支出、现金盘亏损失、接受捐赠（调入）和对外捐赠（调出）非现金资产发生的税费支出、资产置换过程中发生的相关税费支出、罚没支出等。

为了核算单位的其他支出业务，单位应设置"其他支出"总账科目。单位对本科目应当按照其他支出的类别，按"财政拨款支出""非财政专项资金支出"和"其他资金支出"，以及《政府收支分类科目》中"支出功能分类科目"的项级科目和"部门预算支出经济分类科目"的款级科目等进行明细核算。如其他支出中有专项资金支出，单位还应按照具体项目进行明细核算。有一般公共预算财政拨款、政府性基金预算财政拨款等两种或两种以上财政拨款的事业单位，还应当对"财政拨款支出"明细科目按照财政拨款的种类进行明细核算。单位发生利息支出、捐赠支出等其他支出金额较大或业务较多的，可单独设置"利息支出""捐赠支出"等科目。

年末，将本科目本年发生额中的财政拨款支出转入财政拨款结转，将本科目本年发生额中的非财政专项资金支出转入非财政拨款结转，将本科目本年发生额中的其他资金支出（非财政非专项资金支出）转入其他结余。年末结转后，本科目应无余额。

二、其他支出的核算

1. 利息支出

支付银行借款利息时，按照实际支付金额，借记"其他支出"科目，贷记"资金结存"科目。

【例11-16】某事业单位从银行取得借款200 000元，本期以银行存款支付利息1 000元。

借：其他支出——利息支出   1 000

  贷：资金结存——货币资金   1 000

财务会计编制如下会计分录。

借：应付利息   1 000

  贷：银行存款   1 000

2. 对外捐赠现金资产

对外捐赠现金资产时，按照捐赠金额，借记"其他支出"科目，贷记"资金结存——货币资金"科目。

【例11-17】某科研事业单位为支持农村义务教育的发展，向某希望小学捐赠现款100 000元。

借：其他支出——捐赠支出   100 000

  贷：资金结存——货币资金   100 000

财务会计编制如下会计分录。

借：其他费用——捐赠费用   100 000

  贷：银行存款   100 000

3. 现金盘亏损失

在每日现金账款核对中如发现现金短缺，则按照短缺的现金金额，借记"其他支出"科目，贷记"资金结存——货币资金"科目。对经核实属于应当由有关人员赔偿的，按照收到的赔偿金额，借记"资金结存——货币资金"科目，贷记"其他支出"科目。

【例11-18】某事业单位当日现金账款核对中发现短缺40元，无法查明原因。经批准予以核销。

借：其他支出——现金盘亏支出   40

  贷：资金结存——货币资金   40

财务会计编制如下会计分录。

借：待处理财产损溢   40

  贷：库存现金   40

借：资产处置费用   40

  贷：待处理财产损溢   40

4．接受捐赠（无偿调入）和对外捐赠（无偿调出）非现金资产发生的税费支出

单位对因接受捐赠（无偿调入）非现金资产发生的归属于捐入方（调入方）的相关税费、运输费等，以及对外捐赠（无偿调出）非现金资产发生的归属于捐出方（调出方）的相关税费、运输费等，按照实际支付金额，借记"其他支出"科目，贷记"资金结存"科目。

【例11-19】某教育事业单位接受捐赠计算机一批，该单位以现金支付运费500元。

借：其他支出   500

  贷：资金结存——货币资金   500

财务会计编制如下会计分录。

借：其他费用——其他支出   500

  贷：库存现金   500

5．资产置换过程中发生的相关税费支出

单位对在资产置换过程中发生的相关税费，按照实际支付金额，借记"其他支出"科目，贷记"资金结存"科目。

6．其他支出

发生罚没等其他支出时，按照实际支出金额，借记"其他支出"科目，贷记"资金结存"科目。

7．其他支出的年末结转

年末，将"其他支出"科目本年发生额中的财政拨款支出转入财政拨款结转，借记"财政拨款结转——本年收支结转"科目，贷记"其他支出"科目下各财政拨款支出明细科目；将"其他支出"科目本年发生额中的非财政专项资金支出转入非财政拨款结转，借记"非财政拨款结转——本年收支结转"科目，贷记"其他支出"科目下各非财政专项资金支出明细科目；将"其他支出"科目本年发生额中的其他资金支出（非财政非专项资金支出）转入其他结余，借记"其他结余"科目，贷记"其他支出"科目下各其他资金支出明细科目。

【例11-20】某单位期末"其他支出"科目本期发生额为100 000元，其中非财政专项资金支出80 000元，其他资金支出20 000元。

借：非财政拨款结转——本年收支结转   80 000

  其他结余   20 000

  贷：其他支出——非财政专项资金支出 80 000

    其他支出——其他资金支出   20 000

财务会计编制如下会计分录。

借：本期盈余   100 000

  贷：其他费用   100 000

知识总结

（1）行政支出是指行政单位履行其职责实际发生的各项现金流出，是行政单位为保障机构正常运转和完成工作任务所发生的资金耗费和损失。

（2）行政单位的行政支出按照资金来源，分为财政拨款支出、非财政专项资金支出和其他资金支出。按照资金的不同用途，分为基本支出和项目支出。

（3）事业支出是指事业单位开展专业业务活动及其辅助活动实际发生的各项现金流出。

（4）上缴上级支出是指事业单位按照财政部门和主管部门的规定上缴上级单位款项发生的现金流出。对附属单位补助支出是指事业单位用财政拨款预算收入之外的收入对附属单位补助发生的现金流出。

（5）经营支出是指核算事业单位在专业业务活动及其辅助活动之外开展非独立核算经营活动实际发生的各项现金流出。投资支出是指事业单位以货币资金对外投资发生的现金流出。债务还本支出是指事业单位偿还自身承担的纳入预算管理的从金融机构举借的债务本金的现金流出。

（6）其他支出是指单位除行政支出、事业支出、经营支出、上缴上级支出、对附属单位补助支出、投资支出、债务还本支出以外的各项现金流出，包括利息支出、对外捐赠现金支出、现金盘亏损失、接受捐赠（调入）和对外捐赠（调出）非现金资产发生的税费支出、资产置换过程中发生的相关税费支出、罚没支出等。

练习与实训

一、名词解释

行政支出　事业支出　基本支出　项目支出　对附属单位补助支出　上缴上级支出　经营支出　其他支出

二、简答题

1. 简述行政支出的分类。

2. 行政支出的管理要求有哪些？

3. 事业支出有哪几种分类方法？

4. 什么是事业单位的上缴上级支出？它与上级单位的附属单位上缴收入之间有什么关系？

5. 什么是事业单位的经营支出？它与事业支出有什么区别？

三、业务核算题

习题一

1. 目的：练习事业单位支出的核算。

2. 资料：某事业单位发生如下经济业务。

（1）经上级批准，购进轿车一辆，价款150 000元，财政直接支付。

（2）以存款购进专业活动用材料一批，价款2 000元，材料已验收入库。

（3）支付本月职工工资总额654 000元，由财政直接支付。

（4）购买一批经营活动使用的办公用品，价款850元，办公用品直接交付有关部门使用，款项以现金付讫。

（5）向某小学捐赠现金50 000元。

（6）按规定的定额上缴上级单位款项50 000元，款项已通过银行支付。

（7）对附属单位拨款40 000元，款项通过银行支付。

3. 要求：根据上述经济业务编制会计分录。

习题二

1. 目的：练习行政单位支出的核算。

2. 资料：某行政单位发生如下经济业务。

（1）收到代理银行转来的财政直接支付入账通知书，支付职工工资258 000元。

（2）开出转账支票，支付本月办公费用5 000元。

（3）通过零余额账户支付上月水电费750元。

（4）向某希望小学捐赠现款50 000元。

3. 要求：根据上述经济业务编制会计分录。

第十二章 | 预算结余的核算

第一节 资金结存

一、资金结存的概念及科目设置

资金结存是指单位纳入部门预算管理的资金的流入、流出、调整和滚存等情况。

为了核算单位结存资金情况，单位应设置"资金结存"总账科目。本科目应当设置下列明细科目。

（1）"零余额账户用款额度"。本明细科目核算实行国库集中支付的单位根据财政部门批复的用款计划收到和支用的零余额账户用款额度。年末结账后，本明细科目应无余额。

（2）"货币资金"。本明细科目核算单位以库存现金、银行存款、其他货币资金形态存在的资金。本明细科目年末借方余额，反映单位尚未使用的货币资金。

（3）"财政应返还额度"。本明细科目核算实行国库集中支付的单位可以使用的以前年度财政直接支付资金额度和财政应返还的财政授权支付资金额度。本明细科目下可设置"财政直接支付""财政授权支付"两个明细科目进行明细核算。本明细科目年末借方余额，反映单位应收财政返还的资金额度。

二、资金结存的核算

1. 取得预算收入或收到调入的财政拨款结转资金

在财政授权支付方式下，单位根据代理银行转来的财政授权支付额度到账通知书，按照通知书中的授权支付额度，借记"资金结存"科目（零余额账户用款额度），贷记"财政拨款预算收入"科目。以国库集中支付以外的其他支付方式取得预算收入时，按照实际收到的金额，借记"资金结存"科目（货币资金），贷记"财政拨款预算收入""事业预算收入""经营预算收入"等科目。

收到从其他单位调入的财政拨款结转资金的，按照实际调入资金数额，借记"资金结存"科目（财政应返还额度、零余额账户用款额度、货币资金），贷记"财政拨款结转——归集调入"科目。

【例 12-1】某行政单位收到代理银行转来的财政授权支付额度到账通知书，收到本月财政授权支付额度 200 000 元。

借：资金结存——零余额账户用款额度	200 000
贷：财政拨款预算收入	200 000

财务会计编制如下会计分录。

借：零余额账户用款额度	200 000
贷：财政拨款收入	200 000

【例 12-2】该行政单位按规定取得从上级主管部门调入的财政拨款结转资金 30 000 元，专项用于内部局域网改造。已调增该单位零余额账户用款额度。

借：资金结存——零余额账户用款额度	30 000
贷：财政拨款结转——归集调入	30 000

财务会计编制如下会计分录。

借：零余额账户用款额度	30 000
贷：累计盈余	30 000

2. 发生预算支出

在财政授权支付方式下，发生相关支出时，按照实际支付的金额，借记"行政支出""事业支出"等科目，贷记"资金结存"科目（零余额账户用款额度）。从零余额账户提取现金时，借记"资金结存"科目（货币资金），贷记"资金结存"科目（零余额账户用款额度）。退回现金时，做相反会计分录。

在国库集中支付以外的其他支付方式下，发生相关支出时，按照实际支付的金额，借记"事业支出""经营支出"等科目，贷记"资金结存"科目（货币资金）。

【例12-3】该单位向单位零余额账户代理银行开具支付令，支付办公经费45 000元。

借：行政支出 45 000
　　贷：资金结存——零余额账户用款额度 45 000
财务会计编制如下会计分录。
借：业务活动费用 45 000
　　贷：零余额账户用款额度 45 000

3. 上缴或缴回财政资金

按照规定上缴财政拨款结转结余资金或注销财政拨款结转结余资金额度的，按照实际上缴资金数额或注销的资金额度数额，借记"财政拨款结转——归集上缴"或"财政拨款结余——归集上缴"科目，贷记"资金结存"科目（财政应返还额度、零余额账户用款额度、货币资金）。按规定向原资金拨入单位缴回非财政拨款结转资金的，按照实际缴回资金数额，借记"非财政拨款结转——缴回资金"科目，贷记"资金结存"科目（货币资金）。

【例12-4】某行政单位按规定上缴财政拨款结转资金16 000元，相应数额的零余额账户用款额度已经核销。

借：财政拨款结转——归集上缴 16 000
　　贷：资金结存——零余额账户用款额度 16 000
财务会计编制如下会计分录。
借：累计盈余 16 000
　　贷：零余额账户用款额度 16 000

4. 使用专用基金

按照规定使用专用基金时，按照实际支付金额，借记"专用结余"科目（从非财政拨款结余中提取的专用基金）或"事业支出"等科目（从预算收入中计提的专用基金），贷记"资金结存"科目（货币资金）。

【例12-5】某事业单位使用从非财政拨款结余中提取的职工福利基金购置职工俱乐部器材32 000元，款项以银行存款支付，购入的设施作为固定资产管理。

借：专用结余 32 000
　　贷：资金结存——货币资金 32 000
财务会计编制如下会计分录。
借：固定资产 32 000
　　贷：银行存款 32 000
借：专用基金 32 000
　　贷：累计盈余 32 000

5. 缴纳所得税

有企业所得税缴纳义务的事业单位缴纳所得税时，按照实际缴纳金额，借记"非财政拨款结余——累计结余"科目，贷记"资金结存"科目（货币资金）。

【例 12-6】年末，某事业单位就其经营所得向税务机关缴纳企业所得税 1 000 元，款项通过银行转账方式支付。

借：非财政拨款结余——累计结余   1 000

    贷：资金结存——货币资金   1 000

财务会计编制如下会计分录。

借：其他应交税费——单位应交所得税   1 000

    贷：银行存款   1 000

6. 确认未下达的财政用款额度

年末，根据本年度财政直接支付预算指标数与当年财政直接支付实际支出数的差额，借记"资金结存"科目（财政应返还额度），贷记"财政拨款预算收入"科目。

【例 12-7】某行政单位本年度财政直接支付预算指标数 788 000 元，财政直接支付实际支出数 765 000 元，未下达的用款额度为 23 000 元。

借：资金结存——财政应返还额度   23 000

    贷：财政拨款预算收入   23 000

财务会计编制如下会计分录。

借：财政应返还额度——财政直接支付   23 000

    贷：财政拨款收入   23 000

第二节 结转结余

一、结转和结余的含义

结转和结余是指行政事业单位一定期间各项收入与支出相抵后的余额。结转资金是指当年预算已执行但尚未完成，或因故未执行，下一年度需要按照原用途继续使用的资金。结余资金是指当年预算工作目标已完成，或因故终止，当年剩余的资金。按照资金后续的使用要求和资金性质的不同，行政事业单位的结转和结余包括财政拨款结转、财政拨款结余、非财政拨款结余、非财政拨款结余和其他结余。

二、财政拨款结转

1. 财政拨款结转的概念与科目设置

财政拨款结转是指单位当年预算已执行但尚未完成，或因故未执行，下一年度需要按照原用途继续使用的财政拨款滚存资金，包括基本支出结转和项目支出结转。基本支出结转是财政拨款收入中的基本支出拨款与财政拨款支出中的基本支出相抵后的差额，包括人员经费和日常公用经费。项目支出结转是财政拨款收入中的项目支出拨款与财政拨款支出中的项目支出相抵后的差额。财政拨款结转资金一般结转下一年度继续使用，或按照同级财政部门的规定处理。

为了核算单位取得的同级财政拨款结转资金的调整、结转和滚存情况，单位应设置"财政拨款结转"总账科目。本科目应当设置下列明细科目。

（1）与会计差错更正、以前年度支出收回相关的明细科目

"年初余额调整"明细科目核算因发生会计差错更正、以前年度支出收回等原因，需要调整财政拨款结转的金额。年末结账后，本明细科目应无余额。

（2）与财政拨款调拨业务相关的明细科目

① "归集调入"。本明细科目核算按照规定从其他单位调入财政拨款结转资金时，实际调增的额度数额或调入的资金数额。年末结账后，本明细科目应无余额。

② "归集调出"。本明细科目核算按照规定向其他单位调出财政拨款结转资金时，实际调减的额度数额或调出的资金数额。年末结账后，本明细科目应无余额。

③ "归集上缴"。本明细科目核算按照规定上缴财政拨款结转资金时，实际核销的额度数额或上缴的资金数额。年末结账后，本明细科目应无余额。

④ "单位内部调剂"。本明细科目核算经财政部门批准对财政拨款结转资金改变用途，调整用于本单位其他未完成项目等的调整金额。年末结账后，本明细科目应无余额。

（3）与年末财政拨款结转业务相关的明细科目

① "本年收支结转"。本明细科目核算单位本年度财政拨款收支相抵后的余额。年末结账后，本明细科目应无余额。

② "累计结转"。本明细科目核算单位滚存的财政拨款结转资金。本明细科目年末贷方余额，反映单位财政拨款滚存的结转资金数额。

本科目还应当设置"基本支出结转""项目支出结转"两个明细科目，并在"基本支出结转"明细科目下按照"人员经费""日常公用经费"进行明细核算，在"项目支出结转"明细科目下按照具体项目进行明细核算；同时，本科目还应按《政府收支分类科目》中"支出功能分类科目"的相关科目进行明细核算。有一般公共预算财政拨款、政府性基金预算财政拨款等两种或两种以上财政拨款的，还应当在本科目下按照财政拨款的种类进行明细核算。本科目年末贷方余额，反映单位滚存的财政拨款结转资金数额。

2．财政拨款结转的核算

（1）与会计差错更正、以前年度支出收回相关的账务处理

① 因发生会计差错更正退回以前年度国库直接支付、授权支付款项或财政性货币资金，或者因发生会计差错更正增加以前年度国库直接支付、授权支付支出或财政性货币资金支出，属于以前年度财政拨款结转资金的，借记或贷记"资金结存——财政应返还额度、零余额账户用款额度、货币资金"科目，贷记或借记"财政拨款结转"科目（年初余额调整）。

② 因购货退回、预付款项收回等发生以前年度支出又收回国库直接支付、授权支付款项或收回财政性货币资金，属于以前年度财政拨款结转资金的，借记"资金结存——财政应返还额度、零余额账户用款额度、货币资金"科目，贷记"财政拨款结转"科目（年初余额调整）。

【例12-8】某市中级人民法院上年度订购一设备至今尚未收到，经与对方协商，预付账款5 800元退回，退回款项增加该单位的零余额账户用款额度。

借：资金结存——零余额账户用款额度   5 800

    贷：财政拨款结转——年初余额调整   5 800

财务会计编制如下会计分录。

借：零余额账户用款额度   5 800

    贷：预付账款   5 800

（2）与财政拨款结转结余资金调整业务相关的账务处理

① 按照规定从其他单位调入财政拨款结转资金的，按照实际调增的额度数额或调入的资金数额，借记"资金结存——财政应返还额度、零余额账户用款额度、货币资金"科目，贷记"财政拨款结转"科目（归集调入）。

② 按照规定向其他单位调出财政拨款结转资金的，按照实际调减的额度数额或调出的资金数

额，借记"财政拨款结转"科目（归集调出），贷记"资金结存——财政应返还额度、零余额账户用款额度、货币资金"科目。

③ 按照规定上缴财政拨款结转资金或注销财政拨款结转资金额度的，按照实际上缴资金数额或注销的资金额度数额，借记"财政拨款结转"科目（归集上缴），贷记"资金结存——财政应返还额度、零余额账户用款额度、货币资金"科目。

④ 经财政部门批准对财政拨款结余资金改变用途，调整用于本单位基本支出或其他未完成项目支出的，按照批准调剂的金额，借记"财政拨款结余——单位内部调剂"科目，贷记"财政拨款结转"科目（单位内部调剂）。

【例 12-9】接【例 12-8】，该单位向下级单位调出财政拨款结转资金 5 000 元，用于下级单位的专项会议经费，款项通过银行转账支付。

借：财政拨款结转——归集调出　　　　　　　　　　　　　　　　　　5 000
　　贷：资金结存——货币资金　　　　　　　　　　　　　　　　　　　　　5 000
财务会计编制如下会计分录。

借：累计盈余　　　　　　　　　　　　　　　　　　　　　　　　　　5 000
　　贷：银行存款　　　　　　　　　　　　　　　　　　　　　　　　　　　5 000

（3）与年末财政拨款结转和结余业务相关的账务处理

① 年末，将财政拨款预算收入本年发生额转入"财政拨款结转"科目，借记"财政拨款预算收入"科目，贷记"财政拨款结转"科目（本年收支结转）；将各项支出中财政拨款支出本年发生额转入"财政拨款结转"科目，借记"财政拨款结转"科目（本年收支结转），贷记各项支出（财政拨款支出）科目。

② 年末冲销有关明细科目余额。将"财政拨款结转"科目（本年收支结转、年初余额调整、归集调入、归集调出、归集上缴、单位内部调剂）余额转入"财政拨款结转"科目（累计结转）。结转后，本科目除"累计结转"明细科目外，其他明细科目应无余额。

③ 年末完成上述结转后，应当对财政拨款结转各明细项目执行情况进行分析，按照有关规定将符合财政拨款结余性质的项目余额转入财政拨款结余，借记"财政拨款结转"科目（累计结转），贷记"财政拨款结余——结转转入"科目。

【例 12-10】接【例 12-8】，年末有关"财政拨款预算收入"科目及其明细科目的余额和有关"行政支出"科目中"财政拨款支出"明细科目的余额如表 12-1 所示。

表 12-1　　　　　　　　　　　　　　　　　　　　　　　　　　　　　　　　　　　单位：元

总账科目	明细账科目	余额（借方或贷方）
财政拨款预算收入	基本支出拨款——人员经费	1 350 000
	基本支出拨款——日常公用经费	2 670 000
合计		4 020 000
	项目支出拨款——案件审判	2 540 000
	项目支出拨款——案件执行	1 360 000
合计		3 900 000
行政支出	财政拨款支出——基本支出（人员经费）	1 350 000
	财政拨款支出——基本支出（日常公用经费）	2 650 000
合计		4 000 000
	财政拨款支出——项目支出（案件审判）	2 510 000
	财政拨款支出——项目支出（案件执行）	1 300 000
合计		3 810 000

（1）结转本年财政拨款预算收入和行政支出。

借：财政拨款预算收入——基本支出拨款——人员经费　　　　　　　1 350 000

　　　　　　　　——基本支出拨款——日常公用经费　　　　　　2 670 000

　　　　　　　　——项目支出拨款——案件审判　　　　　　　　2 540 000

　　　　　　　　——项目支出拨款——案件执行　　　　　　　　1 360 000

　贷：财政拨款结转——本年收支结转——基本支出　　　　　　　　4 020 000

　　　　　　　——本年收支结转——项目支出　　　　　　　　　3 900 000

借：财政拨款结转——本年收支结转——基本支出　　　　　　　　4 000 000

　　　　　　——本年收支结转——项目支出　　　　　　　　　3 810 000

　贷：行政支出——财政拨款支出——基本支出（人员经费）　　　　1 350 000

　　　　　　　——财政拨款支出——基本支出（日常公用经费）　2 650 000

　　　　　　　——财政拨款支出——项目支出（案件审判）　　　2 510 000

　　　　　　　——财政拨款支出——项目支出（案件执行）　　　1 300 000

（2）年末冲销有关明细科目余额。

借：财政拨款结转——年初余额调整　　　　　　　　　　　　　　　　5 800

　贷：财政拨款结转——累计结转　　　　　　　　　　　　　　　　　5 800

借：财政拨款结转——累计结转　　　　　　　　　　　　　　　　　5 000

　贷：财政拨款结转——归集调出　　　　　　　　　　　　　　　　　5 000

借：财政拨款结转——本年收支结转——基本支出　　　　　　　　4 020 000

　　　　　　——本年收支结转——项目支出　　　　　　　　　3 900 000

　贷：财政拨款结转——累计结转　　　　　　　　　　　　　　　7 920 000

借：财政拨款结转——累计结转　　　　　　　　　　　　　　　7 810 000

　贷：财政拨款结转——本年收支结转——基本支出　　　　　　　4 000 000

　　　　　　　——本年收支结转——项目支出　　　　　　　　3 810 000

（3）对财政拨款各项目执行情况进行分析，截至12月31日，案件审判已完成，案件执行尚未完成。按照有关规定，案件审判项目结余资金转入财政拨款结余。

借：财政拨款结转——累计结转　　　　　　　　　　　　　　　　30 000

　贷：财政拨款结余——结转转入　　　　　　　　　　　　　　　　30 000

三、财政拨款结余

1. 财政拨款结余的概念及科目设置

财政拨款结余是指单位当年预算工作目标已完成，或因故终止，剩余的财政拨款滚存资金。

为了加强财政拨款结转和结余资金的管理，优化财政资源配置，提高财政资金使用效益，财政部先后制定发布了《中央部门财政拨款结转和结余资金管理办法》《关于加强地方财政结余结转资金管理的通知》《关于进一步加强地方财政结余结转资金管理的通知》等规定。对于中央各部门，预算年度结束后，应对本部门和所属预算单位的结转和结余资金情况逐级汇总，并对形成结转或结余资金的原因进行分析说明，于下年2月底前，将本部门《20××年度财政拨款结转和结余资金情况表》（见表 12-2）和有关说明文件报送财政部。国库集中支付形成的年终预算结转和结余资金，中央部门还须按照财政部关于国库管理制度改革试点年终结转和结余资金管理有关规定，在下年1月20日之前报送相关报表。财政部负责对中央部门结转和结余资金数额进行审核确认，并于3月底前将审核意见通知中央部门。财政部批复的部门预算中的结转资金数额与财政部审核确认的结转资金数额不一致的，以审核确认数为准。

表 12-2

编制单位：

20××年度财政拨款结转和结余资金情况

单位：万元

科目编码			科目名称（项目）	项目代码	项目单位代码	预算批复年份	截至上年底累计结转结余和结余资金			预算数	20××年度									截至20××年底累计结转结余和结余资金				是否建设性资金	结转资金产生原因	备注
类	款	项					当年实际支出									当年形成结转和结余资金				金额						
											当年财政拨款支出合计	当年财政拨款支出	使用以前年度结转和结余资金													
							小计	结转	结余		合计		小计	结转	结余	小计	结转	其中：暂付款	结余	小计	结转	其中：暂付款	结余			
栏次				1	2	3	4=5+6	5	6	7	8=9+10	9	10=11+12	11	12	13=14+16=7-9	14	15	16	17=18+20=4+7-8	18	19	20	21	22	23
			科目名称																							
			基本支出																							
			人员经费						—						—				—				—			
			日常公用经费												—				—				—			
			项目支出																							
			项目1																							
			项目2																							
			……																							
			基本支出小计						—						—				—				—			
			项目支出小计																							
			合计																							

　　为了核算单位取得的同级财政拨款项目支出结余资金的调整、结转和滚存情况，单位应设置"财政拨款结余"总账科目。本科目年末贷方余额，反映单位滚存的财政拨款结余资金数额。

　　本科目应当设置下列明细科目。

　　（1）与会计差错更正、以前年度支出收回相关的明细科目

　　"年初余额调整"明细科目核算因发生会计差错更正、以前年度支出收回等原因，需要调整财政拨款结余的金额。年末结账后，本明细科目应无余额。

　　（2）与财政拨款结余资金调整业务相关的明细科目

　　①"归集上缴"。本明细科目核算按照规定上缴财政拨款结余资金时，实际核销的额度数额或上缴的资金数额。年末结账后，本明细科目应无余额。

　　②"单位内部调剂"。本明细科目核算经财政部门批准对财政拨款结余资金改变用途，调整用于本单位其他未完成项目等的调整金额。年末结账后，本明细科目应无余额。

　　（3）与年末财政拨款结余业务相关的明细科目

　　①"结转转入"。本明细科目核算单位按照规定转入财政拨款结余的财政拨款结转资金。年末结账后，本明细科目应无余额。

　　②"累计结余"。本明细科目核算单位滚存的财政拨款结余资金。本明细科目年末贷方余额，反映单位财政拨款滚存的结余资金数额。

　　本科目还应当按照具体项目、《政府收支分类科目》中"支出功能分类科目"的相关科目等进行明细核算。有一般公共预算财政拨款、政府性基金预算财政拨款等两种或两种以上财政拨款的，还应当在本科目下按照财政拨款的种类进行明细核算。

　　2．财政拨款结余的核算

　　（1）与会计差错更正、以前年度支出收回相关的账务处理

　　① 因发生会计差错更正退回以前年度国库直接支付、授权支付款项或财政性货币资金，或者因发生会计差错更正增加以前年度国库直接支付、授权支付支出或财政性货币资金支出，属于以前年度财政拨款结余资金的，借记或贷记"资金结存——财政应返还额度、零余额账户用款额度、货币资金"科目，贷记或借记"财政拨款结余"科目（年初余额调整）。

　　② 因购货退回、预付款项收回等发生以前年度支出又收回国库直接支付、授权支付款项或收回财政性货币资金，属于以前年度财政拨款结余资金的，借记"资金结存——财政应返还额度、零余额账户用款额度、货币资金"科目，贷记"财政拨款结余"科目（年初余额调整）。

　　【例12-11】 某行政单位经审计发现，由于记账错误，导致上年度末结账时，财政拨款结余多记录1 500元，调整零余额账户用款额度。

　　借：财政拨款结余——年初余额调整　　　　　　　　　　　　　　　　　1 500
　　　　贷：资金结存——零余额账户用款额度　　　　　　　　　　　　　　　　1 500

　　财务会计编制如下会计分录。

　　借：以前年度盈余调整　　　　　　　　　　　　　　　　　　　　　　　1 500
　　　　贷：零余额账户用款额度　　　　　　　　　　　　　　　　　　　　　　1 500

　　（2）与财政拨款结余资金调整业务相关的账务处理

　　① 经财政部门批准对财政拨款结余资金改变用途，调整用于本单位基本支出或其他未完成项目支出的，按照批准调剂的金额，借记"财政拨款结余"科目（单位内部调剂），贷记"财政拨款结转——单位内部调剂"科目。

　　② 按照规定上缴财政拨款结余资金或注销财政拨款结余资金额度的，按照实际上缴资金数额或注销的资金额度数额，借记"财政拨款结余"科目（归集上缴），贷记"资金结存——财政应返

还额度、零余额账户用款额度、货币资金"科目。

【例12-12】某行政单位注销本年度财政授权内拨款结余资金29 000元。

借：财政拨款结余——归集上缴　　　　　　　　　　　　　　　　29 000
　　贷：资金结存——零余额账户用款额度　　　　　　　　　　　　　　29 000

财务会计编制如下会计分录。

借：累计盈余　　　　　　　　　　　　　　　　　　　　　　　29 000
　　贷：零余额账户用款额度　　　　　　　　　　　　　　　　　　　29 000

（3）与年末财政拨款结转和结余业务相关的账务处理

① 年末，对财政拨款结转各明细项目执行情况进行分析，按照有关规定将符合财政拨款结余性质的项目余额转入财政拨款结余，借记"财政拨款结转——累计结转"科目，贷记"财政拨款结余"科目（结转转入）。

② 年末冲销有关明细科目余额。将"财政拨款结余"科目（年初余额调整、归集上缴、单位内部调剂、结转转入）余额转入"财政拨款结余"科目（累计结余）。结转后，本科目除"累计结余"明细科目外，其他明细科目应无余额。

【例 12-13】年末，对财政拨款各项目执行情况进行分析，其中甲项目已经完成，结余资金15 000元，按照有关规定，将其转入财政拨款结余，并将结余资金的50%上缴财政，该行政单位用零余额账户上缴。

① 结转结余资金。

借：财政拨款结转——累计结转　　　　　　　　　　　　　　　　15 000
　　贷：财政拨款结余——结转转入　　　　　　　　　　　　　　　　15 000

② 上缴结余资金。

借：财政拨款结余——归集上缴　　　　　　　　　　　　　　　　7 500
　　贷：资金结存——零余额账户用款额度　　　　　　　　　　　　　　7 500

财务会计编制如下会计分录。

借：累计盈余　　　　　　　　　　　　　　　　　　　　　　　7 500
　　贷：零余额账户用款额度　　　　　　　　　　　　　　　　　　　7 500

③ 年末冲销有关明细科目余额。

借：财政拨款结余——结转转入　　　　　　　　　　　　　　　　15 000
　　贷：财政拨款结余——累计结余　　　　　　　　　　　　　　　　15 000

借：财政拨款结余——累计结余　　　　　　　　　　　　　　　　7 500
　　贷：财政拨款结余——归集上缴　　　　　　　　　　　　　　　　7 500

四、非财政拨款结转

1. 非财政拨款结转的概念及科目设置

非财政拨款结转是指单位除财政拨款收支、经营收支以外各非同级财政拨款专项资金的调整、结转和滚存情况。

为了核算非财政拨款结转业务，单位应设置"非财政拨款结转"总账科目。本科目年末贷方余额，反映单位滚存的非同级财政拨款专项结转资金数额。本科目应当设置下列明细科目。

（1）"年初余额调整"。本明细科目核算因发生会计差错更正、以前年度支出收回等原因，需要调整非财政拨款结转的资金。年末结账后，本明细科目应无余额。

（2）"缴回资金"。本明细科目核算按照规定缴回非财政拨款结转资金时，实际缴回的资金数额。年末结账后，本明细科目应无余额。

（3）"项目间接费用或管理费"。本明细科目核算单位取得的科研项目预算收入中，按照规定计提项目间接费用或管理费的数额。年末结账后，本明细科目应无余额。

（4）"本年收支结转"。本明细科目核算单位本年度非同级财政拨款专项收支相抵后的余额。年末结账后，本明细科目应无余额。

（5）"累计结转"。本明细科目核算单位滚存的非同级财政拨款专项结转资金。本明细科目年末贷方余额，反映单位非同级财政拨款滚存的专项结转资金数额。

本科目还应当按照具体项目、《政府收支分类科目》中"支出功能分类科目"的相关科目等进行明细核算。

2．非财政拨款结转的核算

（1）按照规定从科研项目预算收入中提取项目管理费或间接费用时，按照提取金额，借记"非财政拨款结转"科目（项目间接费用或管理费），贷记"非财政拨款结余——项目间接费用或管理费"科目。具体账务处理参见预提费用。

（2）因会计差错更正收到或支出非同级财政拨款货币资金，属于非财政拨款结转资金的，按照收到或支出的金额，借记或贷记"资金结存——货币资金"科目，贷记或借记"非财政拨款结转"科目（年初余额调整）。因收回以前年度支出等收到非同级财政拨款货币资金，属于非财政拨款结转资金的，按照收到的金额，借记"资金结存——货币资金"科目，贷记"非财政拨款结转"科目（年初余额调整）。

（3）按照规定缴回非财政拨款结转资金的，按照实际缴回资金数额，借记"非财政拨款结转"科目（缴回资金），贷记"资金结存——货币资金"科目。

（4）年末，将事业预算收入、上级补助预算收入、附属单位上缴预算收入、非同级财政拨款预算收入、债务预算收入、其他预算收入本年发生额中的专项资金收入转入"非财政拨款结转"科目，借记"事业预算收入""上级补助预算收入""附属单位上缴预算收入""非同级财政拨款预算收入""债务预算收入""其他预算收入"科目下各专项资金收入明细科目，贷记"非财政拨款结转"科目（本年收支结转）；将行政支出、事业支出、其他支出本年发生额中的非财政拨款专项资金支出转入"非财政拨款结转"科目，借记"非财政拨款结转"科目（本年收支结转），贷记"行政支出""事业支出""其他支出"科目下各非财政拨款专项资金支出明细科目。

（5）年末冲销有关明细科目余额。将"非财政拨款结转"科目（年初余额调整、项目间接费用或管理费、缴回资金、本年收支结转）余额转入本科目（累计结转）。结转后，本科目除"累计结转"明细科目外，其他明细科目应无余额。

（6）年末完成上述结转后，应当对非财政拨款专项结转资金各项目情况进行分析，将留归本单位使用的非财政拨款专项（项目已完成）剩余资金转入非财政拨款结余，借记"非财政拨款结转"科目（累计结转），贷记"非财政拨款结余——结转转入"科目。

【例12-14】某教育事业单位有关事业活动过程中非财政专项资金收支科目的本年发生额如表12-3所示。

表12-3　　　　　　　　非财政专项资金收支科目的本年发生额　　　　　　　　　单位：元

科目名称	借方余额	贷方余额
上级补助预算收入——项目支出（甲项目）		40 000
其他预算收入——项目支出（甲项目）		25 000
事业支出——非财政专项资金支出（甲项目）	60 000	
合计	60 000	65 000

该项目已经完成，按照规定，剩余资金的50%缴回上级单位，通过银行转账。剩余50%留归本单位使用。

（1）结转非财政拨款专项收入、支出。

借：上级补助预算收入——项目支出（甲项目）　　　　　40 000

　　其他预算收入——项目支出（甲项目）　　　　　　　25 000

　　　贷：非财政拨款结转——本年收支结转　　　　　　　　　　　65 000

借：非财政拨款结转——本年收支结转　　　　　　　　60 000

　　　贷：事业支出——非财政专项资金支出（甲项目）　　　　　　60 000

（2）按照规定缴回非财政拨款结转资金。

借：非财政拨款结转——缴回资金　　　　　　　　　　2 500

　　　贷：资金结存——货币资金　　　　　　　　　　　　　　　　2 500

财务会计编制如下会计分录。

借：累计盈余　　　　　　　　　　　　　　　　　　　2 500

　　　贷：银行存款　　　　　　　　　　　　　　　　　　　　　　2 500

（3）冲销本科目有关明细科目余额。

借：非财政拨款结转——本年收支结转　　　　　　　　65 000

　　　贷：非财政拨款结转——累计结转　　　　　　　　　　　　　65 000

借：非财政拨款结转——累计结转　　　　　　　　　　60 000

　　　贷：非财政拨款结转——本年收支结转　　　　　　　　　　　60 000

借：非财政拨款结转——累计结转　　　　　　　　　　2 500

　　　贷：非财政拨款结转——缴回资金　　　　　　　　　　　　　2 500

（4）将留归本单位使用的非财政拨款专项剩余资金转入非财政拨款结余。

借：非财政拨款结转——累计结转　　　　　　　　　　2 500

　　　贷：非财政拨款结余——结转转入　　　　　　　　　　　　　2 500

五、非财政拨款结余

1. 非财政拨款结余的概念和科目设置

非财政拨款结余是指单位历年滚存的非限定用途的非同级财政拨款结余资金，主要为非财政拨款结转扣除结余分配后滚存的金额。

为了核算非财政拨款结余，单位应设置"非财政拨款结余"总账科目。本科目年末贷方余额，反映单位非同级财政拨款结余资金的累计滚存数额。本科目应当设置下列明细科目。

（1）"年初余额调整"。本明细科目核算因发生会计差错更正、以前年度支出收回等原因，需要调整非财政拨款结余的资金。年末结账后，本明细科目应无余额。

（2）"项目间接费用或管理费"。本明细科目核算单位取得的科研项目预算收入中，按照规定计提的项目间接费用或管理费数额。年末结账后，本明细科目应无余额。

（3）"结转转入"。本明细科目核算按照规定留归单位使用，由单位统筹调配，纳入单位非财政拨款结余的非同级财政拨款专项剩余资金。年末结账后，本明细科目应无余额。

（4）"累计结余"。本明细科目核算单位历年滚存的非同级财政拨款、非专项结余资金。本明细科目年末贷方余额，反映单位非同级财政拨款滚存的非专项结余资金数额。

本科目还应当按照《政府收支分类科目》中"支出功能分类科目"的相关科目进行明细核算。

2. 非财政拨款结余的核算

（1）按照规定从科研项目预算收入中提取项目管理费或间接费用时，借记"非财政拨款结转——项目间接费用或管理费"科目，贷记"非财政拨款结余"科目（项目间接费用或管理费）。

【例12-15】某高校按照规定从科研项目预算收入中提取项目管理费23 000元。

借：非财政拨款结转——管理费 23 000

　　贷：非财政拨款结余——管理费 23 000

财务会计编制如下会计分录。

借：单位管理费用 23 000

　　贷：预提费用——管理费 23 000

（2）有企业所得税缴纳义务的事业单位实际缴纳企业所得税时，按照缴纳金额，借记"非财政拨款结余"科目（累计结余），贷记"资金结存——货币资金"科目。

【例12-16】该高校培训中心对外经营餐饮、住宿，缴纳企业所得税45 000元，已通过银行转账。

借：非财政拨款结余——累计结余 45 000

　　贷：资金结存——货币资金 45 000

财务会计编制如下会计分录。

借：其他应交税费——单位应交所得税 45 000

　　贷：银行存款 45 000

（3）因会计差错更正收到或支出非同级财政拨款货币资金，属于非财政拨款结余资金的，按照收到或支出的金额，借记或贷记"资金结存——货币资金"科目，贷记或借记"非财政拨款结余"科目（年初余额调整）。因收回以前年度支出等收到非同级财政拨款货币资金，属于非财政拨款结余资金的，按照收到的金额，借记"资金结存——货币资金"科目，贷记"非财政拨款结余"科目（年初余额调整）。

【例12-17】该高校由于记账错误，导致该单位去年非财政拨款结余的数额少记录1 000元。该单位对这一差错进行了更正，调整了零余额账户用款额度。

借：资金结存——货币资金 1 000

　　贷：非财政拨款结余——年初余额调整 1 000

财务会计编制如下会计分录。

借：零余额账户用款额度 1 000

　　贷：以前年度盈余调整 1 000

（4）年末，将留归本单位使用的非财政拨款专项（项目已完成）剩余资金转入"非财政拨款结余"科目，借记"非财政拨款结转——累计结转"科目，贷记"非财政拨款结余"科目（结转转入）。

【例12-18】年末，甲科研项目已完成，按照上级部门规定将非财政拨款专项剩余资金2 300元留归本单位使用。该单位将其转入非财政拨款结余。

借：非财政拨款结转——累计结转 2 300

　　贷：非财政拨款结余——结转转入 2 300

（5）年末冲销有关明细科目余额。将"非财政拨款结余"科目（年初余额调整、项目间接费用或管理费、结转转入）余额结转转入本科目（累计结余）。结转后，本科目除"累计结余"明细科目外，其他明细科目应无余额。

【例 12-19】接【例 12-15】～【例 12-18】，年末冲销有关明细科目余额。

借：非财政拨款结余——管理费 23 000

　　贷：非财政拨款结余——累计结余 23 000

借：非财政拨款结余——年初余额调整 1 000

　　贷：非财政拨款结余——累计结余 1 000

借：非财政拨款结余——结转转入 2 300

　　贷：非财政拨款结余——累计结余 2 300

（6）年末，事业单位将"非财政拨款结余分配"科目余额转入非财政拨款结余。"非财政拨款结余分配"科目为借方余额的，借记"非财政拨款结余"科目（累计结余），贷记"非财政拨款结余分配"科目；"非财政拨款结余分配"科目为贷方余额的，借记"非财政拨款结余分配"科目，贷记"非财政拨款结余"科目（累计结余）。

年末，行政单位将"其他结余"科目余额转入非财政拨款结余。"其他结余"科目为借方余额的，借记"非财政拨款结余"科目（累计结余），贷记"其他结余"科目；"其他结余"科目为贷方余额的，借记"其他结余"科目，贷记"非财政拨款结余"科目（累计结余）。

【例 12-20】年末，该高校"非财政拨款结余分配"科目贷方余额 55 000 元，将其转入"非财政拨款结余"。

借：非财政拨款结余分配 55 000

　　贷：非财政拨款结余——累计结余 55 000

六、其他结余

其他结余是指单位本年度除财政拨款收支、非同级财政专项资金收支和经营收支以外各项收支相抵后的余额。

为了核算其他结余，单位应设置"其他结余"总账科目。年末结账后，本科目应无余额。

（1）收支结转。年末，将事业预算收入、上级补助预算收入、附属单位上缴预算收入、非同级财政拨款预算收入、债务预算收入、其他预算收入本年发生额中的非专项资金收入以及投资预算收益本年发生额转入"其他结余"科目，借记"事业预算收入""上级补助预算收入""附属单位上缴预算收入""非同级财政拨款预算收入""债务预算收入""其他预算收入"科目下各非专项资金收入明细科目和"投资预算收益"科目，贷记"其他结余"科目（"投资预算收益"科目本年发生额为借方净额时，借记"其他结余"科目，贷记"投资预算收益"科目）；将行政支出、事业支出、其他支出本年发生额中的非同级财政、非专项资金支出，以及上缴上级支出、对附属单位补助支出、投资支出、债务还本支出本年发生额转入本科目，借记"其他结余"科目，贷记"行政支出""事业支出""其他支出"科目下各非同级财政、非专项资金支出明细科目和"上缴上级支出""对附属单位补助支出""投资支出""债务还本支出"科目。

（2）年末，完成上述结转后，行政单位将"其他结余"科目余额转入"非财政拨款结余——累计结余"科目；事业单位将本科目余额转入"非财政拨款结余分配"科目。当"其他结余"科目为贷方余额时，借记"其他结余"科目，贷记"非财政拨款结余——累计结余"或"非财政拨款结余分配"科目；当本科目为借方余额时，借记"非财政拨款结余——累计结余"或"非财政拨款结余分配"科目，贷记"其他结余"科目。

【例 12-21】某事业单位年终结账前有关收支科目本期发生额中的非财政、非专项资金收支的金额如表 12-4 所示。

表 12-4 非财政、非专项资金收支科目的本年发生额 单位：元

科目名称	借方余额	贷方余额
事业预算收入——基本支出		6 000 000
上级补助预算收入——基本支出		250 000
其他预算收入——基本支出		110 000
事业支出——基本支出	5 800 000	
上缴上级支出	300 000	
其他支出——基本支出	240 000	
合计	6 340 000	6 360 000

（1）将以上收支科目余额转入"其他结余"科目。

借：事业预算收入——基本支出 6 000 000

上级补助预算收入——基本支出 250 000

其他预算收入——基本支出 110 000

贷：其他结余 6 360 000

借：其他结余 6 340 000

贷：事业支出——基本支出 5 800 000

上缴上级支出 300 000

其他支出——基本支出 240 000

（2）将"其他结余"科目的贷方余额 20 000 元转入"非财政拨款结余分配"。

借：其他结余 20 000

贷：非财政拨款结余分配 20 000

第三节 事业单位专有结转结余及结余分配

一、专用结余

专用结余是指事业单位按照规定从非财政拨款结余中提取的具有专门用途的资金的变动和滚存情况。

为了核算事业单位的专用结余，事业单位应设置"专用结余"总账科目。本科目应当按照专用结余的类别进行明细核算。本科目年末贷方余额，反映事业单位从非同级财政拨款结余中提取的专用基金的累计滚存数额。

（1）根据有关规定从本年度非财政拨款结余或经营结余中提取基金的，按照提取金额，借记"非财政拨款结余分配"科目，贷记"专用结余"科目。

（2）根据规定使用从非财政拨款结余或经营结余中提取的专用基金时，按照使用金额，借记"专用结余"科目，贷记"资金结存——货币资金"科目。

【例 12-22】某事业单位根据有关规定从本年度非财政拨款结余中提取专用基金 100 000 元。使用该专用基金购置一台设备，价值 40 000 元，款项通过银行转账支付。

提取专用基金时。

借：非财政拨款结余分配 100 000

贷：专用结余 100 000

财务会计编制如下会计分录。

借：本年盈余分配　　　　　　　　　　　　　　　　100 000
　　贷：专用基金　　　　　　　　　　　　　　　　　　　100 000

使用专用基金时。

借：专用结余　　　　　　　　　　　　　　　　　　40 000
　　贷：资金结存——货币资金　　　　　　　　　　　　　40 000

财务会计编制如下会计分录。

借：固定资产　　　　　　　　　　　　　　　　　　40 000
　　贷：银行存款　　　　　　　　　　　　　　　　　　　40 000

借：专用基金　　　　　　　　　　　　　　　　　　40 000
　　贷：累计盈余　　　　　　　　　　　　　　　　　　　40 000

二、经营结余

经营结余是指事业单位本年度经营活动收支相抵后余额弥补以前年度经营亏损后的余额。

为了核算事业单位的经营结余，事业单位应设置"经营结余"总账科目。本科目可以按照经营活动类别进行明细核算。年末结账后，本科目一般无余额；如为借方余额，则反映事业单位累计发生的经营亏损。

（1）年末，将经营预算收入本年发生额转入"经营结余"科目，借记"经营预算收入"科目，贷记"经营结余"科目；将经营支出本年发生额转入"经营结余"科目，借记"经营结余"科目，贷记"经营支出"科目。

（2）年末，完成上述结转后，如"经营结余"科目为贷方余额，则将本科目贷方余额转入"非财政拨款结余分配"科目，借记"经营结余"科目，贷记"非财政拨款结余分配"科目；如"经营结余"科目为借方余额，则为经营亏损，不予结转。

【例12-23】某事业单位年末，"经营预算收入"科目的贷方发生额为120 000元，"经营支出"科目的借方发生额为100 500元。

（1）结转本月的经营收支。

借：经营预算收入　　　　　　　　　　　　　　　　120 000
　　贷：经营结余　　　　　　　　　　　　　　　　　　　120 000

借：经营结余　　　　　　　　　　　　　　　　　　100 500
　　贷：经营支出　　　　　　　　　　　　　　　　　　　100 500

（2）将"经营结余"科目余额转入"非财政拨款结余分配"科目。

本年度经营结余=120 000-100 500=19 500（元）

借：经营结余　　　　　　　　　　　　　　　　　　19 500
　　贷：非财政拨款结余分配　　　　　　　　　　　　　　19 500

三、非财政拨款结余分配

非财政拨款结余分配是指事业单位本年度非财政拨款结余分配的情况和结果。

为了核算事业单位非财政拨款结余分配业务，事业单位应设置"非财政拨款结余分配"总账科目。年末，将本科目余额转入非财政拨款结余。年末结账后，本科目应无余额。

（1）年末，将"其他结余"科目余额转入"非财政拨款结余分配"科目，当"其他结余"科目为贷方余额时，借记"其他结余"科目，贷记"非财政拨款结余分配"科目；当"其他结余"

科目为借方余额时，借记"非财政拨款结余分配"科目，贷记"其他结余"科目。年末，将"经营结余"科目贷方余额转入"非财政拨款结余分配"科目，借记"经营结余"科目，贷记"非财政拨款结余分配"科目。

（2）根据有关规定提取专用基金的，按照提取的金额，借记"非财政拨款结余分配"科目，贷记"专用结余"科目。

（3）年末，按照规定完成上述（1）～（2）处理后，将"非财政拨款结余分配"科目余额转入非财政拨款结余。当"非财政拨款结余分配"科目为借方余额时，借记"非财政拨款结余——累计结余"科目，贷记"非财政拨款结余分配"科目；当"非财政拨款结余分配"科目为贷方余额时，借记"非财政拨款结余分配"科目，贷记"非财政拨款结余——累计结余"科目。

【例 12-24】某事业单位年末"其他结余"科目贷方余额为 540 000 元，"经营结余"科目贷方余额为 260 000 元。按其他结余的 10%提取专用基金。未分配结余全部转入非财政拨款结余。

（1）将"其他结余""经营结余"科目余额转入"非财政拨款结余分配"。

借：其他结余　　　　　　　　　　　　　　　　　　　540 000
　　经营结余　　　　　　　　　　　　　　　　　　　260 000
　　　贷：非财政拨款结余分配　　　　　　　　　　　　　800 000

（2）计提专用基金。

职工福利基金的提取额=540 000×10%=54 000（元）

借：非财政拨款结余分配　　　　　　　　　　　　　　54 000
　　　贷：专用结余　　　　　　　　　　　　　　　　　54 000

（3）未分配结余转入非财政拨款结余。

借：非财政拨款结余分配　　　　　　　　　　　　　　746 000
　　　贷：非财政拨款结余——累计结余　　　　　　　　746 000

知识总结

（1）资金结存是指单位纳入部门预算管理的资金的流入、流出、调整和滚存等情况。

（2）财政拨款结转是指单位当年预算已执行但尚未完成，或因故未执行，下一年度需要按照原用途继续使用的财政拨款滚存资金。

（3）财政拨款结余是指单位当年预算工作目标已完成，或因故终止，剩余的财政拨款滚存资金。

（4）非财政拨款结转是指单位除财政拨款收支、经营收支以外各非同级财政拨款专项资金的调整、结转和滚存情况。

（5）非财政拨款结余是指单位历年滚存的非限定用途的非同级财政拨款结余资金，主要为非财政拨款结余扣除结余分配后滚存的金额。

（6）其他结余是指单位本年度除财政拨款收支、非同级财政专项资金收支和经营收支以外各项收支相抵后的余额。

（7）专用结余是指事业单位按照规定从非财政拨款结余中提取的具有专门用途的资金的变动和滚存情况。

（8）经营结余是指事业单位本年度经营活动收支相抵后余额弥补以前年度经营亏损后的

余额。

（9）非财政拨款结余分配是指事业单位本年度非财政拨款结余分配的情况和结果。

练习与实训

一、名词解释

资金结存　财政拨款结转　财政拨款结余　非财政拨款结转　非财政拨款结余　专用结余

二、简答题

1. 结转和结余的含义及区别是什么？

2. 财政拨款结转的内容是什么？

3. 如何加强财政拨款结转结余资金的管理？

4. 简述事业单位经营结余的内容及形成过程。

5. 事业单位如何进行非财政拨款结余的分配？

三、业务核算题

习题一

1. 目的：练习行政单位结转结余的核算。

2. 资料：某行政单位年末有关收支科目的余额如下。

（1）"财政拨款预算收入"总账科目贷方余额 388 000 元，明细科目"基本支出拨款"贷方余额 243 000 元，"项目支出拨款"贷方余额 145 000 元。

（2）"行政支出"总账科目借方余额 360 000 元，明细科目"财政拨款支出（基本支出）"借方余额 200 000 元，"财政拨款支出（项目支出）"借方余额 100 000 元。

（3）甲项目已完成，将结余资金 3 000 元转入财政拨款结余。

3. 要求：根据上述经济业务编制行政单位年终结账的会计分录。

习题二

1. 目的：练习行政单位资金结存的核算。

2. 资料：某行政单位发生如下经济业务。

（1）取得财政授权支付方式下的预算收入 1 000 000 元。

（2）取得非同级财政部门拨付的用于完成专项任务的款项 48 000 元，款项已存入银行账户。

（3）购入一台不需要安装的设备，价款 25 000 元，款项通过银行转账支付。

（4）从零余额账户中提取现金 1 200 元，以备日常零星使用。

3. 要求：根据上述经济业务编制会计分录。

习题三

1. 目的：练习事业单位净资产的核算。

2. 资料：某事业单位发生如下经济业务。

（1）支付水电费 2 500 元，款项已通过银行转账。

（2）从本年度非财政拨款结余中提取专用基金 80 000 元。使用该专用基金购置一台设备，价值 30 000 元，款项通过银行转账支付。

（3）当年实现经营结余 3 000 元，转入"非财政拨款结余分配"。

3. 要求：根据上述经济业务编制会计分录。

第十三章　预算会计报表

第一节　预算收入支出表

一、预算收入支出表的内容与格式

预算收入支出表是反映单位在某一会计年度内各项预算收入、预算支出和预算收支差额的情况的报表。

预算收入支出表采用单步式，即采用基本的计算公式：本年预算收入-本年预算支出=本年预算收支差额。同时，各项目还按"本年数"和"上年数"分别列示。预算收入支出表的格式如表13-1所示。

表 13-1　　　　　　　　　　　预算收入支出表

编制单位：　　　　　　　　　　　年　　月　　　　　　　　　　　单位：元

项目	本年数	上年数
一、本年预算收入		
（一）财政拨款预算收入		
其中：政府性基金收入		
（二）事业预算收入		
（三）上级补助预算收入		
（四）附属单位上缴预算收入		
（五）经营预算收入		
（六）债务预算收入		
（七）非同级财政拨款预算收入		
（八）投资预算收益		
（九）其他预算收入		
其中：利息预算收入		
捐赠预算收入		
租金预算收入		
二、本年预算支出		
（一）行政支出		
（二）事业支出		
（三）经营支出		
（四）上缴上级支出		
（五）对附属单位补助支出		
（六）投资支出		
（七）债务还本支出		
（八）其他支出		
其中：利息支出		
捐赠支出		
三、本年预算收支差额		

二、预算收入支出表的编制方法

预算收入支出表的"本年数"栏反映各项目的本年实际发生数。本表的"上年数"栏反映各项目上年度的实际发生数，应当根据上年度预算收入支出表中"本年数"栏内所列数字填列。

如果本年度预算收入支出表规定的项目的名称和内容同上年度不一致，应当对上年度预算收入支出表项目的名称和数字按照本年度的规定进行调整，将调整后的金额填入本年度预算收入支出表的"上年数"栏。

预算收入支出表"本年数"栏各项目的内容和填列方法如下。

（1）"本年预算收入"项目，反映单位本年预算收入总额。本项目应当根据本表中"财政拨款预算收入""事业预算收入""上级补助预算收入""附属单位上缴预算收入""经营预算收入""债务预算收入""非同级财政拨款预算收入""投资预算收益""其他预算收入"项目金额的合计数填列。本表中各收入项目金额应当根据各科目的本年发生额填列。其中，"政府性基金收入""利息预算收入""捐赠预算收入""租金预算收入"应当根据相关明细科目的本年发生额填列。

（2）"本年预算支出"项目，反映单位本年预算支出总额。本项目应当根据本表中"行政支出""事业支出""经营支出""上缴上级支出""对附属单位补助支出""投资支出""债务还本支出"和"其他支出"项目金额的合计数填列。本表中各支出项目金额应当根据各科目的本年发生额填列。其中"利息支出""捐赠支出"项目，应当根据"其他支出"科目明细账记录分析填列。

（3）"本年预算收支差额"项目，反映单位本年各项预算收支相抵后的差额。本项目应当根据本表中"本年预算收入"项目金额减去"本年预算支出"项目金额后的金额填列；如相减后金额为负数，则以"-"号填列。

第二节　预算结转结余变动表

一、预算结转结余变动表的内容与结构

预算结转结余变动表是反映单位在某一会计年度内预算结转结余的变动情况的报表。

预算结转结余变动表采用单步式，即采用基本的计算公式：年初预算结转结余+年初余额调整+本年变动金额=年末预算结转结余。同时，各项目还按"本年数"和"上年数"分别列示。预算结转结余变动表的格式如表13-2所示。

表 13-2　　　　　　　　　　　　预算结转结余变动表

编制单位：　　　　　　　　　　　　　　　年　　　　　　　　　　　　　　单位：元

项目	本年数	上年数
一、年初预算结转结余		
（一）财政拨款结转结余		
（二）其他资金结转结余		
二、年初余额调整（减少以"-"号填列）		
（一）财政拨款结转结余		
（二）其他资金结转结余		
三、本年变动金额（减少以"-"号填列）		
（一）财政拨款结转结余		
1. 本年收支差额		

续表

项目	本年数	上年数
2. 归集调入		
3. 归集上缴或调出		
（二）其他资金结转结余		
1. 本年收支差额		
2. 缴回资金		
3. 使用专用结余		
4. 支付所得税		
四、年末预算结转结余		
（一）财政拨款结转结余		
1. 财政拨款结转		
2. 财政拨款结余		
（二）其他资金结转结余		
1. 非财政拨款结转		
2. 非财政拨款结余		
3. 专用结余		
4. 经营结余（如有余额，则以"-"号填列）		

二、预算结转结余变动表的编制方法

预算结转结余变动表的"本年数"栏反映各项目的本年实际发生数。本表"上年数"栏反映各项目的上年实际发生数，应当根据上年度预算结转结余变动表中"本年数"栏内所列数字填列。

如果本年度预算结转结余变动表规定的项目的名称和内容同上年度不一致，则应当对上年度预算结转结余变动表项目的名称和数字按照本年度的规定调整，将调整后的金额填入本年度预算结转结余变动表的"上年数"栏。

预算结转结余变动表"本年数"栏各项目的内容和填列方法如下。

1. "年初预算结转结余"项目

本项目反映单位本年预算结转结余的年初余额。本项目应当根据本项目下"财政拨款结转结余""其他资金结转结余"项目金额的合计数填列。

（1）"财政拨款结转结余"项目，反映单位本年财政拨款结转结余资金的年初余额。本项目应当根据"财政拨款结转""财政拨款结余"科目本年年初余额合计数填列。

（2）"其他资金结转结余"项目，反映单位本年其他资金结转结余的年初余额。本项目应当根据"非财政拨款结转""非财政拨款结余""专用结余""经营结余"科目本年年初余额的合计数填列。

2. "年初余额调整"项目

本项目反映单位本年预算结转结余年初余额调整的金额。本项目应当根据本项目下"财政拨款结转结余""其他资金结转结余"项目金额的合计数填列。

（1）"财政拨款结转结余"项目，反映单位本年财政拨款结转结余资金的年初余额调整金额。本项目应当根据"财政拨款结转""财政拨款结余"科目下"年初余额调整"明细科目的本年发生额的合计数填列；如调整减少年初财政拨款结转结余，则以"-"号填列。

（2）"其他资金结转结余"项目，反映单位本年其他资金结转结余的年初余额调整金额。本项目应当根据"非财政拨款结转""非财政拨款结余"科目下"年初余额调整"明细科目的本年发生额的合计数填列；如调整减少年初其他资金结转结余，则以"-"号填列。

3. "本年变动金额"项目

本项目反映单位本年预算结转结余变动的金额。本项目应当根据本项目下"财政拨款结转结余""其他资金结转结余"项目金额的合计数填列。

（1）"财政拨款结转结余"项目，反映单位本年财政拨款结转结余资金的变动。本项目应当根据本项目下"本年收支差额""归集调入""归集上缴或调出"项目金额的合计数填列。

①"本年收支差额"项目，反映单位本年财政拨款资金收支相抵后的差额。本项目应当根据"财政拨款结转"科目下"本年收支结转"明细科目本年转入的预算收入与预算支出的差额填列；差额为负数的，以"-"号填列。

②"归集调入"项目，反映单位本年按照规定从其他单位归集调入的财政拨款结转资金。本项目应当根据"财政拨款结转"科目下"归集调入"明细科目的本年发生额填列。

③"归集上缴或调出"项目，反映单位本年按照规定上缴的财政拨款结转结余资金及按照规定向其他单位调出的财政拨款结转资金。本项目应当根据"财政拨款结转""财政拨款结余"科目下的"归集上缴"明细科目，以及"财政拨款结转"科目下的"归集调出"明细科目本年发生额的合计数填列，以"-"号填列。

（2）"其他资金结转结余"项目，反映单位本年其他资金结转结余的变动。本项目应当根据本项目下"本年收支差额""缴回资金""使用专用结余""支付所得税"项目金额的合计数填列。

①"本年收支差额"项目，反映单位本年除财政拨款外的其他资金收支相抵后的差额。本项目应当根据"非财政拨款结转"科目下"本年收支结转"明细科目、"其他结余"科目、"经营结余"科目本年转入的预算收入与预算支出的差额的合计数填列；如为负数，则以"-"号填列。

②"缴回资金"项目，反映单位本年按照规定缴回的非财政拨款结转资金。本项目应当根据"非财政拨款结转"科目下"缴回资金"明细科目本年发生额的合计数填列，以"-"号填列。

③"使用专用结余"项目，反映本年事业单位根据规定使用从非财政拨款结余或经营结余中提取的专用基金的金额。本项目应当根据"专用结余"科目明细账中本年使用专用结余业务的发生额填列，以"-"号填列。

④"支付所得税"项目，反映有企业所得税缴纳义务的事业单位本年实际缴纳的企业所得税金额。本项目应当根据"非财政拨款结余"明细账中本年实际缴纳企业所得税业务的发生额填列，以"-"号填列。

4. "年末预算结转结余"项目

本项目反映单位本年预算结转结余的年末余额。本项目应当根据本项目下"财政拨款结转结余""其他资金结转结余"项目金额的合计数填列。

（1）"财政拨款结转结余"项目，反映单位本年财政拨款结转结余的年末余额。本项目应当根据本项目下"财政拨款结转""财政拨款结余"项目金额的合计数填列。

本项目下"财政拨款结转""财政拨款结余"项目，应当分别根据"财政拨款结转""财政拨款结余"科目的本年年末余额填列。

（2）"其他资金结转结余"项目，反映单位本年其他资金结转结余的年末余额。本项目应当根据本项目下"非财政拨款结转""非财政拨款结余""专用结余""经营结余"项目金额的合计数填列。

本项目下的"非财政拨款结转""非财政拨款结余""专用结余""经营结余"项目，应当分别根据"非财政拨款结转""非财政拨款结余""专用结余""经营结余"科目的本年年末余额填列。

第三节　财政拨款预算收入支出表

一、财政拨款预算收入支出表的内容及结构

财政拨款预算收入支出表是反映单位本年财政拨款预算资金收入、支出及相关变动的具体情况的报表。

财政拨款预算收入支出表采用矩阵的形式列示：一方面，按照资金项目，即财政拨款的种类列示，有一般公共预算财政拨款、政府性基金预算财政拨款等两种或两种以上财政拨款的单位，需要分别列示一般公共预算财政资金、政府性基金预算资金等；另一方面，根据管理需要，按照每项资金的财政拨款结转结余及其收支变动原因进行明细列示，包括年初财政拨款结转结余、调整年初财政拨款结转结余、本年归集调入、本年归集上缴或调出、单位内部调剂、本年财政拨款收入、本年财政拨款支出、年末财政拨款结转结余。

财政拨款预算收入支出表的格式如表 13-3 所示。

表 13-3　　　　　　　　　　　　财政拨款预算收入支出表

编制单位：　　　　　　　　　　　　　　年　　　　　　　　　　　　　　单位：元

项目	年初财政拨款结转结余		调整年初财政拨款结转结余	本年归集调入	本年归集上缴或调出	单位内部调剂		本年财政拨款收入	本年财政拨款支出	年末财政拨款结转结余	
	结转	结余				结转	结余			结转	结余
一、一般公共预算财政拨款											
（一）基本支出											
1. 人员经费											
2. 日常公用经费											
（二）项目支出											
1. ××项目											
2. ××项目											
……											
二、政府性基金预算财政拨款											
（一）基本支出											
1. 人员经费											
2. 日常公用经费											
（二）项目支出											
1. ××项目											
2. ××项目											
……											
总计											

二、财政拨款预算收入支出表的填列方法

财政拨款预算收入支出表"项目"栏内各项目，应当根据单位取得的财政拨款种类分项设置。其中"项目支出"项目下，根据每个项目设置；单位取得除一般公共财政预算拨款和政府性基金预算拨款以外的其他财政拨款的，应当按照财政拨款种类增加相应的资金项目及其明细项目。

本表各栏及其对应项目的内容和填列方法如下。

1. 年初财政拨款结转结余

"年初财政拨款结转结余"栏中的各项目，反映单位年初各项财政拨款结转结余的金额。各项目应当根据"财政拨款结转""财政拨款结余"及其明细科目的年初余额填列。本栏中各项目的数额应当与上年度财政拨款预算收入支出表中"年末财政拨款结转结余"栏中各项目的数额相等。

2. 调整年初财政拨款结转结余

"调整年初财政拨款结转结余"栏中的各项目，反映单位对年初财政拨款结转结余的调整金额。各项目应当根据"财政拨款结转""财政拨款结余"科目下"年初余额调整"明细科目及其所属明细科目的本年发生额填列；如调整减少年初财政拨款结转结余，则以"–"号填列。

3. 本年归集调入

"本年归集调入"栏中的各项目，反映单位本年按规定从其他单位调入的财政拨款结转资金金额。各项目应当根据"财政拨款结转"科目下"归集调入"明细科目及其所属明细科目的本年发生额填列。

4. 本年归集上缴或调出

"本年归集上缴或调出"栏中的各项目，反映单位本年按规定实际上缴的财政拨款结转结余资金，以及按照规定向其他单位调出的财政拨款结转资金金额。各项目应当根据"财政拨款结转""财政拨款结余"科目下的"归集上缴"科目和"财政拨款结转"科目下的"归集调出"明细科目，以及其所属明细科目的本年发生额填列，以"–"号填列。

5. 单位内部调剂

"单位内部调剂"栏中的各项目，反映单位本年财政拨款结转结余资金在单位内部不同项目之间的调剂金额。各项目应当根据"财政拨款结转"和"财政拨款结余"科目下的"单位内部调剂"明细科目及其所属明细科目的本年发生额填列；对单位内部调剂减少的财政拨款结余金额，则以"–"号填列。

6. 本年财政拨款收入

"本年财政拨款收入"栏中的各项目，反映单位本年从同级财政部门取得的各类财政预算拨款金额。各项目应当根据"财政拨款预算收入"科目及其所属明细科目的本年发生额填列。

7. 本年财政拨款支出

"本年财政拨款支出"栏中的各项目，反映单位本年发生的财政拨款支出金额。各项目应当根据"行政支出""事业支出"等科目及其所属明细科目本年发生额中的财政拨款支出数的合计数填列。

8. 年末财政拨款结转结余

"年末财政拨款结转结余"栏中的各项目，反映单位年末财政拨款结转结余的金额。各项目应当根据"财政拨款结转""财政拨款结余"科目及其所属明细科目的年末余额填列。

知识总结

（1）预算收入支出表是反映单位在某一会计年度内各项预算收入、预算支出和预算收支差额的情况的报表。

（2）预算结转结余变动表是反映单位在某一会计年度内预算结转结余的变动情况的报表。

（3）财政拨款预算收入支出表是反映单位本年财政拨款预算资金收入、支出及相关变动的具体情况的报表。

练习与实训

一、名词解释

预算收入支出表　预算结转结余变动表　财政拨款预算收入支出表

二、简答题

1. 行政事业单位的预算会计报表包括哪几种报表？
2. 简述预算收入支出表的内容及结构。
3. 预算结转结余变动表各项目之间具有哪些关系？
4. 财政拨款预算收入支出表的内容及作用是什么？

综合练习三

一、单项选择题

1. 下列预算收入中，（　　）是指单位从同级政府财政部门取得的各类财政拨款。

    A. 财政拨款预算入　　　　　　　　　　B. 非同级财政拨款预算收入

    C. 附属单位上缴预算收入　　　　　　　D. 其他预算收入

2. 收到附属单位缴来款项时，按照实际收到的金额，借记"资金结存——货币资金"科目，贷记（　　）科目。

    A. 财政拨款预算入　　　　　　　　　　B. 上级补助预算收入

    C. 附属单位上缴预算收入　　　　　　　D. 事业预算收入

3. 行政单位为保障机构正常运转和完成日常工作任务发生的支出属于（　　）。

    A. 经营支出　　　B. 专款支出　　　C. 项目支出　　　D. 基本支出

4. 行政单位通过零余额账户购置一批办公用品，直接交付有关部门使用。在预算会计核算中，借记"行政支出"科目，贷记（　　）科目。

    A. 资金结存——零余额账户用款额度　　B. 银行存款

    C. 零余额账户用款额度　　　　　　　　D. 库存现金

5. 事业单位开展专业业务活动及其辅助活动实际发生的各项现金流出是（　　）。

    A. 经营支出　　　　　　　　　　　　　B. 事业支出

    C. 对附属单位补助支出　　　　　　　　D. 上缴上级支出

6. （　　）是指单位当年预算工作目标已完成，或因故终止，剩余的财政拨款滚存资金。

    A. 财政拨款结余　　B. 财政拨款结转　　C. 非财政拨款结转　　D. 其他结余

7. 年末，事业单位将"事业支出"科目本年发生额中的财政拨款支出转入（　　）。

    A. 财政拨款结余　　B. 财政拨款结转　　C. 非财政拨款结余　　D. 非财政拨款结转

8. 行政事业单位接受捐赠现金资产，计入（   ）。

    A. 经营预算收入   B. 财政拨款预算收入 C. 投资预算收益   D. 其他预算收入

9. 事业单位本年度经营活动收支相抵后余额弥补以前年度经营亏损后的余额是（   ）。

    A. 财政拨款结余   B. 非财政拨款结余   C. 经营结余   D. 专用结余

10. （   ）是反映单位在某一会计年度内各项预算收入、预算支出和预算收支差额的情况的报表。

    A. 预算收入支出表   B. 预算结转结余变动表

    C. 财政拨款预算收入支出表   D. 收入费用表

二、多项选择题

1. 下列关于行政事业单位对财政拨款预算收入的管理要求，说法正确的有（   ）。

    A. 按照单位预算和用款计划取得财政拨款预算收入

    B. 按任务进度和资金结余情况取得财政拨款预算收入

    C. 按支出用途取得财政拨款预算收入

    D. 按预算级次取得财政拨款预算收入

2. 下列各项收入，属于事业单位专有预算收入的是（   ）。

    A. 财政拨款预算入   B. 非同级财政拨款预算收入

    C. 事业预算收入   D. 经营预算收入

3. 行政单位的行政支出按照资金的不同用途分为（   ）。

    A. 基本支出   B. 项目支出   C. 财政拨款支出   D. 其他资金支出

4. 下列属于事业单位基本支出的有（   ）。

    A. 办公费   B. 差旅费

    C. 公务接待费   D. 房屋建筑物购建支出

5. "资金结存"科目应设置的明细科目包括（   ）。

    A. 零余额账户用款额度   B. 货币资金

    C. 财政应返还额度   D. 库存现金

6. 行政单位的行政支出按照资金来源，分为（   ）。

    A. 财政拨款支出   B. 非财政专项资金支出

    C. 其他资金支出   D. 基本支出

7. 下列各项支出属于行政单位项目支出的是（   ）。

    A. 房屋建筑物购建支出   B. 基础设施建设支出

    C. 大型修缮支出   D. 专项会议支出

8. 下列属于事业单位各项支出的是（   ）。

    A. 事业支出   B. 经营支出

    C. 上缴上级支出   D. 对附属单位补助支出

9. 下列属于行政事业单位结转结余的是（   ）。

    A. 本期盈余   B. 财政拨款结转   C. 财政拨款结余   D. 非财政拨款结转

10. 下列属于预算会计报表的有（   ）。

    A. 预算收入支出表   B. 预算结转结余变动表

    C. 财政拨款预算收入支出表   D. 收入费用表

三、判断题

1. 行政单位在办理各项支出时，不得超预算安排支出，不得将批准的预算项目自行变更或废

止，将资金挪作他用。（　　　）

2. 项目支出是指事业单位为完成专项工作或特定任务而发生的支出，是事业支出的重要组成部分。（　　　）

3. "财政拨款预算收入" 科目是行政单位独有的预算收入科目。（　　　）

4. 经营预算收入是指事业单位开展专业业务活动及其辅助活动取得的现金流入。（　　　）

5. 现金盘盈收入计入 "其他预算收入" 科目。（　　　）

6. 行政单位应当将各项行政支出全部纳入单位预算。（　　　）

7. 经营支出是指核算事业单位在专业业务活动及其辅助活动之外开展独立核算经营活动实际发生的各项现金流出。（　　　）

8. 财政拨款结转是指单位当年预算已执行但尚未完成，或因故未执行，下一年度需要按照原用途继续使用的财政拨款滚存资金。（　　　）

9. 专用结余是指事业单位按照规定从非财政拨款结余中提取的具有专门用途的资金的变动和滚存情况。（　　　）

10. 预算收入支出表是反映单位本年财政拨款预算资金收入、支出及相关变动的具体情况的报表。（　　　）

四、业务核算题

某事业单位发生如下会计事项，编制会计分录。

1. 经财政部门批准，本月财政授权支付额度为 241 000 元。

2. 完成专业业务活动，取得收入 280 000 元。

3. 开展专业业务活动，支付办公费用 40 000 元，款项已转账支付。

4. 根据本年收入情况，按规定比例上缴上级单位 50 000 元。

5. 支付从事经营活动人员工资 90 000 元。

6. 购买一台不需要安装的实验仪器，价款 38 000 元，以银行存款支付，仪器验收合格，已投入使用。

7. 收到财政部门拨入一笔日常事业活动预算经费 78 000 元。

8. 开展一项非独立核算的经营活动取得经营收入 80 000 元。

9. 年终，"经营预算收入" 科目本期发生额 65 000 元，将其转入 "经营结余" 科目。

10. 收到附属独立核算的乙单位缴来的利润 20 000 元。

模块四
财政总预算会计

学习目标

- 了解财政总预算会计的概念、特点与工作任务。
- 了解财政收入的概念；掌握各项预算收入的收纳、划分、报解及其账务处理。
- 掌握各项预算支出的基本核算业务。
- 了解财政净资产的内容；理解财政结转结余形成的原因。
- 理解预算周转金的概念及意义。
- 了解财政资产的概念及内容；掌握各类财政资产的核算。
- 了解财政负债的含义；掌握各项财政负债核算的基本业务及账务处理。
- 掌握编制财政总预算会计报表的基本步骤和方法。

教学重点

- 财政总预算会计各项要素及其主要会计事项的核算方法。
- 财政总预算会计科目及其组成体系。

第十四章 | 财政总预算会计基本理论

第一节　财政总预算会计概述

一、财政总预算会计的概念

财政总预算会计是各级政府财政核算、反映、监督政府一般公共预算资金、政府性基金预算资金、国有资本经营预算资金、社会保险基金预算资金[①]以及财政专户管理资金、专用基金和代管资金等资金活动的专业会计。财政总预算会计既是总预算管理的重要组成部分，又是总预算管理的基础工作。总预算会计由中央和地方各级政府的财政机关具体实施。

财政总预算会计的会计主体是各级政府。我国政权划分为中央、省（自治区、直辖市）、市、县、乡5级，总预算会计也相应划分为5级，也就是一级政府要建立起一级总预算，每一级政府的总预算都在财政部门设立财政总预算会计。具体来讲，中央财政总预算会计核算和监督中央预算的执行情

---

① 社会保险基金预算资金会计核算不适用《财政总预算会计制度》，由财政部另行规定。

况，由财政部办理。地方财政总预算会计核算和监督地方预算的执行情况，由各地财政部门办理。需要说明的是，财政部门本身的行政经费开支，属于行政单位会计管理的范围，财政总预算会计不能兼办自身的行政单位会计核算业务。

二、财政总预算会计的工作任务

财政总预算会计的核算目标是向会计信息使用者提供政府财政预算执行情况、财务状况等会计信息，反映政府财政受托责任履行情况。其工作任务主要包括以下几个方面。

（1）进行会计核算。办理政府财政各项收支、资产负债的会计核算工作，反映政府财政预算执行情况和财务状况。

（2）严格财政资金收付调度管理。组织办理财政资金的收付、调拨，在确保资金安全性、规范性、流动性的前提下，合理调度管理资金，提高资金使用效益。

（3）规范账户管理。加强对国库单一账户、财政专户、零余额账户和预算单位银行账户等的管理。

（4）实行会计监督，参与预算管理。通过会计核算和反映，分析预算执行情况，并对总预算、部门预算和单位预算执行实行会计监督。

（5）协调预算收入征收部门、国家金库、国库集中收付代理银行、财政专户开户银行和其他有关部门之间的业务关系。

（6）组织本地区财政总决算、部门决算的编审和汇总工作。

（7）组织和指导下级政府总会计工作。

三、总预算会计核算的会计信息质量要求

总预算会计核算的会计信息质量要求是进行预算会计核算工作的规范，是预算会计核算工作中从事会计账务处理，编制会计报表时所依据的一般规则和准绳，具体包括以下几个方面。

（1）真实性。总预算会计应当以实际发生的经济业务或者事项为依据进行会计核算，如实反映各项会计要素的情况和结果，保证会计信息真实可靠，全面反映政府财政的预算执行情况和财务状况等。

（2）相关性。总预算会计提供的会计信息应当与政府财政受托责任履行情况的反映、会计信息使用者的监督、决策和管理需要相关，有助于会计信息使用者对政府财政过去、现在或者未来的情况作出评价或者预测。

（3）及时性。总预算会计对于已经发生的经济业务或者事项，应当及时进行会计核算。

（4）可比性。总预算会计提供的会计信息应当具有可比性。

同一政府财政不同时期发生的相同或者相似的经济业务或者事项，应当采用一致的会计政策，不得随意变更。确需变更的，应当将变更的内容、理由和对政府财政预算执行情况、财务状况的影响在附注中予以说明。

不同政府财政发生的相同或者相似的经济业务或者事项，应当采用统一的会计政策，确保不同政府财政的会计信息口径一致、相互可比。

（5）清晰性。总预算会计提供的会计信息应当清晰明了，便于会计信息使用者理解和使用。

第二节　财政总预算会计工作组织

一、财政总预算会计科目表

财政总预算会计科目是对财政总预算会计要素进一步分类的一种方法。它是财政总预算会计

设置账户、核算和归集经济业务的依据，也是汇总和检查财政总预算资金活动情况及其结果的依据。

财政总预算会计科目总的来说是根据统一性、适应性和简明性的要求设置的。其中，一级科目必须统一，明细科目允许有一定的灵活性。会计科目与预算收支科目相适应，便于分析和比较。会计科目的名称和内容力求准确简明，便于使用。按照财政总预算会计要素的类别，财政总预算会计科目可分为资产、负债、净资产、收入和支出5类。各级财政总预算会计统一适用的会计科目表，如表14-1所示。

表 14-1　　　　　　　　　　　　财政总预算会计科目表

序号	科目编号	会计科目名称	序号	科目编号	会计科目名称
一、资产类			29	3003	国有资本经营预算结转结余
1	1001	国库存款	30	3005	财政专户管理资金结余
2	1003	国库现金管理存款	31	3007	专用基金结余
3	1004	其他财政存款	32	3031	预算稳定调节基金
4	1005	财政零余额账户存款	33	3033	预算周转金
5	1006	有价证券	34	3081	资产基金
6	1007	在途款		308101	应收地方政府债券转贷款
7	1011	预拨经费		308102	应收主权外债转贷款
8	1021	借出款项		308103	股权投资
9	1022	应收股利		308104	应收股利
10	1031	与下级往来	35	3082	待偿债净资产
11	1036	其他应收款		308201	应付短期政府债券
12	1041	应收地方政府债券转贷款		308202	应付长期政府债券
13	1045	应收主权外债转贷款		308203	借入款项
14	1071	股权投资		308204	应付地方政府债券转贷款
15	1081	待发国债		308205	应付主权外债转贷款
二、负债类				308206	其他负债
16	2001	应付短期政府债券	四、收入类		
17	2011	应付国库集中支付结余	36	4001	一般公共预算本级收入
18	2012	与上级往来	37	4002	政府性基金预算本级收入
19	2015	其他应付款	38	4003	国有资本经营预算本级收入
20	2017	应付代管资金	39	4005	财政专户管理资金收入
21	2021	应付长期政府债券	40	4007	专用基金收入
22	2022	借入款项	41	4011	补助收入
23	2026	应付地方政府债券转贷款	42	4012	上解收入
24	2027	应付主权外债转贷款	43	4013	地区间援助收入
25	2045	其他负债	44	4021	调入资金
26	2091	已结报支出	45	4031	动用预算稳定调节基金
三、净资产类			46	4041	债务收入
27	3001	一般公共预算结转结余	47	4042	债务转贷收入
28	3002	政府性基金预算结转结余	五、支出类		

续表

序号	科目编号	会计科目名称	序号	科目编号	会计科目名称
48	5001	一般公共预算本级支出	54	5012	上解支出
49	5002	政府性基金预算本级支出	55	5013	地区间援助支出
50	5003	国有资本经营预算本级支出	56	5021	调出资金
51	5005	财政专户管理资金支出	57	5031	安排预算稳定调节基金
52	5007	专用基金支出	58	5041	债务还本支出
53	5011	补助支出	59	5042	债务转贷支出

二、总预算会计的会计凭证

1. 原始凭证

各级总预算会计的原始凭证主要包括以下几个方面。

（1）国库报来的各种收入日报表及附件，如各种"缴款书""收入退还书""更正通知书"等。

（2）各种拨款和转账收款凭证，如预算拨款凭证、各种银行汇款凭证等。

（3）主管部门报来的各专项拨款支出报表和基本建设支出月报。

（4）其他足以证明会计事项发生经过的凭证和文件。

2. 记账凭证

财政总预算会计的会计凭证不分收、付、转3种专用格式，一律采用通用记账凭证。

三、总预算会计账簿

为了核算各级政府财政资金，总预算会计根据需要设置总分类账和明细分类账。总账格式采用三栏式账簿，并按会计科目名称设置账户。总预算会计需设置的主要明细账有3类：一是收入明细账，包括一般公共预算本级收入明细账、政府性基金预算本级收入明细账、上解收入明细账等；二是支出明细账，包括一般公共预算本级支出明细账、政府性基金预算本级支出明细账、补助支出明细账等；三是往来明细账，包括其他应收款明细账、与下级往来明细账等。

知识总结

（1）财政总预算会计是各级政府财政核算、反映、监督政府一般公共预算资金、政府性基金预算资金、国有资本经营预算资金、社会保险基金预算资金以及财政专户管理资金、专用基金和代管资金等资金活动的专业会计。

（2）财政总预算会计科目是对财政总预算会计要素进一步分类的一种方法。它是财政总预算会计设置账户、核算和归集经济业务的依据，也是汇总和检查财政总预算资金活动情况及其结果的依据。

（3）财政总预算会计凭证分为原始凭证和记账凭证。

（4）财政总预算会计根据需要设置总分类账和明细分类账。

练习与实训

一、名词解释

财政总预算会计　会计科目

二、简答题

1. 什么是财政总预算会计？
2. 财政总预算会计的工作任务是什么？
3. 财政总预算会计核算的会计信息质量要求有哪些？
4. 财政总预算会计科目分为哪 5 类？使用时应当遵循哪些要求？

第十五章 财政资产的核算

第一节 财政存款

一、财政存款的概念

财政存款是财政部门代表政府所掌管的财政资金。财政部门对其拥有支配权。总预算会计根据年度预算具体支配库款并负责管理、调度和统一收付。

按照财政资金的存放地点，财政存款分为国库存款、国库现金管理存款和其他财政存款。国库存款是各级总预算会计在国库的一般预算资金和基金预算资金的存款。国库现金管理存款是政府财政实行国库现金管理业务存放在商业银行的款项。其他财政存款是指未设国库的乡（镇）财政在专业银行的预算资金存款以及部分由财政部门指定存入专业银行的专用基金存款等。财政部门的预算资金除财政部有明确规定者外，一律由总预算会计统一在国库或指定的银行开立存款账户，不得在国家规定之外，将预算资金或其他财政性资金任意转存其他金融机构。总会计的各种会计凭证，都只能用于转账结算，不得用以提取现金。

二、国库单一账户制度

1. 国库单一账户制度的概念

所谓国库单一账户制度，是指将政府所有财政性资金集中在国库或国库指定的代理银行开户，所有财政收入直接缴入这一账户，所有财政支出直接通过这一账户拨付的财政资金管理制度。

在建立国库单一账户之前，财政资金的使用程序是，预算单位向财政部门提出用款申请，财政部门审核后，按规定将款项拨付至预算单位在银行开设的账户。预算单位如何使用财政资金，财政部门难以实施有效的监督和控制。建立国库单一账户，财政资金集中存储在国库开设的单一账户中，预算单位需要支用财政资金时，向财政部门提出支付申请，由财政部门审核，向国库开出支付凭证，从国库单一账户中支付款项。在这个过程中，财政部门能够随时掌握各预算单位每一笔资金的使用情况。

2. 国库单一账户体系

国库单一账户体系由财政部门开设的银行账户、财政部门为预算单位开设的银行账户以及特设银行账户组成。

财政部门开设的银行账户主要有以下几种。

（1）在中国人民银行开设的国库单一账户。该账户为国库存款账户，用于记录、核算和反映纳入预算管理的财政收入和支出活动。

（2）在商业银行开设财政零余额账户，该账户为过渡性质账户，用于财政直接支付以及与国库单一账户进行清算。

（3）在商业银行开设的财政专户，用于记录、核算和反映未纳入预算并实行财政专户管理的资金收入和支出活动。

财政部门为预算单位开设的银行账户主要有以下几种。

（1）在商业银行为预算单位开设的零余额账户，该账户为过渡性质账户，是预算单位的一个授权支付用款额度，用于财政授权支付以及与国库单一账户进行清算。

（2）经批准开设的特殊过渡性专户，该账户用于核算和反映预算单位的特殊专项支出活动，并用于与国库单一账户进行清算。

三、财政存款的核算

为了核算财政存款业务，财政总预算会计应设置"国库存款""国库现金管理存款"和"其他财政存款"3个总账科目。

"国库存款"科目，核算政府财政存放在国库单一账户的款项。本科目可按一般预算存款、基金预算存款和国有资本经营预算存款进行明细核算。财政总预算会计收到预算收入时，根据国库报来的预算收入日报表入账。办理库款支付时，根据支付凭证回单入账。

"国库现金管理存款"科目，核算政府财政实行国库现金管理业务存放在商业银行的款项。期末借方余额反映政府财政实行国库现金管理业务持有的存款。

"其他财政存款"科目，核算政府财政未列入"国库存款""国库现金管理存款"科目反映的各项存款。期末借方余额反映政府财政持有的其他财政存款。"其他财政存款"科目应根据经办银行报来的收入日报表或银行收款通知入账，按资金性质和存款银行等进行明细核算。

【例15-1】某市财政发生如下业务。

（1）收到国库报来预算收入日报表，列明本日一般公共预算本级收入330 000元，政府性基金预算本级收入150 000元。

借：国库存款——一般预算存款		330 000
——基金预算存款		150 000
贷：一般公共预算本级收入		330 000
政府性基金预算本级收入		150 000

（2）为平衡预算向省财政厅借款360 000元，款项已存入国库。

借：国库存款——一般预算存款		360 000
贷：与上级往来		360 000

（3）根据国库报来的分成收入计算日报表，所属某县上解的一般预算收入为30 000元。

借：国库存款——一般预算存款		30 000
贷：上解收入		30 000

（4）根据批准拨款数，开出拨款凭证拨付水利局农田水利经费2 600 000元。

借：一般公共预算本级支出		2 600 000
贷：国库存款——一般预算存款		2 600 000

【例15-2】某乡财政发生如下业务。

（1）未设国库的乡收到上级财政拨来的专用基金45 000元，款项存入某商业银行的其他财政存款科目。

借：一般公共预算本级支出		45 000
贷：专用基金收入		45 000

（2）该乡支付给农技站的经费合计19 000元。

借：一般公共预算本级支出   19 000

  贷：其他财政存款   19 000

第二节　债权和股权类资产

一、有价证券

有价证券是指政府财政按照有关规定取得并持有的政府债券。财政总预算会计只能用各项财政结余购买国家指定的政府债券。有价证券视同货币资产进行管理。

为核算有价证券，财政总预算会计应设置"有价证券"科目。其借方登记有价证券的增加数，贷方登记有价证券的减少数；期末借方余额反映有价证券的实际库存数。本科目应按有价证券种类设置明细账。购入有价证券，按照实际支付的金额，借记"有价证券"科目，贷记"国库存款""其他财政存款"科目；转让或到期兑付有价证券时，按照实际收到的金额，借记"国库存款""其他财政存款"等科目，按照该有价证券的账面余额，贷记"有价证券"科目，按其差额，贷记"一般公共预算本级收入"等科目。

【例15-3】某市财政发生如下业务。

（1）用一般预算结余购买国库券230 000元。

借：有价证券——国库券   230 000

  贷：国库存款——一般预算存款   230 000

（2）以前年度用一般预算结余购买国库券到期兑付本金120 000元，利息收入17 000元。

借：国库存款——一般预算存款   120 000

  贷：有价证券——国库券   120 000

借：国库存款——一般预算存款   17 000

  贷：一般公共预算本级收入——其他收入 17 000

（3）用基金预算结余购买特种国债98 000元。

借：有价证券——特种国债   98 000

  贷：国库存款——基金预算存款   98 000

（4）用基金预算结余购买的特种国债到期兑付本金56 000元，利息收入7 000元。

借：国库存款——基金预算存款   56 000

  贷：有价证券——特种国债   56 000

借：国库存款——基金预算存款   7 000

  贷：政府性基金预算本级收入——其他收入 7 000

二、应收转贷款

应收转贷款是指政府财政将借入的资金转贷给下级政府财政的款项，包括应收地方政府债券转贷款、应收主权外债转贷款等。

1. 应收地方政府债券转贷款

为核算本级政府财政转贷给下级政府财政的地方政府债券资金的本金及利息，总会计应设置"应收地方政府债券转贷款"科目。本科目下应当设置"应收地方政府一般债券转贷款"和"应收地方政府专项债券转贷款"明细科目，其下分别设置"应收本金"和"应收利息"两个明细科目，并按照转贷对象进行明细核算。

向下级政府财政转贷地方政府债券资金时，按照转贷的金额，借记"债务转贷支出"科目，贷记"国库存款"科目；根据债务管理部门转来的相关资料，按照到期应收回的转贷本金金额，借记"应收地方政府债券转贷款"科目，贷记"资产基金——应收地方政府债券转贷款"科目。期末确认地方政府债券转贷款的应收利息时，根据债务管理部门计算出的转贷款本期应收未收利息金额，借记"应收地方政府债券转贷款"科目，贷记"资产基金——应收地方政府债券转贷款"科目。收回下级政府财政偿还的转贷款本息时，按照收回的金额，借记"国库存款"等科目，贷记"其他应付款"或"其他应收款"科目；根据债务管理部门转来的相关资料，按照收回的转贷款本金及已确认的应收利息金额，借记"资产基金——应收地方政府债券转贷款"科目，贷记"应收地方政府债券转贷款"科目。

【例 15-4】省财政厅转贷某市地方政府债券 80 000 000 元，专项用于该市安居工程建设，归还期 3 年，利率 1.7%，年末计提利息，本息到期一次归还。

① 转贷资金时。

借：债务转贷支出 80 000 000
 贷：国库存款 80 000 000
借：应收地方政府债券转贷款——应收地方政府专项债券转贷款（应收本金）

                  80 000 000
 贷：资产基金——应收地方政府债券转贷款 80 000 000

② 年末计提利息。

借：应收地方政府债券转贷款——应收地方政府专项债券转贷款（应收利息）

                  1 360 000
 贷：资产基金——应收地方政府债券转贷款 1 360 000

③ 到期时。

借：国库存款 84 080 000
 贷：其他应收款 84 080 000
借：资产基金——应收地方政府债券转贷款 84 080 000
 贷：应收地方政府债券转贷款——应收地方政府专项债券转贷款（应收本金）

                  80 000 000
      ——应收地方政府专项债券转贷款（应收利息）

                 4 080 000

2. 应收主权外债转贷款

为核算本级政府财政转贷给下级政府财政的外国政府和国际金融组织贷款等主权外债资金的本金及利息，总会计应设置"应收主权外债转贷款"科目。本科目下应当设置"应收本金"和"应收利息"两个明细科目，并按照转贷对象进行明细核算。

本级政府财政支付转贷资金时，根据转贷资金支付相关资料，借记"债务转贷支出"科目，贷记"其他财政存款"科目；根据债务管理部门转来的相关资料，按照实际持有的债权金额，借记"应收主权外债转贷款"科目，贷记"资产基金——应收主权外债转贷款"科目。期末确认主权外债转贷款的应收利息时，根据债务管理部门计算出转贷款的本期应收未收利息金额，借记"应收主权外债转贷款"科目，贷记"资产基金——应收主权外债转贷款"科目。收回转贷给下级政府财政主权外债的本息时，按照收回的金额，借记"其他财政存款"科目，贷记"其他应付款"或"其他应收款"科目；根据债务管理部门转来的相关资料，按照实际收回的转贷款本金及已确认的应收利息金额，借记"资产基金——应收主权外债转贷款"科目，贷记"应收主权外债转贷款"科目。

三、股权投资

股权投资是指政府持有的各类股权投资资产，包括国际金融组织股权投资、投资基金股权投资、国有企业股权投资等。

为核算政府持有的各类股权投资，总会计应设置"股权投资"科目。本科目应当按照"国际金融组织股权投资""投资基金股权投资""企业股权投资"设置一级明细科目，在一级明细科目下，可根据管理需要，按照被投资主体进行明细核算。对每一被投资主体还可按"投资成本""收益转增投资""损益调整""其他权益变动"进行明细核算。股权投资一般采用权益法进行核算。

1. 国际金融组织股权投资

政府财政代表政府认缴国际金融组织股本时，按照实际支付的金额，借记"一般公共预算本级支出"等科目，贷记"国库存款"科目；根据股权投资确认相关资料，按照确定的股权投资成本，借记"股权投资"科目，贷记"资产基金——股权投资"科目。从国际金融组织撤出股本时，按照收回的金额，借记"国库存款"科目，贷记"一般公共预算本级支出"科目；根据股权投资清算相关资料，按照实际撤出的股本，借记"资产基金——股权投资"科目，贷记"股权投资"科目。

2. 投资基金股权投资

政府财政对投资基金进行股权投资时，按照实际支付的金额，借记"一般公共预算本级支出"等科目，贷记"国库存款"等科目；根据股权投资确认相关资料，按照实际支付的金额，借记"股权投资"（投资成本）科目，按照确定的在被投资基金中占有的权益金额与实际支付金额的差额，借记或贷记"股权投资"（其他权益变动）科目，按照确定的在被投资基金中占有的权益金额，贷记"资产基金——股权投资"科目。投资基金存续期满、清算或政府财政从投资基金退出需收回出资时，政府财政按照实际收回的资金，借记"国库存款"等科目，按照收回的原实际出资部分，贷记"一般公共预算本级支出"等科目，按照超出原实际出资的部分，贷记"一般公共预算本级收入"等科目；根据股权投资清算相关资料，按照因收回股权投资而减少在被投资基金中占有的权益金额，借记"资产基金——股权投资"科目，贷记"股权投资"科目。

【例 15-5】某省财政厅代表政府出资参股设立中小企业发展基金，总规模 50 000 000 元，政府取得 20%的股权，支付价款 10 000 000 元。

借：一般公共预算本级支出　　　　　　　　　　　　　　　10 000 000
　　贷：国库存款　　　　　　　　　　　　　　　　　　　　　　10 000 000
借：股权投资——投资成本　　　　　　　　　　　　　　　　10 000 000
　　贷：资产基金——股权投资　　　　　　　　　　　　　　　　10 000 000

3. 企业股权投资

企业股权投资的账务处理，根据管理条件和管理需要，参照投资基金股权投资的账务处理。

四、应收股利

应收股利是指政府因持有股权投资应当收取的现金股利或利润。总会计需设置"应收股利"科目，本科目应当按照被投资主体进行明细核算。

微课：上市公司
国有股权监督
管理办法

205

持有股权投资期间，被投资主体宣告发放现金股利或利润的，按应上缴政府财政的部分，借记"应收股利"科目，贷记"资产基金——应收股利"科目；按照相同的金额，借记"资产基金——股权投资"科目，贷记"股权投资（损益调整）"科目。实际收到现金股利或利润，借记"国库存款"等科目，贷记有关收入科目；按照相同的金额，借记"资产基金——应收股利"科目，贷记"应收股利"科目。

【例 15-6】接【例 15-5】，该投资基金运营良好，2019 年 4 月 30 日宣告分派 2018 年度现金股利 60 万元，政府按持股比例取得股利，全额上缴财政。

借：应收股利 120 000
　　贷：资产基金——应收股利 120 000
借：资产基金——股权投资 120 000
　　贷：股权投资——损益调整 120 000
收到现金股利时。
借：国库存款 120 000
　　贷：一般公共预算本级收入 120 000
借：资产基金——应收股利 120 000
　　贷：应收股利 120 000

第三节　在途款

一、在途款的概念

在途款是指在规定的库款报解整理期和决算清理期内，收到的应属于上年度收入的款项和收回的不应在上年度列支的款项。根据规定，年度终了后，支库应设置 10 天的库款报解整理期。在设置决算清理期的年度，库款报解整理期相应顺延。在库款报解整理期和决算清理期内，有些属于上年度的收入需要补充缴库，有些不合规定的支出需要收回。这些资金活动虽发生在新年度，但其会计事项应属于上一年度，所以应对这些会计事项进行过渡处理。

二、在途款的核算

为了核算在途款，财政总预算会计应设置"在途款"科目，在库款报解整理期内和决算清理期内收到属于上年度收入的款项时，上年度账上记入该科目借方，新年度账上记入该科目贷方；收回不应在上年度列支的款项时，上年度账上记入该科目贷方，新年度账上记入该科目借方。在记入新年度账上后，该科目无余额。

财政总预算会计决算清理期内收到属于上年度收入时，借记"在途款"科目，贷记有关收入科目；收回已拨用款单位的拨款或已列支出时，借记"在途款"科目，贷记"预拨经费"或有关支出科目；冲转在途款时，借记"国库存款"科目，贷记"在途款"科目。

【例 15-7】某市财政发生如下业务。

（1）在库款报解整理期内，收到国库报来预算收入日报表列示所属上年度的一般公共预算本级收入 87 000 元。

在上年度账上记为
借：在途款 87 000
　　贷：一般公共预算本级收入 87 000

在本年度新账上记为

借：国库存款	87 000	
贷：在途款		87 000

（2）在决算清理期内收到国库报来的收回上年度单位预拨款 95 000 元。

在上年度账上记为

借：在途款	95 000	
贷：预拨经费		95 000

在本年度新账上记为

借：国库存款	95 000	
贷：在途款		95 000

第四节　暂付及应收款项

暂付及应收款项是指政府财政业务活动中形成的债权，包括与下级往来和其他应收款等。暂付及应收款项应当及时清理结算，不得长期挂账。

一、与下级往来

财政上下级之间，由于财政资金周转调度的需要，往往会发生下级财政向上级财政借款周转的业务。在年终财政体制结算中，也会发生下级财政向上级财政上解资金或上级财政向下级财政补助资金的业务。这类业务属于上下级财政间的待结算业务。对于上级财政来说，这类业务即属于与下级往来业务。

为了核算上下级财政之间的往来款项，应设置"与下级往来"科目。该科目用来核算与下级财政的往来结算款项，借方登记借出数，贷方登记收回数或转作补助支出数。本科目借方余额反映下级财政应归还本级财政的款项；本科目贷方余额，反映本级财政欠下级财政的款项。本科目应及时清理结算，对转作补助支出的部分，应在当年结清，其他年终未能结清的余额结转下年。

【例15-8】某市财政发生如下业务。

（1）某市财政局同意某县财政局申请，借给临时周转金 700 000 元。

借：与下级往来	700 000	
贷：国库存款		700 000

（2）将借给所属县的往来款项 180 000 元转作对该县的补助。

借：补助支出	180 000	
贷：与下级往来		180 000

（3）收回某县向市财政局借款 75 000 元。

借：国库存款	75 000	
贷：与下级往来		75 000

二、其他应收款

其他应收款是指政府财政临时发生的其他应收、暂付、垫付款项。总会计应设置"其他应收款"科目，按照资金性质、债务单位等进行明细核算。项目单位拖欠外国政府和国际金融组织贷款本息和相关费用导致相关政府财政履行担保责任，代偿的贷款本息费，也通过本科目核算。

发生其他应收款项时，借记"其他应收款"科目，贷记"国库存款""其他财政存款"等科目。

收回或转作预算支出时，借记"国库存款""其他财政存款"或有关支出科目，贷记"其他应收款"科目。本科目应及时清理结算。年终，原则上应无余额。

【例 15-9】某市财政发生如下业务。

（1）市教育局因修理危险校舍，向市财政紧急借款 160 000 元。

借：其他应收款——市教育局	160 000
贷：国库存款	160 000

（2）经研究，上述修理校舍款项已落实预算转作一般预算支出。

借：一般公共预算本级支出	160 000
贷：其他应收款——市教育局	160 000

第五节　预拨及借出款项

一、预拨经费

预拨经费是指财政部门用预算资金预拨给行政事业单位的尚未列入预算支出的经费。主要包括年度预算执行中预拨给用款单位应在以后各期列支的经费和年度终了前预拨给用款单位下年度的经费款。预拨经费应控制在计划规定的额度之内，不得任意预拨；预拨经费应按照用款单位经费领报关系预拨，凡有上级主管部门的单位，不能直接与各级财政部门发生经费领报关系；预拨经费应在规定的列支期限内及时列作支出，不能长期挂账。

为了核算预拨经费，财政总预算会计应设置"预拨经费"科目，本科目借方登记财政拨款数，贷方登记各单位缴回财政机关数，借方余额反映尚未转列支出或尚待收回的预拨经费数。预拨经费时，财政总预算会计借记"预拨经费"科目，贷记"国库存款"等科目；转列支出或收到用款单位缴回时，借记"一般公共预算本级支出""国库存款"等科目，贷记"预拨经费"科目。

【例 15-10】某县财政尚未实行国库集中支付制度改革。该县财政总预算会计发生下列经济业务。

（1）预拨给其所属某单位下一年度一般预算经费 630 000 元。

借：预拨经费——某单位	630 000
贷：国库存款——一般预算存款	630 000

（2）将预拨给上述某单位的经费 560 000 元转为预算支出，收回余款 70 000 元。

借：一般公共预算本级支出	560 000
国库存款	70 000
贷：预拨经费	630 000

二、借出款项

借出款项是指政府财政按照对外借款管理相关规定借给预算单位临时急需的，并需按期收回的款项。总会计需设置"借出款项"科目，借方余额反映政府财政借给预算单位尚未收回的款项。本科目应当按照借款单位等进行明细核算。

将款项借出时，按照实际支付的金额，借记"借出款项"科目，贷记"国库存款"等科目。收回借款时，按照实际收到的金额，借记"国库存款"等科目，贷记"借出款项"科目。

【例 15-11】市环保局因开展专项活动需要，向市财政紧急借款 50 万元，3 个月后归还。

借：借出款项——市环保局	500 000
贷：国库存款	500 000

知识总结

（1）财政存款是指财政部门代表政府所掌管的财政资金。按照财政资金的存放地点，财政存款分为国库存款、国库现金管理存款和其他财政存款。

（2）有价证券是指政府财政按照有关规定取得并持有的政府债券。应收转贷款是指政府财政将借入的资金转贷给下级政府财政的款项，包括应收地方政府债券转贷款、应收主权外债转贷款等。股权投资是指政府持有的各类股权投资资产，包括国际金融组织股权投资、投资基金股权投资、国有企业股权投资等。应收股利是指政府因持有股权投资应当收取的现金股利或利润。

（3）在途款是指在规定的库款报解整理期和决算清理期内，收到的应属于上年度收入的款项和收回的不应在上年度列支的款项或其他需要作为在途款过渡的资金数。

（4）暂付及应收款项是指政府财政业务活动中形成的债权，包括与下级往来和其他应收款等。

（5）预拨经费是指财政部门用预算资金预拨给行政事业单位的尚未列入预算支出的经费。借出款项是指政府财政按照对外借款管理相关规定借给预算单位临时急需的，并需按期收回的款项。

练习与实训

一、名词解释

财政存款　有价证券　应收地方政府债券转贷款　股权投资　与下级往来　预拨经费

二、简答题

1. 财政资产包括哪些内容？
2. 财政存款的管理原则是什么？
3. 财政存款核算应专设哪几个账户？它们分别核算什么内容？
4. 什么是国库单一账户制度？
5. 国库单一账户体系由哪些部分组成？
6. 如何核算与下级往来的业务？
7. 什么是在途款？应当如何核算？
8. 什么是预拨经费？其管理要求是什么？

三、业务核算题

习题一

1. 目的：练习财政资产的核算。
2. 资料：某市财政发生下列经济业务。

（1）在国库存款报解整理期内收到属于上一年度的一般预算收入 5 000 000 元。

（2）收到国库报来的通知，收到国库存款共计 250 000 元。其中，一般预算存款 150 000 元，基金预算存款 100 000 元。

（3）用一般预算结余资金购买中央财政发行的某类国债 700 000 元。

3. 要求：根据上述经济业务编制会计分录。

习题二

1. 目的：练习财政资产的核算。
2. 资料：某市财政发生下列经济业务。

（1）因所属某预算单位特殊情况急需资金，临时借给该单位一般预算款项 10 000 元。

（2）经研究，对借给某预算单位一般预算款项 10 000 元落实预算，转作一般预算支出。

（3）根据财政体制结算的规定，年终计算出下级某县财政应上解本市财政的一般预算款项计 200 000 元。

3. 要求：根据上述经济业务编制会计分录。

第十六章　财政负债的核算

第一节　应付及暂收款项

应付及暂收款项是指往来结算中形成的债务，如财政与其他部门结算中发生的其他应付款、与上级往来款项及收到其他性质不明的款项等。

一、与上级往来

与上级往来是指上下级财政之间由于财政资金的周转调度以及预算补助、上解结算等事项而形成的债务。为了核算与上级财政的往来结算款项，财政总预算会计应设置"与上级往来"科目。本科目贷方登记借入数或体制结算中应上交上级财政款项，借方登记归还数或转作上级补助收入数。本科目贷方余额，反映本级财政欠上级财政的款项，借方余额为上级财政欠本级财政的款项。本科目应及时清理结算，年终未能结清的余额，结转下年。

【例 16-1】某市财政发生如下业务。

（1）向省财政借款 1 500 000 元，款项存入一般预算存款户。

借：国库存款——一般预算存款　　　　　　　　　　　　　1 500 000
　　贷：与上级往来　　　　　　　　　　　　　　　　　　　　　　1 500 000

（2）将上述借款中的 750 000 元归还省财政，另外，经批准 750 000 元转作该市预算补助款。

借：与上级往来　　　　　　　　　　　　　　　　　　　　750 000
　　贷：国库存款——一般预算存款　　　　　　　　　　　　　　　750 000
借：与上级往来　　　　　　　　　　　　　　　　　　　　750 000
　　贷：补助收入　　　　　　　　　　　　　　　　　　　　　　　750 000

二、其他应付款

其他应付款是指各级财政部门在预算执行过程中与各预算单位之间发生的应付、暂收和收到不明性质的款项。为了核算这些款项，财政总预算会计应设置"其他应付款"科目。本科目贷方登记临时发生的应付、暂收和收到不明性质的款项的增加数，借方登记退还或转作收入的数额，期末贷方余额反映尚未结清的其他应付款数额。本科目应按资金性质、债权单位或款项来源设置明细账。

【例 16-2】某市财政总预算会计发生如下其他应付款业务。

（1）收到某单位性质不明的预算缴款 7 000 元，列作其他应付款。

借：国库存款　　　　　　　　　　　　　　　　　　　　　7 000
　　贷：其他应付款——某单位　　　　　　　　　　　　　　　　　7 000

（2）上述性质不明的款项中，有 5 000 元是罚没收入，转作一般公共预算本级收入。

借：其他应付款——某单位　　　　　　　　　　　　　　　5 000
　　贷：一般公共预算本级收入　　　　　　　　　　　　　　　　　5 000

（3）上述性质不明的款项中，另2 000元是错收的罚款，需退还被罚者。经核准后，办理退库。

借：其他应付款——某单位 2 000

贷：国库存款 2 000

第二节　应付政府债券

应付政府债券是指政府财政采用发行政府债券方式筹集资金而形成的负债，包括应付短期政府债券和应付长期政府债券。

微课：政府债券

一、应付短期政府债券

应付短期政府债券是指政府财政部门以政府名义发行的期限不超过1年（含1年）的国债和地方政府债券的应付本金和利息。总会计需设置"应付短期政府债券"科目，本科目下应当设置"应付国债""应付地方政府一般债券""应付地方政府专项债券"等一级明细科目，在一级明细科目下，再分别设置"应付本金""应付利息"明细科目，分别核算政府债券的应付本金和利息。债务管理部门应当设置相应的辅助账，详细记录每期政府债券金额、种类、期限、发行日、到期日、票面利率、偿还本金及付息情况等。

实际收到短期政府债券发行收入时，按照实际收到的金额，借记"国库存款"科目，按照短期政府债券实际发行额，贷记"债务收入"科目，按照发行收入和发行额的差额，借记或贷记有关支出科目；根据债券发行确认文件等相关债券管理资料，按照到期应付的短期政府债券本金金额，借记"待偿债净资产——应付短期政府债券"科目，贷记"应付短期政府债券"科目。实际偿还本金时，借记"债务还本支出"科目，贷记"国库存款"等科目；根据债券兑付确认文件等相关债券管理资料，借记"应付短期政府债券"科目，贷记"待偿债净资产——应付短期政府债券"科目。实际支付利息时，借记"一般公共预算本级支出"或"政府性基金预算本级支出"科目，贷记"国库存款"等科目。

【例16-3】中央财政发生如下业务。

（1）经全国人民代表大会批准，在国内发行一年期记账式国债，当日收到款项10 000 000元。

借：国库存款——一般预算存款 10 000 000

贷：债务收入 10 000 000

借：待偿债净资产——应付短期政府债券 10 000 000

贷：应付短期政府债券 10 000 000

（2）上述中央财政发行国内国库券10 000 000元到期。

借：债务还本支出 10 000 000

贷：国库存款——一般预算存款 10 000 000

（3）偿付利息400 000元。

借：一般公共预算本级支出 400 000

贷：国库存款——一般预算存款 400 000

二、应付长期政府债券

应付长期政府债券是指政府财政部门以政府名义发行的期限超过1年的国债和地方政府债券的应付本金和利息。总会计需设置"应付长期政府债券"科目，明细科目设置及账务处理参见应付短期政府债券。

第三节　应付转贷款

应付转贷款是指地方政府财政向上级政府财政借入转贷资金而形成的负债，包括应付地方政府债券转贷款和应付主权外债转贷款等。

一、应付地方政府债券转贷款

应付地方政府债券转贷款是指地方政府财政从上级政府财政借入的地方政府债券转贷款的本金和利息。总会计需设置"应付地方政府债券转贷款"科目，本科目下设置"应付地方政府一般债券转贷款"和"应付地方政府专项债券转贷款"一级明细科目，在一级明细科目下再分别设置"应付本金"和"应付利息"两个明细科目。

收到上级政府财政转贷的地方政府债券资金时，借记"国库存款"科目，贷记"债务转贷收入"科目；根据债务管理部门转来的相关资料，按照到期应偿还的转贷款本金金额，借记"待偿债净资产——应付地方政府债券转贷款"科目，贷记"应付地方政府债券转贷款"科目。偿还本级政府财政承担的地方政府债券转贷款本金时，借记"债务还本支出"科目，贷记"国库存款"等科目；根据债务管理部门转来的相关资料，按照实际偿还的本金金额，借记"应付地方政府债券转贷款"科目，贷记"待偿债净资产——应付地方政府债券转贷款"科目。偿还本级政府财政承担的利息时，借记"一般公共预算本级支出"或"政府性基金预算本级支出"科目，贷记"国库存款"等科目。

【例16-4】某省财政转贷市地方政府债券资金80 000 000元用于水利工程建设，资金已到账。

借：国库存款　　　　　　　　　　　　　　　　　　　　　80 000 000
　　贷：债务转贷收入　　　　　　　　　　　　　　　　　　　80 000 000
借：待偿债净资产——应付地方政府债券转贷款　　　　　　　80 000 000
　　贷：应付地方政府债券转贷款　　　　　　　　　　　　　　80 000 000

二、应付主权外债转贷款

应付主权外债转贷款是指本级政府财政从上级政府财政借入的主权外债转贷款的本金和利息。总会计需设置"应付主权外债转贷款"科目，本科目下设置"应付本金"和"应付利息"两个明细科目。

收到上级政府财政转贷的主权外债资金时，借记"其他财政存款"科目，贷记"债务转贷收入"科目；根据债务管理部门转来的相关资料，按照实际承担的债务金额，借记"待偿债净资产——应付主权外债转贷款"科目，贷记"应付主权外债转贷款"科目。偿还本级政府财政承担的借入主权外债转贷款的本金时，借记"债务还本支出"科目，贷记"其他财政存款"等科目；根据债务管理部门转来的相关资料，按照实际偿还的本金金额，借记"应付主权外债转贷款"科目，贷记"待偿债净资产——应付主权外债转贷款"科目。偿还利息时，借记"一般公共预算本级支出"等科目，贷记"其他财政存款"等科目。

第四节　借入款项及其他负债

一、借入款项

借入款项是指政府财政部门以政府名义向外国政府和国际金融组织等借入的款项，以及经国务院批准的以其他方式借入的款项。总会计需设置"借入款项"科目，本科目下应当设置"应付本金""应付利息"明细科目，分别对借入款项的应付本金和利息进行明细核算，还应当按照债权人进行明细核算。债务管理部门应当设置相应的辅助账，详细记录每笔借入款项的期限、借入日期、偿还及付息情况等。

本级政府财政收到借入的主权外债资金时，借记"其他财政存款"科目，贷记"债务收入"科目；根据债务管理部门转来的相关资料，按照实际承担的债务金额，借记"待偿债净资产——借入款项"科目，贷记"借入款项"科目。偿还本金时，借记"债务还本支出"科目，贷记"国库存款""其他财政存款"等科目；根据债务管理部门转来的相关资料，按照实际偿还的本金金额，借记"借入款项"科目，贷记"待偿债净资产——借入款项"科目。偿还利息时，借记"一般公共预算本级支出"等科目，贷记"国库存款""其他财政存款"等科目。

【例 16-5】经全国人民代表大会批准向国外举借债务折合人民币 5 000 000 元。

借：其他财政存款　　　　　　　　　　　　　　　　5 000 000
　　贷：债务收入　　　　　　　　　　　　　　　　　　5 000 000
借：待偿债净资产——借入款项　　　　　　　　　　5 000 000
　　贷：借入款项　　　　　　　　　　　　　　　　　　5 000 000

二、其他负债

其他负债是指政府财政因有关政策明确要求其承担支出责任的事项而形成的应付未付款项。总会计需设置"其他负债"科目，本科目应当按照债权单位和项目等进行明细核算。

有关政策已明确政府财政承担的支出责任，按照确定应承担的负债金额，借记"待偿债净资产"科目，贷记"其他负债"科目。实际偿还负债时，借记有关支出等科目，贷记"国库存款"等科目，同时，按照相同的金额，借记"其他负债"科目，贷记"待偿债净资产"科目。

知识总结

（1）与上级往来是指上下级财政之间由于财政资金的周转调度以及预算补助、上解结算等事项而形成的债务。其他应付款是指各级财政部门在预算执行过程中与各预算单位之间发生的应付、暂收和收到不明性质的款项。

（2）应付政府债券是指政府财政采用发行政府债券方式筹集资金而形成的负债，包括应付短期政府债券和应付长期政府债券。

（3）应付转贷款是指地方政府财政向上级政府财政借入转贷资金而形成的负债，包括应付地方政府债券转贷款和应付主权外债转贷款等。

（4）借入款项是指政府财政部门以政府名义向外国政府和国际金融组织等借入的款项，以及经国务院批准的以其他方式借入的款项。其他负债是指政府财政因有关政策明确要求其承担支出责任的事项而形成的应付未付款项。

练习与实训

一、名词解释

与上级往来　其他应付款　应付政府债券　应付转贷款　借入款项　其他负债

二、简答题

1. 财政总预算会计中的负债包括哪些内容？

2. 什么是其他应付款？应当如何核算？

3. 什么是与上级往来？应当如何核算？

4. 什么是借入款项？应当如何核算？

三、业务核算题

习题一

1. 目的：练习财政负债的核算。

2. 资料：某市财政发生下列经济业务。

（1）本级财政应向上级某省财政上解的预算款项计 1 000 000 元；其中，一般预算款项 600 000 元，政府性基金预算款项 400 000 元。

（2）收到上级某省财政补助的一般预算款项计 380 000 元。

（3）因财政预算资金周转的需要，向上级某省财政借入一般预算款项 500 000 元。

3. 要求：根据上述经济业务编制会计分录。

习题二

1. 目的：练习财政负债的核算。

2. 资料：某市财政发生下列经济业务。

（1）一般预算存款账户收到某单位性质不明的缴款 50 000 元。

（2）在国内发行国债，收到款项 500 000 元。

（3）发行的国债到期，以一般预算存款偿还本金 500 000 元，利息 80 000 元。

3. 要求：根据上述经济业务编制会计分录。

第十七章 │ 财政收入的核算

第一节 一般公共预算本级收入

一、一般公共预算本级收入的概念

一般公共预算本级收入是指政府财政筹集的纳入本级一般公共预算管理的税收收入和非税收入。按照《政府收支分类科目》（2019 年版）的规定，一般公共预算收入划分为"类""款""项""目" 4 个层次。

1. 税收收入

税收收入是政府从开征的各种税中取得的收入，是财政收入最主要的来源。该类级科目分设如下 20 个款级科目。这 20 个款级科目具体是：增值税、消费税、企业所得税、企业所得税退税、个人所得税、资源税、城市维护建设税、房产税、印花税、城镇土地使用税、土地增值税、车船税、船舶吨税、车辆购置税、关税、耕地占用税、契税、烟叶税、环境保护税和其他税收收入。

在每个款级科目下再分设若干项级科目，项级科目下再分设若干目级科目。例如，在"增值税"款级科目下分设 5 个项级科目，分别是"国内增值税""进口货物增值税""出口货物退增值税""改征增值税"[①]"改征增值税出口退税"。在"国内增值税"项级科目下，分设"国有企业增值税""集体企业增值税""股份制企业增值税""联营企业增值税""港澳台和外商投资企业增值

[①] 反映实施营业税改征增值税试点期间由营业税改征的增值税。

税""私营企业增值税"等目级科目。

2. 非税收入

非税收入是政府从开征的各种税收之外取得的收入。该类级科目分设 8 个款级科目，这 8 个款级科目具体是：专项收入、行政事业性收费收入、罚没收入、国有资本经营收入、国有资源（资产）有偿使用收入捐赠收入、政府住房基金收入和其他收入。

在此需要说明的是，在现行《政府收支分类科目》中，一般公共预算收入科目包括税收收入、非税收入、债务收入和转移性收入 4 个类级科目。这 4 类的收入都表示政府可以用来安排一般预算支出的资金来源。但是财政总预算会计核算的一般预算收入只包括税收收入和非税收入两类。取得发行债券的收入时，通过"债务收入""债务转贷收入"等科目核算。转移性收入通过"补助收入""上解收入""调入资金"等科目核算。

微课：2018 年前 7 个月全国一般公共预算收入超 12 万亿元

二、一般公共预算收入的收缴

在国库单一账户制度下，财政收入的收缴分为直接缴库和集中汇缴两种收缴方式。直接缴库是缴款单位或缴款人直接将应缴收入缴入国库单一账户的收缴方式。在直接缴库方式下，直接缴库的税收收入，由纳税人或税务代理人提出纳税申报，经征收机关审核无误后，由纳税人通过开户银行将税款缴入财政国库单一账户。财政总预算会计根据国库单一账户入库数额，做出相应的会计处理。集中汇缴是由征收机关将所收的应缴收入汇总缴入国库单一账户的收缴方式。在集中汇缴方式下，财政总预算会计根据国库存款账户的入账数额，做出相应的会计处理，确认国库存款的增加，并确认相应的预算收入。

三、一般公共预算本级收入的核算

为核算纳入本级一般公共预算管理的各项收入，财政总预算会计应设置"一般公共预算本级收入"科目。本科目贷方登记增加数，反映从国库报来的各项预算收入数，借方登记减少数，反映退还数，平时余额在贷方，反映一般公共预算本级收入的累计数。单位对本科目应根据《政府收支分类科目》设置相应的明细科目。

单位收到款项时，根据当日预算收入日报表所列一般公共预算本级收入数，借记"国库存款"科目，贷记"一般公共预算本级收入"科目。年终转账时，将"一般公共预算本级收入"科目的贷方余额转入"一般公共预算结转结余"科目，借记"一般公共预算本级收入"科目，贷记"一般公共预算结转结余"科目。

【例 17-1】某市财政总预算会计发生如下业务。

（1）某日收到同级国库报来的一般预算收入日报表以及所附收入凭证，列示当日一般公共预算本级收入 1 400 000 元。其中，增值税 450 000 元，消费税 350 000 元，企业所得税 250 000 元，个人所得税 150 000 元，城市维护建设税 50 000 元，印花税 150 000 元。

借：国库存款——一般预算存款　　　　　　　　　　　　　　　1 400 000
　　贷：一般公共预算本级收入——税收收入——增值税　　　　　　　　450 000
　　　　　　　　　　——税收收入——消费税　　　　　　　　　　　　350 000
　　　　　　　　　　——税收收入——企业所得税　　　　　　　　　　250 000
　　　　　　　　　　——税收收入——个人所得税　　　　　　　　　　150 000
　　　　　　　　　　——税收收入——城市维护建设税　　　　　　　　 50 000
　　　　　　　　　　——税收收入——印花税　　　　　　　　　　　　150 000

（2）收到国库报来的"一般预算收入日报表"以及所附收入凭证，列示当日一般公共预算本级收入 380 000 元。其中，罚没收入 170 000 元，行政事业性收费收入 160 000 元，其他收入 50 000 元。

借：国库存款——一般预算存款   380 000

  贷：一般公共预算本级收入——非税收入——罚没收入   170 000

        ——非税收入——行政事业性收费收入   160 000

        ——非税收入——其他收入   50 000

（3）年终，将"一般公共预算本级收入"账户贷方余额 5 890 000 元（其中税收收入 3 890 000 元，非税收入 2 000 000 元），全数转入"一般公共预算结转结余"科目。

借：一般公共预算本级收入——税收收入   3 890 000

      ——非税收入   2 000 000

  贷：一般公共预算结转结余   5 890 000

第二节　政府性基金预算本级收入

一、政府性基金预算本级收入的概念与分类

政府性基金是指各级政府及其所属部门根据法律、行政法规规定并经国务院或财政部批准，向公民、法人和其他组织征收的，具有特定用途的财政资金。政府性基金预算本级收入是指政府财政筹集的纳入本级政府性基金预算管理的非税收入。基金预算收入按照《政府收支分类科目》中的基金预算收入科目分为"非税收入""债务收入"和"转移性收入"3 个类级科目。其中，"非税收入"类级科目下设"政府性基金收入"和"专项债券对应项目专项收入"两个款级科目。"债务收入"类级科目下设"地方政府债务收入"一个款级科目。"转移性收入"类级科目下设"政府性基金转移收入""上年结余收入""调入资金""债务转贷收入"4 个款级科目。类、款、项、目逐级递进，内容也逐级细化。同一般预算收入一样，财政总预算会计核算的基金预算收入仅包括非税收入中的政府性基金收入，不包括债务收入和转移性收入。

政府性基金收入款级科目下设置的项级科目，具体为：农网还贷资金收入、铁路建设基金收入、民航发展基金收入、海南省高等级公路车辆通行附加费收入、港口建设费收入、旅游发展基金收入、国家电影事业发展专项资金收入、国有土地收益基金收入、农业土地开发资金收入、国有土地使用权出让收入、大中型水库移民后期扶持基金收入、大中型水库库区基金收入、三峡水库库区基金收入、中央特别国债经营基金收入、中央特别国债经营基金财务收入、彩票公益金收入、城市基础设施配套费收入、小型水库移民扶助基金收入、国家重大水利工程建设基金收入、车辆通行费、核电站乏燃料处理处置基金收入、可再生能源电价附加收入、船舶油污损害赔偿基金收入、废弃电器电子产品处理基金收入、污水处理费收入、彩票发行机构和彩票销售机构的业务费用，以及其他政府性基金收入。

二、政府性基金预算收入的管理要求

基金是专用性较强的资金。财政总预算会计在管理基金预算收入时应遵循下列基本要求。

（1）先收后支，自求平衡。财政总预算会计应当在已有基金预算收入数额的范围内办理基金预算支出。基金预算收入与基金预算支出应当做到自求平衡。

（2）专款专用，分项核算。各项基金预算需要分别管理，分别平衡，也就是相应的基金预算收入应当用于相应的基金预算支出，各项基金预算收入与基金预算支出之间不能相互调剂。财政总预算会计应当按政府预算收支科目中的基金预算收支科目设置相应的明细账，分项核算各项目基金预算的收入、支出和结余情况，不能相互混淆。

三、政府性基金预算本级收入的核算

为核算基金预算收入业务，财政总预算会计应设置"政府性基金预算本级收入"科目。收到款项时，根据当日预算收入日报表所列政府性基金预算本级收入数，借记"国库存款"科目，贷记"政府性基金预算本级收入"科目；年终转账时，将本科目贷方余额全数转入"政府性基金预算结转结余"科目，借记"政府性基金预算本级收入"科目，贷记"政府性基金预算结转结余"科目。该科目平时贷方余额，反映政府性基金预算本级收入的累计数。对该科目应按《政府收支分类科目》中的基金预算收入科目设置明细账。

【例 17-2】某市财政总预算会计收到中国人民银行国库报来的预算收入日报表及所附收入凭证，列示当日政府性基金预算本级收入 2 100 000 元。其中，"民航发展基金收入"550 000元、"港口建设费收入"690 000 元、"旅游发展基金收入"380 000 元、"国有土地收益基金收入" 480 000 元。

借：国库存款——基金预算存款	2 100 000
贷：政府性基金预算本级收入——民航发展基金收入	550 000
——港口建设费收入	690 000
——旅游发展基金收入	380 000
——国有土地收益基金收入	480 000

【例 17-3】接【例 17-2】，年终，该市"政府性基金预算本级收入"账户贷方余额为 4 650 000元，将其全数转入"政府性基金预算结转结余"科目。

借：政府性基金预算本级收入	4 650 000
贷：政府性基金预算结转结余	4 650 000

第三节　国有资本经营预算本级收入

一、国有资本经营预算本级收入的概念和分类

国有资本经营预算本级收入是指各级政府以所有者身份依法取得的国有资本收益，主要包括以下几个部分。

（1）国有独资企业按规定上交国家的利润。

（2）国有控股、参股企业国有股权（股份）获得的股利、股息。

（3）企业国有产权（含国有股份）转让收入。

（4）国有独资企业清算收入（扣除清算费用），以及国有控股、参股企业国有股权（股份）分享的公司清算收入（扣除清算费用）。

（5）其他收入。

单位对国有资本经营预算本级收入应当按照国有资本经营预算本级支出的内容综合安排使

用。财政总预算会计核算的国有资本经营收入属于"非税收入"类级科目下的款级科目，款级科目下再分设5个项级科目：利润收入，股利、股息收入，产权转让收入，清算收入和其他国有资本经营预算收入。国有资本经营预算与一般公共预算、政府性基金预算和社会保险基金预算4类预算，构成了我国中央财政的全口径政府预算体系。

二、国有资本经营预算本级收入的核算

为核算纳入本级国有资本经营预算管理的非税收入，财政总预算会计应设置"国有资本经营预算本级收入"总账科目。收到款项时，根据当日预算收入日报表所列国有资本经营预算本级收入数，借记"国库存款"科目，贷记"国有资本经营预算本级收入"科目；年终转账将该科目贷方余额全数转入"国有资本经营预算结转结余"科目时，借记"国有资本经营预算本级收入"科目，贷记"国有资本经营预算结转结余"科目。该科目平时为贷方余额，表示国有资本经营预算本级收入的累计数。对该科目应按《政府收支分类科目》中的"国有资本经营收入"款级科目下的项、目级科目设置相应明细账。

【例17-4】某市财政总预算会计发生如下业务。

（1）收到中国人民银行国库报来的预算收入日报表。其中，国有资本经营预算本级收入合计900 000元，具体科目和金额为：利润收入359 000元，产权转让收入541 000元。该市财政总预算会计编制的会计分录如下。

借：国库存款　　　　　　　　　　　　　　　　　　　　　　　900 000
　　贷：国有资本经营预算本级收入——利润收入　　　　　　　359 000
　　　　　　　　　　　　　　　　——产权转让收入　　　　　541 000

（2）年终，将"国有资本经营预算本级收入"科目贷方余额8 500 000元全数转入"国有资本经营预算结转结余"科目。该市财政总预算会计编制的会计分录为

借：国有资本经营预算本级收入　　　　　　　　　　　　　8 500 000
　　贷：国有资本经营预算结转结余　　　　　　　　　　　　8 500 000

第四节　专用基金收入

一、专用基金收入的概念

专用基金收入是指政府财政按照法律法规和国务院、财政部规定设置或取得的有专门用途的资金，如粮食风险基金等。专用基金收入是财政部门按规定设置或取得的在基金预算收入之外的资金收入，一般需要通过开设银行存款专户进行储存，单独管理。

二、专用基金收入的核算

为了核算专用基金收入，财政总预算会计应设置"专用基金收入"科目。通过预算支出安排取得专用基金收入转入财政专户的，借记"其他财政存款"科目，贷记"专用基金收入"科目；同时，借记"一般公共预算本级支出"等科目，贷记"国库存款""补助收入"等科目。通过预算支出安排取得专用基金收入仍存在国库的，借记"一般公共预算本级支出"等科目，贷记"专用基金收入"科目。年终转账时，将本科目余额全部转入"专用基金结余"科目，借记"专用基金收入"科目，贷记"专用基金结余"科目。年终转账后，本科目无余额。

【例 17-5】某市财政总预算会计发生如下业务。

（1）通过一般预算支出安排粮食风险基金 470 000 元，款项仍在国库。会计分录如下。

借：一般公共预算本级支出 470 000

贷：专用基金收入——粮食风险基金 470 000

（2）在本级一般预算支出中安排专用基金 150 000 元，以增加粮食风险基金的数额。已转入财政专户。其会计分录如下。

借：其他财政存款——专用基金存款 150 000

贷：专用基金收入——粮食风险基金 150 000

同时，

借：一般公共预算本级支出 150 000

贷：国库存款—— 一般预算存款 150 000

（3）年终，将"专用基金收入"科目贷方余额 620 000 元全数转入"专用基金结余"科目。其会计分录如下。

借：专用基金收入——粮食风险基金 620 000

贷：专用基金结余 620 000

第五节　财政专户管理资金收入

一、财政专户管理资金收入的概念

财政专户管理资金收入是指政府财政纳入财政专户管理的教育收费等资金收入。

财政部于 2010 年 6 月 1 日颁布了《关于将按预算外资金管理的收入纳入预算管理的通知》，决定从 2011 年 1 月 1 日起，将按预算外资金管理的收入（不含教育收费）全部纳入预算管理。未纳入预算的教育收费等收入作为本部门的事业收入，纳入财政专户管理。资金拨付，由财政部门根据部门预算和用款申请，从财政专户中核拨。

微课：山东实现
财政专户
"一本账"管理

二、财政专户管理资金收入的核算

为了核算纳入财政专户管理的资金，财政总预算会计应设置"财政专户管理资金收入"科目。本科目平时贷方余额，反映当年财政专户管理的资金收入累计数。对本科目应按《政府收支分类科目》中收入分类科目设置相应明细账。同时，根据管理需要，对该科目应按部门进行明细核算。

收到财政专户管理的资金收入时，财政总预算会计借记"其他财政存款"科目，贷记"财政专户管理资金收入"科目。年终转账时，将"财政专户管理资金收入"科目贷方余额全数转入"财政专户管理资金结余"科目，借记"财政专户管理资金收入"科目，贷记"财政专户管理资金结余"科目。

【例 17-6】某市中学收取学费 560 000 元，款项已划转财政专户。财政总预算会计编制会计分录如下。

借：其他财政存款 560 000

贷：财政专户管理资金收入 560 000

第六节 转移性收入

转移性收入是根据财政体制规定在中央与地方、地方各级财政之间进行资金调拨所形成的收入以及在本级财政不同性质的资金之间的调拨所形成的收入，包括补助收入、上解收入、调入资金、地区间援助收入和动用预算稳定调节基金。

一、补助收入

补助收入是指上级政府财政按照财政体制规定或因专项需要补助给本级政府财政的款项，包括上级税收返还、转移支付等。

为了核算补助收入业务，财政总预算会计应设置"补助收入"总账科目。财政部门收到上级拨入的补助款时，应借记"国库存款"科目，贷记"补助收入"科目；财政部门与上级往来款中的一部分转作上级补助收入数，即从"与上级往来"科目转入本科目时，借记"与上级往来"科目，贷记"补助收入"科目；在退还上级拨来的补助款项时，应借记"补助收入"科目，贷记"国库存款"科目；年终，本科目贷方余额应根据不同资金性质分别转入对应的结转结余科目，借记"补助收入"科目，贷记"一般公共预算结转结余""政府性基金预算结转结余"科目。结转以后，本科目应无余额。该科目平时为贷方余额，反映取得的上级补助收入累计数。

【例17-7】某市财政发生如下业务。

（1）收到中国人民银行国库报来的预算收入日报表。其中，转移性收入合计1 180 000元。具体科目和金额为："一般性转移支付收入——体制补助收入"455 000元，"一般性转移支付收入——企事业单位划转补助收入"725 000元。其会计分录如下。

借：国库存款——一般预算存款　　　　　　　　　　　　　　1 180 000
　　贷：补助收入——一般性转移支付收入——体制补助收入　　　　455 000
　　　　　　　　　　一般性转移支付收入——企事业单位划转补助收入　725 000

（2）收到国库报来的一般预算收入日报表，收到上级某省财政的有关转移性收入情况为："转移性收入——专项转移支付收入——卫生健康"770 000元。其会计分录如下。

借：国库存款——一般预算存款　　　　　　　　　　　　　　770 000
　　贷：补助收入——专项转移支付收入——卫生健康　　　　　　770 000

（3）收到国库报来的基金预算收入日报表，其中"转移性收入——政府性基金转移收入——政府性基金补助收入"150 000元，会计分录如下。

借：国库存款——基金预算存款　　　　　　　　　　　　　　150 000
　　贷：补助收入——政府性基金补助收入　　　　　　　　　　150 000

（4）年终，将"补助收入"科目贷方余额1 000 000元（其中，属于一般预算的补助收入780 000元，属于基金预算的补助收入220 000元）转入"一般公共预算结转结余""政府性基金预算结转结余"科目。其会计分录如下。

借：补助收入　　　　　　　　　　　　　　　　　　　　　1 000 000
　　贷：一般公共预算结转结余　　　　　　　　　　　　　　780 000
　　　　政府性基金预算结转结余　　　　　　　　　　　　　220 000

同时，财政总预算会计应结清所有补助收入科目的明细科目。

二、上解收入

上解收入是指按照财政体制规定由下级财政上交给本级财政的款项，包括一般性转移支付中的体制上解收入、专项转移支付中的专项上解收入和政府性基金转移支付中的政府性基金上解收入。

为核算上解收入业务，财政总预算会计应设置"上解收入"科目。收到下级上解款时，应借记"国库存款"科目，贷记"上解收入"科目；发生收入退回时，应做相反分录，即借记"上解收入"科目，贷记"国库存款"科目。年终，应将"上解收入"科目的余额根据不同资金性质分别转入对应的结转结余科目，借记"上解收入"科目，贷记"一般公共预算结转结余"或"政府性基金预算结转结余"。该科目平时余额在贷方，反映下级财政上解本级财政收入累计数，年终结转以后本科目无余额。

【例 17-8】某市财政总预算会计发生如下业务。

（1）收到所属某县财政按规定要求上解的"体制上解收入"420 000 元，其会计分录如下。

借：国库存款—— 一般预算存款　　　　　　　　　　　　　　　　420 000
　　贷：上解收入——体制上解收入　　　　　　　　　　　　　　　　420 000

（2）收到所属某县财政按规定上解的"专项上解收入"140 000 元，其会计分录如下。

借：国库存款—— 一般预算存款　　　　　　　　　　　　　　　　140 000
　　贷：上解收入——专项上解收入　　　　　　　　　　　　　　　　140 000

（3）年终，将"上解收入"科目贷方余额 670 000 元按照资金性质分别转入"一般公共预算结转结余"560 000 元和"政府性基金预算结转结余"110 000 元，其会计分录如下。

借：上解收入　　　　　　　　　　　　　　　　　　　　　　　　670 000
　　贷：一般公共预算结转结余　　　　　　　　　　　　　　　　　560 000
　　　　政府性基金预算结转结余　　　　　　　　　　　　　　　　110 000

三、调入资金

调入资金是指不同性质资金之间的调入收入。为平衡一般预算收支，从基金预算结余调入一般预算的资金形成一般预算调入资金。从其他预算调入政府性基金预算的资金形成政府性基金预算调入资金。

为核算调入资金的业务，财政总预算会计应设置"调入资金"科目。财政总预算会计调入资金时，借记"调出资金""国库存款"等科目。年终，将本科目的贷方余额分别转入相应的结转结余科目，借记"调入资金"科目，贷记"一般公共预算结转结余"或"政府性基金预算结转结余"科目。

【例 17-9】某市财政总预算会计发生如下业务。

（1）为平衡一般预算，经批准从基金预算结余中调入资金 880 000 元。其会计分录如下。

借：调出资金——政府性基金预算调出资金　　　　　　　　　　880 000
　　贷：国库存款——基金预算存款　　　　　　　　　　　　　　　880 000

同时，

借：国库存款—— 一般预算存款　　　　　　　　　　　　　　　880 000
　　贷：调入资金—— 调入一般公共预算资金　　　　　　　　　　　880 000

（2）年终将"调入资金"科目贷方余额 1 600 000 元（其中，一般预算调入资金 1 000 000 元，政府性基金预算调入资金 600 000 元）转入"一般公共预算结转结余"和"政府性基金预算结转结余"科目。其会计分录如下。

借：调入资金　　　　　　　　　　　　　　　　　　　　　　1 600 000

　　贷：一般公共预算结转结余　　　　　　　　　　　　　　　　1 000 000

　　　　政府性基金预算结转结余　　　　　　　　　　　　　　　　600 000

四、地区间援助收入

地区间援助收入是指受援方政府财政部门收到援助方政府财政部门转来的可统筹使用的各类援助、捐赠等资金收入。

为了核算各类地区接受援助收入，财政总预算会计应设置"地区间援助收入"科目。该科目使用主体为各级财政部门，其他部门不得使用，反映的内容为一般预算资金，其他性质的资金不在本科目反映。本科目应按《政府收支分类科目》中收入分类科目、援助地区及管理需要设置相应明细账。本科目平时贷方余额，反映当年收到的地区间援助收入累计数。

收到援助方政府财政部门转来的资金时，借记"国库存款"科目，贷记"地区间援助收入"科目。年终应将本科目贷方余额转入"一般公共预算结转结余"科目，借记"地区间援助收入"科目，贷记"一般公共预算结转结余"科目。

五、动用预算稳定调节基金

动用预算稳定调节基金是指为弥补财政短收年份预算执行收支缺口调用的预算稳定调节基金。

财政总预算会计应设置"动用预算稳定调节基金"科目。年度终了，为弥补财政短收年份预算执行收支缺口，调用预算稳定调节基金时，财政总预算会计借记"预算稳定调节基金"科目，贷记"动用预算稳定调节基金"科目；年终转账时，将"动用预算稳定调节基金"科目余额全部转入"一般公共预算结转结余"科目，借记"动用预算稳定调节基金"科目，贷记"一般公共预算结转结余"科目。

【例 17-10】某省财政为了平衡本级预算，弥补收支缺口，从预算稳定调节基金中调入资金 2 700 000 元。

借：预算稳定调节基金　　　　　　　　　　　　　　　　　　　2 700 000

　　贷：调入预算稳定调节基金　　　　　　　　　　　　　　　　2 700 000

知识总结

（1）一般公共预算本级收入是指政府财政筹集的纳入本级一般公共预算管理的税收收入和非税收入。一般公共预算收入划分为"类""款""项""目"4 个层次。

（2）政府性基金是指各级政府及其所属部门根据法律、行政法规规定并经国务院或财政部批准，向公民、法人和其他组织征收的，具有特定用途的财政资金。政府性基金预算本级收入是指政府财政筹集的纳入本级政府性基金预算管理的非税收入。

（3）国有资本经营预算本级收入是指各级政府以所有者身份依法取得的国有资本收益。

（4）专用基金收入是指政府财政按照法律法规和国务院、财政部规定设置或取得的有专门用途的资金，如粮食风险基金等。

（5）财政专户管理资金收入是指政府财政纳入财政专户管理的教育收费等资金收入。

（6）转移性收入是根据财政体制规定在中央与地方、地方各级财政之间进行资金调拨所形成的收入以及在本级财政不同性质的资金之间的调拨所形成的收入，包括补助收入、上解收入、调入资金、地区间援助收入和动用预算稳定调节基金。

练习与实训

一、名词解释

一般公共预算本级收入　政府性基金预算本级收入　国有资本经营预算本级收入　专用基金收入　财政专户管理资金收入　转移性收入

二、简答题

1. 财政总预算会计核算的收入包括哪些内容？

2. 什么是一般公共预算本级收入？一般公共预算收入是怎样分类的？

3. 一般预算收入的缴库方式有几种？

4. 什么是政府性基金预算本级收入？如何分类？其管理与核算要求是什么？

5. 什么是专用基金收入？它与基金预算收入在管理要求上有什么不同？

6. 什么是资金调拨收入？它主要包括哪几项内容？如何进行核算？

三、业务核算题

习题一

1. 目的：练习财政预算收入的核算。

2. 资料：某市财政发生下列经济业务。

（1）收到中国人民银行国库报来的预算收入日报表。其中，一般公共预算本级收入合计400 000 元，具体科目和金额为："税收收入——增值税——国内增值税"150 000 元，"税收收入——城市维护建设税——国有企业城市维护建设税"50 000 元，"非税收入——行政事业性收费收入——建设行政事业性收费收入"100 000 元，"非税收入——行政事业性收费收入——民政行政事业性收费收入"40 000 元，"非税收入——罚没收入——一般罚没收入"60 000 元。

（2）收到中国人民银行国库报来的预算收入日报表。其中，政府性基金预算本级收入 200 000 元，具体科目和金额为："旅游发展基金收入"30 000 元，"国有土地使用权出让金收入"170 000 元。

3. 要求：根据上述经济业务编制会计分录。

习题二

1. 目的：练习财政转移性收入的核算。

2. 资料：某市财政发生下列经济业务。

（1）收到中国人民银行国库报来的预算收入日报表，其中，体制补助收入 850 000 元，专项上解收入 690 000 元。

（2）为平衡一般预算，经批准从基金预算结余中调入资金 250 000 元。

3. 要求：根据上述经济业务编制会计分录。

第十八章 | 财政支出的核算

第一节　一般公共预算本级支出

一、一般公共预算本级支出的概念与分类

一般公共预算本级支出是指一级政府对集中的一般预算收入有计划地分配和使用而安排的支出。一般公共预算本级支出是各级政府最主要的支出。按照《政府收支分类科目》中支出的功能分类，我国一般公共预算支出科目分设类、款、项 3 级。科目逐级递进，内容也逐渐细化。财政

总预算会计核算的一般公共预算支出类、款级科目设置情况如下。

（1）一般公共服务支出。一般公共服务科目反映政府提供一般公共服务的支出。该科目下设27个款级科目，分别是：人大事务、政协事务、政府办公厅（室）及相关机构事务、发展与改革事务、统计信息事务、财政事务、税收事务、审计事务、海关事务、人力资源事务、纪检监察事务、商贸事务、知识产权事务、民族事务、港澳台侨事务、档案事务、民主党派及工商联事务、群众团体事务、党委办公厅（室）及相关机构事务、组织事务、宣传事务、统战事务、对外联络事务、其他共产党事务支出、网信事务、市场监督管理事务和其他一般公共服务支出。

（2）外交支出。外交科目反映政府外交事务支出。该科目下设9个款级科目，具体是：外交管理事务、驻外机构、对外援助、国际组织、对外合作与交流、对外宣传、边界勘界联检、国际发展合作和其他外交支出。

（3）国防支出。国防科目反映政府用于现役部队、国防后备力量、国防动员等方面的支出。该科目分设5个款级科目，分别是现役部队、国防科研事业、专项工程、国防动员和其他国防支出。

（4）公共安全支出。公共安全科目反映政府维护社会公共安全方面的支出。该科目下设11个款级科目，分别是：武装警察部队、公安、国家安全、检察、法院、司法、监狱、强制隔离戒毒、国家保密、缉私警察和其他公共安全支出。

（5）教育支出。教育科目反映政府教育事务支出。该科目下设10个款级科目，分别是：教育管理事务、普通教育、职业教育、成人教育、广播电视教育、留学教育、特殊教育、进修及培训、教育费附加安排的支出和其他教育支出。

（6）科学技术支出。科学技术科目反映用于科学技术管理事务方面的支出。该科目下设10个款级科目，分别是：科学技术管理事务、基础研究、应用研究、技术研究与开发、科技条件与服务、社会科学、科学技术普及、科技交流与合作、科技重大项目和其他科学技术支出。

（7）文化旅游体育与传媒支出。文化旅游体育与传媒科目反映政府在文化、旅游文物、体育、广播电视、电影、新闻出版等方面的支出。该科目下设6个款级科目，分别是：文化和旅游、文物、体育、新闻出版电影、广播电视和其他文化体育与传媒支出。

（8）社会保障和就业支出。社会保障和就业科目反映政府在社会保障和就业方面的支出。该科目下设20个款级科目，分别是：人力资源和社会保障管理事务、民政管理事务、补充全国社会保障基金、行政事业单位离退休、企业改革补助、就业补助、抚恤、退役安置、社会福利、残疾人事业、红十字事业、最低生活保障、临时救助、特困人员救助供养、补充道路交通事故社会救助基金、其他生活救助、财政对基本养老保险基金的补助、财政对其他社会保险基金的补助、退役军人管理事务和其他社会保障和就业支出。

（9）卫生健康支出。卫生健康科目反映政府卫生健康方面的支出。该科目下设13个款级科目，分别是：卫生健康管理事务、公立医院、基层医疗卫生机构、公共卫生、中医药、计划生育事务、行政事业单位医疗、财政对基本医疗保险基金的补助、医疗救助、优抚对象医疗、医疗保障管理事务、老龄卫生健康事务和其他卫生健康支出。

（10）节能环保支出。环境保护科目反映政府节能环保支出。该科目下设15个款级科目，分别是：环境保护管理事务、环境监测与监察、污染防治、自然生态保护、天然林保护、退耕还林、风沙荒漠治理、退牧还草、已垦草原退耕还草、能源节约利用、污染减排、可再生能源、循环经济、能源管理事务和其他节能环保支出。

（11）城乡社区支出。城乡社区科目反映政府城乡社区事务支出。该科目下设6个款级科目，分别是：城乡社区管理事务、城乡社区规划与管理、城乡社区公共设施、城乡社区环境卫生、建设市场管理与监督和其他城乡社区支出。

（12）农林水支出。农林水科目反映政府农林水事务支出。该科目下设 10 个款级科目，分别是：农业、林业和草原、水利、南水北调、扶贫、农业综合开发、农村综合改革、普惠金融发展支出、目标价格补贴和其他农林水支出。

（13）交通运输支出。交通运输科目反映政府交通运输和邮政业方面的支出。该科目下设 7 个款级科目，分别是：公路水路运输、铁路运输、民用航空运输、成品油价格改革对交通运输的补贴、邮政业支出、车辆购置税支出和其他交通运输支出。

（14）资源勘探信息等支出。资源勘探信息等科目反映政府用于资源勘探、制造业、建筑业、工业信息等方面的支出。该类级科目分设 7 个款级科目，分别是：资源勘探开发、制造业、建筑业、工业和信息产业监管、国有资产监管、支持中小企业发展和管理支出和其他资源勘探信息等支出。

（15）商业服务业等支出。商业服务业等科目反映政府对商业服务业等方面的支出。该类级科目下设 3 个款级科目，分别是：商业流通事务、涉外发展服务支出和其他商业服务业等支出。

（16）金融支出。金融科目反映金融方面的支出。该类级科目下设 5 个款级科目，分别是：金融部门行政支出、金融部门监管支出、金融发展支出、金融调控支出和其他金融支出。

（17）援助其他地区支出。援助其他地区科目反映援助方政府安排并管理的对其他地区各类援助、捐赠等资金支出。该类级科目下设 9 个款级科目，分别是：一般公共服务、教育、文化体育与传媒、医疗卫生、节能环保、农业、交通运输、住房保障和其他支出。

（18）自然资源海洋气象等支出。自然资源海洋气象等科目反映政府用于自然资源、海洋、测绘、气象等公益服务事业方面的支出。该类级科目下设 6 个款级科目，分别是：自然资源事务、海洋管理事务、测绘事务、气象事务和其他自然资源海洋气象等支出。

（19）住房保障支出。住房保障科目集中反映政府用于住房方面的支出。该类级科目下设 3 个款级科目，分别是：保障性安居工程支出、住房改革支出和城乡社区住宅。

（20）粮油物资储备支出。粮油物资储备科目反映政府用于粮油物资储备方面的支出。该类级科目下设 5 个款级科目，分别是：粮油事务、物资事务、能源储备、粮油储备和重要商品储备。

（21）灾害防治及应急管理支出。灾害防治及应急管理科目反映政府用于自然灾害防治、安全生产监管及应急管理等方面的支出。该类级科目下设 8 个款级科目，分别是：应急管理事务、消防事务、森林消防事务、煤矿安全、地震事务、自然灾害防治、自然灾害救灾及恢复重建支出和其他灾害防治及应急管理支出。

（22）预备费。预备费科目反映预算中安排的预备费。

（23）其他支出。其他支出科目反映不能划分到上述功能科目的其他政府支出。该类级科目下设 2 个款级科目，分别是：年初预留和其他支出。

在以上一般预算支出的款级科目下，还应根据情况设置相应的项级科目。例如，在教育类级科目的普通教育款级科目下，设置学前教育、小学教育、初中教育、高中教育、高等教育等项级科目。这种项级科目的设置方法，着重反映政府所从事的某种公共服务的完整支出，一般表现为用于预算单位的完整支出。

在此需要说明的是，《政府收支分类科目》中的一般公共预算支出科目，是财政总预算会计进行一般公共预算支出核算的直接依据，但是二者还是存在一定区别。在《政府收支分类科目》中，一般公共预算支出科目除了包括以上有关类级科目以外，还包括转移性支出和债务类支出类级科目。但同转移性收入类级科目一样，财政总预算会计核算的一般公共预算支出不包括转移性支出。财政总预算会计在向上下级政府转出本级政府的一般公共预算资金时，以及在将本级政府的一般公共预算资金转出至其他性质的预算资金时，应当将它们单独作为"补助支出""上解支出""调出资金"等类别进行处理，而不在"一般公共预算本级支出"科目中处理。债务类支出通过"债务还本支出""债务转贷支出"等由科目核算。

二、一般公共预算支出的支付方式

在国库单一账户制度下，一般公共预算支出的支付方式分为财政直接支付和财政授权支付两种。

1. 财政直接支付

财政直接支付是指由财政部门开具支付令，通过国库单一账户体系，直接将财政资金支付到收款人或用款单位账户的支付方式。实行财政直接支付的支出主要包括工资支出、物品和劳务采购支出、中央对地方的专项转移支出、拨付企业大型工程项目或大型设备采购的资金等。

在财政直接支付方式下，预算单位按照批复的预算和资金使用计划，向财政国库支付执行机构提出支付申请，经财政国库支付执行机构审核无误后，向代理银行发出支付令，并通知中国人民银行办理资金清算手续，将资金划给代理银行。

财政总预算会计根据财政国库支付执行机构报来的预算支出结算清单，经与中国人民银行报来的财政直接支付申请划款凭证核对无误后，做出相应的会计处理，确认国库存款的减少，并确认相应的一般预算支出。

2. 财政授权支付

财政授权支付是指预算单位根据财政部门的授权，自行开具支付令，通过国库单一账户体系将资金支付到货品或劳务供应者账户的支付方式。实行财政授权支付的支出主要包括未纳入财政直接支付的购买支出和零星支出。

在财政授权支付方式下，预算单位按照批复的预算和资金使用计划，向财政国库支付执行机构申请授权支付的月度用款限额，财政国库支付执行机构将批准后的限额通知代理银行和预算单位，并通知中国人民银行国库部门。预算单位在月度用款限额内，自行开具支付令，通过财政国库支付执行机构转由代理银行向收款人付款，并与国库单一账户清算。

财政总预算会计根据财政国库支付执行机构报来的预算支出结算清单，经与中国人民银行报来的财政授权支付申请划款凭证核对无误后，做出相应的会计处理，确认国库存款的减少，并确认相应的预算支出。

三、一般公共预算本级支出的核算

为核算由本级政府使用的列入一般公共预算的支出，财政总预算会计应设置"一般公共预算本级支出"总账科目。财政总预算会计确认一般预算支出时，借记"一般公共预算本级支出"科目，贷记"国库存款"科目；年终，"一般公共预算本级支出"科目的借方金额应全数转入"一般公共预算结转结余"科目，借记"一般公共预算结转结余"科目，贷记"一般公共预算本级支出"科目。该科目平时余额在借方，反映一般公共预算本级支出累计数，年终结转后，本科目应无余额。

【例 18-1】某市财政总预算会计收到财政国库支付执行机构报来的预算支出结算清单，财政国库支付执行机构以财政直接支付的方式，通过财政零余额账户存款账户支付有关预算单位的属于一般公共预算本级支出的款项共计 466 000 元。

具体支付情况为："一般公共服务——商贸事务"78 000 元、"教育——广播电视教育"39 000元、"文化旅游体育与传媒——广播电视"57 000 元、"公共安全——国家保密"95 000 元、"科学技术——科技交流与合作"46 000 元、"社会保障和就业——残疾人事业"80 000 元、"卫生健康——基层医疗卫生机构"71 000 元。其会计分录如下。

借：一般公共预算本级支出——一般公共服务——商贸事务　　　　　　78 000

　　　　　　　　　　——教育——广播电视教育　　　　　　　　　39 000

——文化旅游体育与传媒——广播电视		57 000
——公共安全——国家保密		95 000
——科学技术——科技交流与合作		46 000
——社会保障和就业——残疾人事业		80 000
——卫生健康——基层医疗卫生机构		71 000

    贷：国库存款—— 一般预算存款   466 000

【例 18-2】年终，某市财政总预算会计将"一般公共预算本级支出"科目的借方余额 4 958 000 元全数转入"一般公共预算结转结余"科目。财政总预算会计应编制的会计分录如下。

    借：一般公共预算结转结余   4 958 000

        贷：一般公共预算本级支出   4 958 000

第二节　政府性基金预算本级支出

一、政府性基金预算本级支出的概念与分类

政府性基金预算本级支出是指各级政府财政用基金预算收入安排的支出。与一般预算支出相比，基金预算支出有专款专用的特征。基金预算支出应根据《政府收支分类科目》中基金预算支出科目分类。基金预算支出科目分为 10 个类级科目，类级科目下设款级科目，款级科目下再设项级科目。类、款、项 3 级科目逐级递进，内容也逐渐细化。财政总预算会计核算的基金预算支出类、款级科目的设置情况如下。

（1）科学技术支出。该类级科目下设 1 个款级科目：核电站乏燃料处理处置基金支出。

（2）文化旅游体育与传媒支出。该类级科目下设 3 个款级科目：国家电影事业发展专项资金安排的支出、旅游发展基金支出和国家电影事业发展专项资金对应专项债务收入安排的支出。

（3）社会保障和就业支出。该类级科目下设 3 个款级科目：大中型水库移民后期扶持基金支出、小型水库移民扶助基金支出和小型水库移民扶助基金对应专项债务收入安排的支出。

（4）节能环保支出。该类级科目下设 2 个款级科目：可再生能源电价附加收入安排的支出和废弃电器电子产品处理基金支出。

（5）城乡社区支出。该类级科目下设 9 个款级科目：国有土地使用权出让收入及对应专项债务收入安排的支出、国有土地收益基金及对应专项债务收入安排的支出、农业土地开发资金安排的支出、城市基础设施配套费安排的支出、污水处理费安排的支出、土地储备专项债券收入安排的支出、棚户区改造专项债券收入安排的支出、城市基础设施配套费对应专项债券收入安排的支出和污水处理费对应专项债券收入安排的支出。

（6）农林水支出。该类级科目下设 5 个款级科目：大中型水库库区基金安排的支出、三峡水库库区基金支出、国家重大水利工程建设基金安排的支出、大中型水库库区基金对应专项债务收入安排的支出和国家重大水利工程建设基金对应专项债务收入安排的支出。

（7）交通运输支出。该类级科目下设 10 个款级科目：海南省高等级公路车辆通行附加费安排的支出、车辆通行费安排的支出、港口建设费安排的支出、铁路建设基金支出、船舶油污损害赔偿基金支出、民航发展基金支出、海南省高等级公路车辆通行附加费对应专项债务收入安排的支出、政府收费公路专项债券收入安排的支出、车辆通行费对应专项债务收入安排的支出和港口建设费对应专项债务收入安排的支出。

（8）资源勘探信息等支出。该类级科目下设 1 个款级科目：农网还贷资金支出。

（9）金融支出。该类级科目下设 1 个款级科目：金融调控支出。

（10）其他支出。该类级科目设 3 个款级科目：其他政府性基金及对应专项债务收入安排的支出、彩票发行销售机构业务费安排的支出和彩票公益金安排的支出。在此需要说明的是，同一般预算支出一样，财政总预算会计核算的基金预算支出也不包括转移性支出和债务类支出。财政总预算会计在核算基金预算中的上下级政府转出本级政府的基金预算资金以及在将本级政府的基金预算资金转出至其他性质的预算资金时，应当将它们单独作为"补助支出""上解支出""调出资金"等类别进行处理，而不在"基金预算支出"科目中处理。债务类支出通过"债务还本支出""债务转贷支出"等科目核算。

二、政府性基金预算本级支出的核算

为核算由本级政府使用的列入政府性基金预算的支出，财政总预算会计应设置"政府性基金预算本级支出"科目。财政总预算会计确认基金预算支出时，借记"政府性基金预算本级支出"科目，贷记"国库存款"等有关科目；年终，将"政府性基金预算本级支出"科目借方余额全部转入"政府性基金预算结转结余"科目，借记"政府性基金预算结转结余"科目，贷记"政府性基金预算本级支出"科目。本科目平时借方余额反映基金预算支出的累计数。年终结转后，本科目无余额。

【例 18-3】某市财政总预算会计收到财政国库支付执行机构报来的预算支出结算清单，财政国库支付执行机构以财政直接支付的方式，通过财政零余额账户存款账户支付有关预算单位的属于基金预算支出的款项共计 281 000 元。具体支付情况为："农林水——三峡水库库区基金支出"103 000 元、"交通运输——车辆通行费安排的支出"78 000 元、"金融支出——金融调控支出"100 000 元。其会计分录如下。

借：政府性基金预算本级支出——农林水——三峡水库库区基金　　103 000
　　　　　　　　　　　　——交通运输——车辆通行费安排的支出　78 000
　　　　　　　　　　　　——金融支出——金融调控支出　　　　　100 000
　　贷：国库存款——基金预算存款　　　　　　　　　　　　　　　　281 000

【例 18-4】年终，某市财政总预算会计将"政府性基金预算本级支出"科目的借方余额 2 309 000 元全数转入"政府性基金预算结转结余"科目。财政总预算会计应编制的会计分录如下。

借：政府性基金预算结转结余　　　　　　　　　　　　　　　　　2 309 000
　　贷：政府性基金预算本级支出　　　　　　　　　　　　　　　　　2 309 000

第三节　国有资本经营预算本级支出

一、国有资本经营预算本级支出的概念与分类

国有资本经营预算本级支出是指各级政府用国有资本经营预算类收入安排的支出。国有资本经营预算单独编制，预算支出按照当年预算收入规模安排，不列赤字。国有资本经营预算支出主要包括资本性支出、费用性支出和其他支出等。其中，资本性支出是指根据产业发展规划、国有经济布局和结构调整、国有企业发展要求以及国家战略、安全等需要安排的支出。费用性支出是指用于弥补国有企业改革成本等方面的支出。其他支出依据国家宏观经济政策统筹安排确定。

财政总预算会计核算的国有资本经营预算支出按照现行《政府收支分类科目》支出功能分类的规定，属于类级科目。在类级科目下设 5 个款级科目：解决历史遗留问题及改革成本支出、国

有企业资本金注入、国有企业政策性补贴、金融国有资本经营预算支出和其他国有资本经营预算支出。财政总预算会计核算的国有资本经营预算支出也不包括转移性支出。

二、国有资本经营预算本级支出的核算

为核算国有资本经营预算支出业务，财政总预算会计应设置"国有资本经营预算本级支出"总账科目。发生国有资本经营预算支出时，借记"国有资本经营预算本级支出"科目，贷记"国库存款"等科目；年终将该科目借方余额全数转入"国有资本经营预算结转结余"科目时，借记"国有资本经营预算结转结余"科目，贷记"国有资本经营预算本级支出"科目。该科目平时为借方余额，表示国有资本经营预算支出的累计数。本科目根据《政府收支分类科目》中有关国有资本经营预算支出的支出功能分类科目设置明细账。

【例18-5】某市财政总预算会计发生如下业务。

（1）根据经批准的国有资本经营预算，向国有企业注入资本金97 000元。其会计分录如下。

借：国有资本经营预算本级支出——国有企业资本金注入　　　　　　97 000
　　贷：国库存款　　　　　　　　　　　　　　　　　　　　　　　　　　97 000

（2）年终，将上述"国有资本经营预算本级支出"科目的借方余额97 000元全数转入"国有资本经营预算结转结余"。其会计分录如下。

借：国有资本经营预算结转结余　　　　　　　　　　　　　　　　　　97 000
　　贷：国有资本经营预算本级支出　　　　　　　　　　　　　　　　　　97 000

第四节　专用基金支出

一、专用基金支出的概念

专用基金支出是各级财政用专用基金收入安排的支出。财政总预算会计在安排各项专用基金支出时，应做到先收后支、量入为出，按照规定的用途拨付。

二、专用基金支出的核算

为核算专用基金支出业务，总预算会计应设置"专用基金支出"科目，安排使用专用基金支出时，借记"专用基金支出"科目，贷记"其他财政存款"科目；支出收回时，做相反的会计分录；年终转账时，将"专用基金支出"科目余额全部转入"专用基金结余"科目，借记"专用基金结余"科目，贷记"专用基金支出"科目。本科目平时借方余额，反映专用基金支出累计数。年终结转后，本科目无余额。该科目应根据专用基金的种类设置明细账。

【例18-6】某市财政局发生如下专用基金支出业务。

（1）用专用基金收入安排粮食风险基金490 000元。其会计分录如下。

借：专用基金支出——粮食风险基金　　　　　　　　　　　　　　　490 000
　　贷：其他财政存款——专用基金存款　　　　　　　　　　　　　　　490 000

（2）年终，将"专用基金支出"科目借方余额490 000元全数转入"专用基金结余"科目。其会计分录如下。

借：专用基金结余　　　　　　　　　　　　　　　　　　　　　　　490 000
　　贷：专用基金支出　　　　　　　　　　　　　　　　　　　　　　　490 000

同时，财政总预算会计应结清所有专用基金支出明细账。

第五节 财政专户管理资金支出

一、财政专户管理资金支出的概念

财政专户管理资金支出是指用纳入财政专户管理的资金安排的支出。例如，对教育收费等具有独特性、不能缴入国库的资金，则按规定保留在财政专户。教育收费为学校事业性收入，主要是弥补办学成本，不构成财政收入，缴入国库将影响预算收入的真实性。教育收费的资金拨付，由财政部门根据部门预算和用款单位申请，从财政专户中核拨。彩票发行经费缴入财政专户，按"收支两条线"原则进行管理，专款专用。

二、财政专户管理资金支出的核算

为了核算用未纳入预算并实行财政专户管理的资金安排的支出，财政总预算会计应设置"财政专户管理资金支出"科目，本科目平时借方余额，反映当年财政专户管理的资金支出累计数。本科目根据《政府收支分类科目》中支出功能分类科目设置相应明细账。同时，本科目根据管理需要，按部门进行明细核算。

发生财政专户管理的资金支出时，财政总预算会计借记"财政专户管理资金支出"科目，贷记"其他财政存款"等有关科目；年终转账时，将"财政专户管理资金支出"科目借方余额全数转入"财政专户管理资金结余"科目，借记"财政专户管理资金结余"科目，贷记"财政专户管理资金支出"科目。

【例18-7】根据某高校用款申请，财政部门将其在财政专户管理的学费收入230 000元划转至该学校账户。财政总预算会计编制会计分录如下。

借：财政专户管理资金支出　　　　　　　　　　　　　　　230 000
　　贷：其他财政存款　　　　　　　　　　　　　　　　　　230 000

第六节 转移性支出

转移性支出，是指预算资金在上下级政府财政以及在本级财政不同性质资金之间转移所形成的支出，具体包括：补助支出、上解支出、调出资金、地区间援助支出和安排预算稳定调节基金。转移性支出根据支出资金的性质和支出的种类，分别纳入一般公共预算、政府性基金预算和国有资本经营预算。

一、补助支出

补助支出，是本级财政按财政管理体制规定或因专项、临时资金需要对下级财政补助而形成的支出，具体包括：税收返还支出、按财政体制结算应补助给下级财政的款项、专项补助或临时性补助。为了核算补助支出业务，财政总预算会计设置"补助支出"科目，该科目平时余额在借方，反映补助支出的累计数。年末结账以后本科目无余额。本科目应根据资金性质和补助地区设置相应明细账。

财政部门向下级财政拨付补助款项时，借记"补助支出"科目，贷记"国库存款"科目。本级财政部门将其与下级财政部门的往来款转为对下级的补助支出时，应借记"补助支出"科目，贷记"与下级往来"科目；若发生补助支出退库，则借记"国库存款"科目，贷记"补助支出"

科目。年终,"补助支出"科目的借方余额应根据不同资金性质分别转入对应的结转结余科目,借记"一般公共预算结转结余""政府性基金预算结转结余"等科目,贷记"补助支出"科目。

【例18-8】某市财政发生如下业务。

(1)向所属某县财政拨付一般预算补助198 000元。该补助属于"一般性转移支付——结算补助支出"。其会计分录如下。

借:补助支出——一般性转移支付——结算补助支出 198 000
    贷:国库存款——一般预算存款 198 000

(2)经批准将原借给所属某县财政周转调度的款项123 000元转作对该县的专项补助。其会计分录如下。

借:补助支出——专项转移支付 123 000
    贷:与下级往来——某县 123 000

(3)根据基金预算向所属某县拨付基金预算补助85 000元。其会计分录如下。

借:补助支出——政府性基金转移支付——政府性基金补助支出 85 000
    贷:国库存款——基金预算存款 85 000

(4)年终,将属于一般预算的"补助支出"科目借方余额1 950 000元和属于基金预算的"补助支出"科目借方余额250 000元,分别转入"一般公共预算结转结余"和"政府性基金预算结转结余"科目。其会计分录如下。

借:一般公共预算结转结余 1 950 000
    政府性基金预算结转结余 250 000
    贷:补助支出 2 200 000

二、上解支出

上解支出是指按财政管理体制的规定由本级财政上交给上级财政的支出。上解支出主要包括一般性转移支付上解支出、专项转移支付上解支出和政府性基金转移支付上解支出。为核算上解支出业务,财政总预算会计应设置"上解支出"科目。本级财政发生上解支出时,借记"上解支出"科目,贷记"国库存款"科目,如果发生上解支出退库,则做相反会计分录。年终,"上解支出"科目的借方金额应根据不同资金性质分别转入对应的结转结余科目,借记"一般公共预算结转结余""政府性基金预算结转结余"等科目,贷记"上解支出"科目。该科目平时余额一般在借方,反映本级财政上解上级财政支出的累计数。

【例18-9】某市财政发生如下业务。

(1)按财政管理体制规定,上解省财政一般预算款项1 000 000元。其会计分录如下。

借:上解支出——体制上解支出 1 000 000
    贷:国库存款——一般预算存款 1 000 000

(2)以基金预算存款上解上级省财政政府性基金款项850 000元。其会计分录如下。

借:上解支出——政府性基金转移支付——政府性基金上解支出 850 000
    贷:国库存款——基金预算存款 850 000

(3)按规定上解上级某省财政某专项资金280 000元。其会计分录如下。

借:上解支出——专项上解支出 280 000
    贷:国库存款——一般预算存款 280 000

(4)年终将属于一般预算的"上解支出"科目借方余额700 000元和属于基金预算的"上解支出"科目借方余额300 000元,分别转入"一般公共预算结转结余"和"政府性基金预算结转结余"科目。其会计分录如下。

```
借：一般公共预算结转结余                              700 000
    政府性基金预算结转结余                            300 000
    贷：上解支出                                            1 000 000
```

同时，财政总预算会计应结清所有上解支出明细账。

三、调出资金

调出资金是政府财政为平衡预算收支、从某类资金向其他类型预算调出的资金，包括一般公共预算调出资金、政府性基金预算调出资金和国有资本经营预算调出资金。为了核算调出资金业务，财政总预算会计应设置"调出资金"科目。调出资金时，借记"调出资金"科目，贷记"国库存款"科目；年终结账时，应将本科目借方余额分别转入相应的结转结余科目，借记"一般公共预算结转结余""政府性基金预算结转结余"和"国有资本经营预算结转结余"等科目，贷记"调出资金"科目。

【例18-10】某市财政发生如下业务。

（1）为平衡一般预算，从基金预算结余中调出资金1 800 000元至一般预算。其会计分录如下。

```
借：调出资金——政府性基金预算调出资金                    1 800 000
    贷：国库存款——基金预算存款                                  1 800 000
```

同时，

```
借：国库存款——一般预算存款                              1 800 000
    贷：调入资金—— 调入一般公共预算资金                         1 800 000
```

（2）年终，将"调出资金"总账科目中"政府性基金预算调出资金"明细账科目借方余额3 500 000元转入"政府性基金预算结转结余"科目。其会计分录如下。

```
借：政府性基金预算结转结余                              3 500 000
    贷：调出资金——政府性基金预算调出资金                        3 500 000
```

同时，财政总预算会计应结清调出资金明细账。

四、地区间援助支出

地区间援助支出是指援助方政府安排用于受援方政府财政部门统筹使用的各类援助、捐赠等资金支出。财政总预算会计应设置"地区间援助支出"科目，该科目反映的是以受援方政府名义接收的、援助方政府安排且没有限定用途的一般预算援助资金。该科目使用主体为各级财政部门，其他部门不得使用；反映的内容为一般预算资金，其他性质的资金不在本科目反映。发生地区间援助资金支出时，财政总预算会计借记"地区间援助支出"科目，贷记"国库存款"科目；年终，应将本科目借方余额转入"一般公共预算结转结余"科目，借记"一般公共预算结转结余"科目，贷记"地区间援助支出"科目。该科目与"地区间援助收入"科目相对应，平时借方余额，反映当年发生的地区间援助支出累计数。本科目应按受援地区及管理需要设置相应明细账。

五、安排预算稳定调节基金

安排预算稳定调节基金是指从财政超收收入中安排的预算稳定调节基金。

财政总预算会计应设置"安排预算稳定调节基金"科目。年度终了，财政总预算会计从财政超收收入中安排预算稳定调节基金时，借记"安排预算稳定调节基金"科目，贷记"预算稳定调节基金"科目；年终转账时，将"安排预算稳定调节基金"科目余额全部转入"一般公共预算结转结余"科目，借记"一般公共预算结转结余"科目，贷记"安排预算稳定调节基金"科目。

【例18-11】某市财政从本年度财政超收收入中安排5 000 000元用于增加预算稳定调节基金。

借：安排预算稳定调节基金　　　　　　　　　　　　　　　　　　5 000 000
　　贷：预算稳定调节基金　　　　　　　　　　　　　　　　　　　5 000 000

知识总结

（1）一般公共预算本级支出是指一级政府对集中的一般预算收入有计划地分配和使用而安排的支出。一般公共预算本级支出是各级政府最主要的支出。

（2）政府性基金预算本级支出是指各级政府财政用基金预算收入安排的支出。与一般预算支出相比，基金预算支出有专款专用的特征。

（3）国有资本经营预算本级支出是指各级政府用国有资本经营预算类收入安排的支出。其范围主要包括资本性支出、费用性支出和其他支出等。

（4）专用基金支出是各级财政用专用基金收入安排的支出。财政总预算会计在安排各项专用基金支出时，应做到先收后支、量入为出，按照规定的用途拨付。

（5）财政专户管理资金支出是指用未纳入预算并实行财政专户管理的资金安排的支出。

（6）转移性支出，是指预算资金在上下级政府财政以及在本级财政不同性质资金之间转移所形成的支出，具体包括：补助支出、上解支出、调出资金、地区间援助支出和安排预算稳定调节基金。

练习与实训

一、名词解释

一般公共预算本级支出　政府性基金预算本级支出　国有资本经营预算本级支出　专用基金支出　财政专户管理资金支出　转移性支出

二、简答题

1. 财政支出包括哪些内容？

2. 什么是一般公共预算本级支出？一般公共预算支出如何分类？一般公共预算本级支出如何核算？

3. 什么是政府性基金预算本级支出？基金预算支出是怎样分类的？

4. 什么是专用基金支出？应当如何核算？

5. 什么是资金调拨支出？它主要包括哪几项内容？

三、业务核算题

习题一

1. 目的：练习财政支出的核算。

2. 资料：某市财政发生下列经济业务。

（1）以财政授权支付的方式支付一般预算资金共计300 000元。具体科目和金额为："一般公共服务——审计事务"50 000元、"一般公共服务——纪检监察事务"40 000元、"一般公共服务——民族事务"50 000元、"社会保障和就业——红十字事业"60 000元、"农林水——水利"100 000元。

（2）以财政直接支付的方式支付基金预算资金共计380 000元。具体科目和金额为："文化旅游体育与传媒——旅游发展基金支出"150 000元、"交通运输——车辆通行费安排的支出"150 000元、"农林水——三峡水库库区基金支出"80 000元。

3. 要求：根据上述经济业务编制会计分录。

习题二

1. 目的：练习财政转移性支出的核算。

2. 资料：某市财政发生下列经济业务。

（1）向所属某县财政拨付一般预算补助 350 000 元。

（2）按财政管理体制规定上解上级省财政政府性基金款项 600 000 元。

（3）为平衡一般预算，从基金预算结余中调出资金 480 000 元至一般预算。

3. 要求：根据上述经济业务编制会计分录。

第十九章 | 财政净资产的核算

第一节　总预算会计各项结转结余的核算

净资产是指资产减去负债的差额。财政总预算会计的净资产包括各类结转结余、预算周转金、预算稳定调节基金、资产基金和待偿债净资产。结转结余是指财政收支的执行结果，即收入减去支出后的差额，是下年度可以结转使用或重新安排使用的资金，包括一般公共预算结转结余、政府性基金预算结转结余、国有资本经营预算结转结余、专用基金结余和财政专户管理资金结余。各项结转结余应每年结算一次。年终将各项收入与相应的支出冲销后，即为该项资金的当年结转结余。当年结转结余加上年年末滚存结转结余为本年年末滚存结转结余。

一、一般公共预算结转结余

一般公共预算结转结余是指一般公共预算收入与一般公共预算支出相抵后的差额。它是各级财政预算收支的年终执行结果。

为了核算各级财政预算收支的年终执行结果，财政总预算会计应设置"一般公共预算结转结余"科目。各级财政年终转账时，财政部门应借记"一般公共预算本级收入""补助收入""上解收入""调入资金"等科目，贷记"一般公共预算结转结余"科目；借记"一般公共预算结转结余"科目，贷记"一般公共预算本级支出""补助支出""上解支出"等科目。本科目年终贷方余额，反映本年的一般公共预算滚存结转结余。

【例 19-1】某市财政 2018 年 12 月 31 日年终结账发生如下预算结余业务，有关账户余额如表 19-1 所示。

表 19-1　　　　　　　　　　年终结账前有关账户余额

收入类项目	贷方余额（元）	支出类项目	借方余额（元）
一般公共预算本级收入	30 000 000	一般公共预算本级支出	29 800 000
政府性基金预算本级收入	10 000 000	政府性基金预算本级支出	9 000 000
补助收入——一般预算补助	2 000 000	补助支出——一般预算补助	1 800 000
补助收入——基金预算补助	2 500 000	补助支出——基金预算补助	1 400 000
上解收入——一般预算	7 000 000	上解支出——一般预算	7 400 000
上解收入——基金预算	500 000	上解支出——基金预算	500 000
调入资金——一般预算	1 000 000	调出资金——基金预算	1 000 000

（1）将全年有关一般预算的各项收入结转"一般公共预算结转结余"科目。

借：一般公共预算本级收入 　　　　　　　　　　　　　　　30 000 000

　　补助收入——一般预算补助 　　　　　　　　　　　　　 2 000 000

　　上解收入——一般预算 　　　　　　　　　　　　　　　 7 000 000

　　调入资金——一般预算 　　　　　　　　　　　　　　　 1 000 000

　　　贷：一般公共预算结转结余 　　　　　　　　　　　　40 000 000

（2）将全年有关一般预算的各项支出结转"一般公共预算结转结余"科目。

借：一般公共预算结转结余 　　　　　　　　　　　　　　　39 000 000

　　　贷：一般公共预算本级支出 　　　　　　　　　　　　29 800 000

　　　　　补助支出——一般预算补助 　　　　　　　　　　 1 800 000

　　　　　上解支出——一般预算 　　　　　　　　　　　　 7 400 000

二、政府性基金预算结转结余

政府性基金预算结转结余是指基金预算收入与基金预算支出相抵后的差额。它是各级财政管理的政府性基金收支的年终执行结果。

为了核算各级财政管理的政府性基金收支的年终执行结果，财政总预算会计应设置"政府性基金预算结转结余"科目。各级财政年终转账时，财政总预算会计应将"政府性基金预算本级收入""补助收入""上解收入"科目余额转入本科目贷方；将"政府性基金预算本级支出""补助支出""上解支出""调出资金"科目余额转入本科目借方。本科目年终贷方余额，反映本年政府性基金预算滚存结转结余，转入下年度。

【例19-2】接【例19-1】，2018年12月31日年终结账发生如下政府性基金预算结转结余业务。

（1）将全年有关基金预算的各项收入结转"政府性基金预算结转结余"科目。

借：政府性基金预算本级收入 　　　　　　　　　　　　　　10 000 000

　　补助收入——基金预算补助 　　　　　　　　　　　　　 2 500 000

　　上解收入——基金预算 　　　　　　　　　　　　　　　　 500 000

　　　贷：政府性基金预算结转结余 　　　　　　　　　　　13 000 000

（2）将全年有关基金预算的各项支出结转"政府性基金预算结转结余"科目。

借：政府性基金预算结转结余 　　　　　　　　　　　　　　11 900 000

　　　贷：政府性基金预算本级支出 　　　　　　　　　　　 9 000 000

　　　　　补助支出——基金预算补助 　　　　　　　　　　 1 400 000

　　　　　上解支出——基金预算 　　　　　　　　　　　　　 500 000

　　　　　调出资金——基金预算 　　　　　　　　　　　　 1 000 000

三、国有资本经营预算结转结余

国有资本经营预算结转结余是各级财政部门管理的国有资本经营预算收支的年终执行结果，即国有资本经营预算收入减去国有资本经营预算支出以及国有资本经营预算调出资金后的差额。国有资本经营预算结余每年年终结算一次，平时不结算。

为核算国有资本经营预算结转结余，财政总预算会计应设置"国有资本经营预算结转结余"总账科目。年终转账时，财政总预算会计应将"国有资本经营预算本级收入"科目余额转入"国有资本经营预算结转结余"科目贷方，即借记"国有资本经营预算本级收入"科目，贷记"国有资本经营预算结转结余"科目；将"国有资本经营预算本级支出""调出资金——国有资本经营预算调出资金"科目余额转入"国有资本经营预算结转结余"科目借方，即借记"国有资本经营预算结转结余"科目，贷记"国有资本经营预算本级支出""调出资金——国有资本经营预算调出资金"等科目。本科目年终贷方余额，反映本年国有资本经营预算滚存结转结余，转入下年度。

【例19-3】某市财政2018年12月31日年终结账时，有关国有资本经营预算收入科目的贷方余额如下："国有资本经营预算本级收入——利润收入——烟草企业利润收入"560 000元，"国有资本经营预算本级收入——利润收入——电力企业利润收入"340 000元，"国有资本经营预算本级收入——股利股息收入"130 000元，"国有资本经营预算本级收入——产权转让收入"20 000元，将全年国有资本经营预算本级收入科目贷方余额转入"国有资本经营预算结转结余"科目。其会计分录如下。

借：国有资本经营预算本级收入——利润收入——烟草企业利润收入 560 000

  ——利润收入——电力企业利润收入 340 000

  ——股利股息收入 130 000

  ——产权转让收入 20 000

 贷：国有资本经营预算结转结余 1 050 000

【例19-4】某市财政2018年12月31日年终结账时，有关国有资本经营预算本级支出科目的借方余额如下："国有资本经营预算本级支出——国有企业资本金注入"360 000元、"国有资本经营预算本级支出——国有企业政策性补贴"260 000元、"国有资本经营预算本级支出——金融国有资本经营预算支出"280 000元、"调出资金——国有资本经营预算调出资金"95 000元，将全年国有资本经营预算支出科目借方余额转入"国有资本经营预算结转结余"科目。其会计分录如下。

借：国有资本经营预算结转结余 995 000

 贷：国有资本经营预算本级支出——国有企业资本金注入 360 000

  国有资本经营预算本级支出——国有企业政策性补贴 260 000

  国有资本经营预算本级支出——金融国有资本经营预算支出 280 000

  调出资金——国有资本经营预算调出资金 95 000

四、专用基金结余

专用基金结余是指专用基金收入与专用基金支出相抵后的差额。它是各级总预算会计管理的专用基金的年终执行结果。

为了核算总预算会计管理的专用基金收支的年终执行结果，财政总预算会计应设置"专用基金结余"科目。总预算会计年终转账时，将"专用基金收入"账户余额转入本科目，借记"专用基金收入"，贷记"专用基金结余"科目；将"专用基金支出"科目余额转入本账户，借记"专用基金结余"科目，贷记"专用基金支出"科目。本科目年终贷方余额，反映本年专用基金的滚存结余，转入下年度。

【例19-5】某市财政2018年12月31日年终结账发生如下专用基金结余业务。

（1）将全年专用基金收入680 000元结转"专用基金结余"账户。

借：专用基金收入 680 000

 贷：专用基金结余 680 000

（2）将全年专用基金支出600 000元结转"专用基金结余"账户。

借：专用基金结余 600 000

 贷：专用基金支出 600 000

五、财政专户管理资金结余

财政专户管理资金结余是指纳入财政专户管理的教育收费等资金收支的执行结果。

为了核算财政专户管理的资金结余，总预算会计应设置"财政专户管理资金结余"科目。年终转账时，财政总预算会计应将"财政专户管理资金收入"等有关科目余额转入"财政专户管理资金结余"科目贷方；将"财政专户管理资金支出"等有关科目余额转入"财政专户管理资金结余"科目借方。本科目年终贷方余额，反映未纳入预算并实行财政专户管理的资金收支相抵后的滚存结余，转入下年度。本科目根据管理需要，按部门进行明细核算。

第二节　预算周转金

一、预算周转金的概念

预算周转金是指为调剂预算年度内季节性收入与支出差额，保证及时用款而设置的周转资金。

预算的收与支往往是不一致的，虽然全年预算收支平衡，但月份之间、季度之间总是不平衡的。设置必要的预算周转金，是各级财政灵活调度预算资金的重要保证，各级财政如果没有一定的周转金，要完成预算收支任务是很困难的。各级财政为了平衡季节性预算收支，必须设置相应的预算周转金。

预算周转金一般从年度预算结余中提取设置、补充或由上级财政部门拨入。预算周转金由本级政府财政部门管理，只供平衡预算收支的临时周转使用，不能用于财政开支。已设置或补充的预算周转金，未经上级财政部门批准，不能随意减少。年终，预算周转金必须保持原核定数额，逐年结转。预算周转金存入国库存款账户，不另设存款户。

二、预算周转金的核算

财政总预算会计应设置"预算周转金"科目，设置或补充预算周转金时，借记"一般公共预算结转结余"科目，贷记"预算周转金"科目。

【例 19-6】某乡财政收到上级某县财政拨来的资金，设置预算周转金 500 000 元。

借：国库存款　　　　　　　　　　　　　　　　　　　　　　500 000
　　贷：预算周转金　　　　　　　　　　　　　　　　　　　　　　　500 000

【例 19-7】某县财政用预算结余补充预算周转金 400 000 元。

借：一般公共预算结转结余　　　　　　　　　　　　　　　　400 000
　　贷：预算周转金　　　　　　　　　　　　　　　　　　　　　　　400 000

第三节　预算稳定调节基金

一、预算稳定调节基金的概念

预算稳定调节基金是指各级财政为保持预算的稳定性通过超收安排的具有储备性质的基金。用于弥补短收年份预算执行的收支缺口，以及视预算平衡情况，在安排年初预算时调入并安排使用。预算稳定调节基金的安排使用接受同级人大及其常委会的监督。

微课：预算稳定
调节基金管理
有新规

二、预算稳定调节基金的核算

为了核算预算稳定调节基金的增减变动，总预算会计应设置"预算稳定调节基金"科目，安排或补充基金时在支出方反映，调入使用基金时在收入方反映。年度终了，财政总预算会计从财政超收收入中安排预算稳定调节基金时，借记"安排预算稳定调节基金"科目，贷记"预算稳定调节基金"科目；为弥补财政短收年份预算执行收支缺口，调用预算稳定调节基金时，借记"预算稳定调节基金"科目，贷记"动用预算稳定调节基金"科目。

【例19-8】某省财政从本年度财政超收收入中安排3 000 000元用于增加预算稳定调节基金。

借：安排预算稳定调节基金　　　　　　　　　　　　　　　　　　3 000 000

　　贷：预算稳定调节基金　　　　　　　　　　　　　　　　　　　　3 000 000

【例19-9】某省财政为了平衡本级预算，弥补收支缺口，从预算稳定调节基金中调入资金1 700 000元。

借：预算稳定调节基金　　　　　　　　　　　　　　　　　　　　1 700 000

　　贷：动用预算稳定调节基金　　　　　　　　　　　　　　　　　　1 700 000

第四节　资产基金和待偿债净资产

一、资产基金

资产基金是指政府财政持有的债权和股权投资等资产（与其相关的资金收支纳入预算管理）在净资产中占用的金额。总会计需设置"资产基金"科目，本科目下设置"应收地方政府债券转贷款""应收主权外债转贷款""股权投资""应收股利"等明细科目，进行明细核算。资产基金的账务处理参见"应收地方政府债券转贷款""应收主权外债转贷款""股权投资"和"应收股利"的核算。

二、待偿债净资产

待偿债净资产是指政府财政承担应付短期政府债券、应付长期政府债券、借入款项、应付地方政府债券转贷款、应付主权外债转贷款、其他负债等负债（与其相关的资金收支纳入预算管理）而相应需在净资产中冲减的金额。总会计需设置"待偿债净资产"科目，本科目下设置"应付短期政府债券""应付长期政府债券""借入款项""应付地方政府债券转贷款""应付主权外债转贷款""其他负债"等明细科目，进行明细核算。待偿债净资产的账务处理参见"应付短期政府债券""应付长期政府债券""借入款项""应付地方政府债券转贷款""应付主权外债转贷款"和"其他负债"的核算。

知识总结

（1）结转结余是指财政收支的执行结果，即收入减去支出后的差额，是下年度可以结转使用或重新安排使用的资金，包括一般公共预算结转结余、政府性基金预算结转结余、国有资本经营预算结转结余、专用基金结余和财政专户管理资金结余。

（2）预算周转金是指为调剂预算年度内季节性收入与支出差额，保证及时用款而设置的周转资金。

（3）预算稳定调节基金是指各级财政为保持预算的稳定性通过超收安排的具有储备性质的基金。

（4）资产基金是指政府财政持有的债权和股权投资等资产在净资产中占用的金额。待偿债净资产是指政府财政承担应付短期政府债券、应付长期政府债券、借入款项、应付地方政府债券转贷款、应付主权外债转贷款、其他负债等负债而相应需在净资产中冲减的金额。

练习与实训

一、名词解释

一般公共预算结转结余　政府性基金预算结转结余　国有资本经营预算结转结余　专用基金结余　财政专户管理资金结余　预算周转金　预算稳定调节基金　资产基金　待偿债净资产

二、简答题

1. 财政净资产包括哪些内容？

2. 什么是结转结余？结转结余具体包括哪些内容？

3. 什么是国有资本经营预算结余？如何核算？

4. 什么是专用基金结余？如何核算？

5. 什么是预算周转金？预算周转金的来源渠道有哪些？

6. 什么是预算稳定调节基金？它有什么作用？

三、业务核算题

习题一

1. 目的：练习一般公共预算结转结余和政府性基金预算结转结余的核算。

2. 资料：某市财政 2018 年 12 月 31 日年终结账前有关账户余额如表 19-2 所示。

表 19-2

收入类项目	贷方余额（元）	支出类项目	借方余额（元）
一般公共预算本级收入	50 000 000	一般公共预算本级支出	30 800 000
政府性基金预算本级收入	23 000 000	政府性基金预算本级支出	22 000 000
补助收入——一般预算补助	4 000 000	补助支出——一般预算补助	5 800 000
补助收入——基金预算补助	2 500 000	补助支出——基金预算补助	2 400 000
上解收入——一般预算	7 000 000	上解支出——一般预算	7 400 000
调入资金——一般预算	1 000 000	调出资金——基金预算	1 000 000

3. 要求：根据上述经济业务编制年终结账的会计分录。

习题二

1. 目的：练习国有资本经营预算结转结余的核算。

2. 资料：某市财政 2018 年 12 月 31 日年终结账前有关国有资本经营预算收支科目的余额如下："国有资本经营预算本级收入——利润收入"480 000 元、"国有资本经营预算本级收入——产权转让收入"190 000 元、"国有资本经营预算本级支出——国有企业资本金注入"520 000 元、"调出资金——国有资本经营预算调出资金"100 000 元。

3. 要求：根据上述经济业务编制年终结账的会计分录。

第二十章 │ 财政总预算会计报表

第一节　总预算会计报表概述

一、财政总预算会计报表的概念

财政总预算会计报表是各级财政总会计根据会计账簿和有关资料，以统一规定的表格形式，总括反映一定时期总预算执行情况和财务状况的报告文件。

财政总预算会计报表是分析、检查总预算执行情况的重要依据，是各级政府和上级财政部门了解情况、掌握政策、指导预算执行工作的重要资料，也可作为编制下期预算的数字基础。各级财政机关必须定期汇编总预算会计报表，并定期向同级人民政府和上级财政机关报告本地区预算收支的执行情况，财政部定期向国务院报告国家预算收支情况。

二、财政总预算会计报表的种类

财政总预算会计报表按经济内容，可分为资产负债表、收入支出表、一般公共预算执行情况表、政府性基金预算执行情况表、国有资本经营预算执行情况表、财政专户管理资金收支情况表、专用基金收支情况表等会计报表和附注。财政总预算会计报表按编制时间，可分为旬报、月报和年报。旬报和月报的报送期限及编报内容应根据上级财政部门具体要求和本行政区域预算管理的需要办理。财政总预算会计报表按编制单位，可分为本级报表和汇总报表。

三、会计报表的编制要求

各级总预算会计报表要做到数字正确，报送及时，内容完整。具体来说应符合以下要求。

（1）各级总预算会计要加强日常会计核算工作，督促有关单位及时记账、结账。所有预算会计单位都应在规定的期限内报出报表，以便主管部门和财政部门及时汇总。

（2）总预算会计报表的数字，必须根据核对无误的账户记录汇总。切实做到账表相符，有根有据，不能估列代编，更不能弄虚作假。

（3）总预算会计报表要严格按照统一规定的种类、格式、内容、计算方法和编制口径填制，以保证全国统一汇总和分析。汇总报表的单位，要把所属单位的报表汇集齐全，防止漏报。

第二节　总预算会计报表的编制

一、旬报的编制

旬报是指反映从月初至本旬为止主要预算收支完成情况的报表。旬报于每月上、中旬各报一次，下旬免报，以月报代替。按旬报送的主要是预算执行情况表，包括一般公共预算执行情况表、政府性基金预算执行情况表、国有资本经营预算执行情况表。旬报的具体内容和编制方法由财政部根据情况规定并逐级布置。

二、月报的编制

按月编制的报表主要有收入支出表、财政专户管理资金收支情况表、专用基金收支情况表，预算执行情况表也应当按月度编制。

收入支出表是反映政府财政在某一会计期间各类财政资金收支结余情况的报表。收入支出表根据资金性质按照收入、支出、结转结余的构成分类、分项列示，如表 20-1 所示。

表 20-1　　　　　　　　　　　收入支出表

编制单位：　　　　　　　　　　___年___月　　　　　　　　　　单位：元

项目	一般公共预算		政府性基金预算		国有资本经营预算		财政专户管理资金		专用基金	
	本月数	本年累计数	本月数	本年累计数	本月数	本年累计数	本月数	本年累计数	本月数	本年累计数
年初结转结余										
收入合计										
本级收入										
其中：来自预算安排的收入	—	—								
补助收入					—	—	—	—	—	—
上解收入					—	—	—	—	—	—
地区间援助收入			—	—	—	—	—	—	—	—
债务收入							—	—	—	—
债务转贷收入							—	—	—	—
动用预算稳定调节基金			—	—			—	—	—	—
调入资金										
支出合计										
本级支出										
其中：权责发生制列支							—	—	—	—
预算安排专用基金的支出	—	—	—	—	—	—	—	—		
补助支出					—	—	—	—	—	—
上解支出					—	—	—	—	—	—
地区间援助支出			—	—	—	—	—	—	—	—
债务还本支出					—	—	—	—	—	—
债务转贷支出					—	—	—	—	—	—
安排预算稳定调节基金			—	—			—	—	—	—
调出资金							—	—	—	—
结余转出										
其中：增设预算周转金			—	—	—	—	—	—	—	—
年末结转结余										

注：表中有"—"的部分不必填列。

三、年报的编制

年报是指全面反映总预算收支执行结果的年度报表。财政总预算会计年报就是各级政府财政总决算。每年年度终了，各级财政部门都应当按照上级颁发的决算编报办法的要求，在认真进行年终清理和年终结账的基础上，正确、完整、及时地编好年度决算报表。年报编制的步骤如下。

1. 年终清理

年终清理是指年终时，总预算会计对年度预算收支及有关经济业务进行的全面清理、核对和结算。这是保证年报编制质量的一项重要准备工作。年终清理的主要事项如下。

（1）核对年度预算收支数字。预算数字是考核决算和办理收支结算的依据，也是进行会计结算的依据。年终前，各级总预算会计，应配合预算管理部门把本级财政总预算与上、下级财政总预算和本级各单位预算之间的全年预算数核对清楚。追加追减、上划下划数字，必须在年度终了前核对完毕。为了便于年终清理，本年预算的追加追减和企事业单位的上划下划，一般截至11月底。各项预算拨款，一般截至12月25日。

（2）清理本年预算应收应支款项。凡属本年的一般预算收入，要认真清理，年终前必须如数交入国库。督促国库在年终库款报解整理期内，迅速报齐当年预算收入。凡属应当在本年预算支领报销的款项，非特殊原因也要在年终办理完毕。清理基金预算收支和专用基金收支。凡属应列入本年的收入，应及时催收，并纳入国库或指定的银行账户。

（3）组织征收机关和国库进行年度对账。年度终了后，按照国库制度的规定，支库应设置10天的库款报解整理期（设置决算清理期的年度，库款报解整理期相应顺延）。各经收处12月31日前所收款项均应在"库款报解整理期"内报达支库，列入当年决算。同时，各级国库要按年度决算对账办法编制收入对账单，分送同级财政部门、征收机关核对签章。保证财政收入数字一致。

（4）清理核对当年拨款支出。各级总预算会计对本级各单位的拨款支出应与单位的拨款收入核对清楚。属于应收回的拨款，应及时收回，并按收回数相应冲减预算支出。属于预拨下年度的经费，不得列入当年预算支出。

（5）核实股权、债权和债务。财政部门内部相关资产、债务管理部门应于12月20日前向总会计提供与股权、债权、债务等核算和反映相关的资料。总会计对股权投资、借出款项、应收股利、应收地方政府债券转贷款、应收主权外债转贷款、借入款项、应付短期政府债券、应付长期政府债券、应付地方政府债券转贷款、应付主权外债转贷款、其他负债等余额应与相关管理部门核对，记录不一致的要及时查明原因，按规定调整账务，做到账实相符、账账相符。

（6）清理往来款项。各级财政的其他应收款、其他应付款等各种往来款项，要在年度终了前予以收回或归还。应转作各项收入或各项支出的款项，要及时转入本年有关收支账。

（7）进行年终财政结算。各级财政要在年终清理的基础上，于次年元月底前结清上下级财政总预算之间的预算调拨收支和往来款项。要按照财政管理体制的规定，计算出全年应补助、应上解和应返还数额，与年度预算执行过程中已补助、已上解和已返还数额比较，结合借垫款项，计算出全年最后应补或应退数额，填制"年终财政决算结算单"，经核对无误后，作为年终财政结算凭证，据以入账。

2. 年终结账

财政总预算会计经过年终清理结算，把各项结算收支记入旧账后，即可办理年终结账。年终结账工作，一般分为年终转账、结清旧账和记入新账3个环节。

（1）年终转账。首先要计算出各账户12月合计数和全年累计数，结出12月末余额，然后根据各账户12月末的余额，进行结账前的试算平衡，编制结账前资产负债表。试算平衡无误后再将收支类各科目余额全数结转至有关净资产类科目。

（2）结清旧账。将各个收入和支出账户的借方、贷方结出全年累计数，然后在下面画双红线，表示本账户全部结清。对年终有结余的账户，在"摘要"栏内注明"结转下年"字样，并在下面画双红线，表示旧账余额结清并转入新账。

（3）记入新账。根据年终结账后编制的资产负债表和有关明细账各账户的年终余额数明细表，不编制记账凭证，将表列各账户的余额直接记入新年度有关总账和明细账户预留空行的余额栏内，并在"摘要"栏内注明"上年结转"字样，以区别新年度发生数。

3. 年报的编制方法

资产负债表和附注应当至少按年度编制，此外，收入支出表、财政专户管理资金收支情况表、专用基金收支情况表和预算执行情况表也应当按年度编制。

资产负债表是反映政府财政在某一特定日期财务状况的报表。资产负债表应当按照资产、负债和净资产分类、分项列示，如表20-2所示。

表 20-2　　　　　　　　　　　　　　　　资产负债表

编制单位：　　　　　　　　　　　　　　___年___月___日　　　　　　　　　　　　　　单位：元

资产	年初余额	期末余额	负债和净资产	年初余额	期末余额
流动资产：			流动负债：		
国库存款			应付短期政府债券		
国库现金管理存款			应付利息		
其他财政存款			应付国库集中支付结余		
有价证券			与上级往来		
在途款			其他应付款		
预拨经费			应付代管资金		
借出款项			一年内到期的非流动负债		
应收股利			流动负债合计		
应收利息			非流动负债：		
与下级往来			应付长期政府债券		
其他应收款			借入款项		
流动资产合计			应付地方政府债券转贷款		
非流动资产：			应付主权外债转贷款		
应收地方政府债券转贷款			其他负债		
应收主权外债转贷款			非流动负债合计		
股权投资			负债合计		
待发国债			一般公共预算结转结余		
非流动资产合计			政府性基金预算结转结余		
			国有资本经营预算结转结余		
			财政专户管理资金结余		
			专用基金结余		
			预算稳定调节基金		
			预算周转金		
			资产基金		
			减：待偿债净资产		
			净资产合计		
资产总计			负债和净资产总计		

各级总预算会计应先编出本级财政的资产负债表，然后与经审核无误的所属下级总预算会计汇总的资产负债表汇总编成本地区财政汇总的资产负债表。在汇编中，将本级财政的"与下级往来"和下级财政的"与上级往来"等核对无误后互相冲销，以免重复汇总。

第三节 总预算会计报表的审核和汇总

一、会计报表的审核

各级财政部门编制的会计报表，必须认真审核，经审核无误的会计报表才能对外报送。对会计报表的审核，主要包括政策性审核和技术性审核两个方面。

1. 政策性审核

政策性审核是指从贯彻政策、执行制度等方面，对各项预算收支执行情况及其结果进行的审核。

预算收入应着重审查以下几个方面。

（1）属于本年的预算收入是否按照国家政策、预算管理体制和有关缴款办法，及时足额地缴入国库，是否有无故拖欠、截留、挪用国库收入的情况，是否将应缴的收入以暂存款挂在往来账上等。

（2）收入退库是否符合国家规定范围，对应列作预算支出或改列预算支出的款项，有无继续办理退库，仍作冲减收入处理，企业亏损退库是否控制在年度核定的计划指标以内，超计划亏损退库是否经过批准等。

（3）年终决算收入数与12月预算会计报表中全年累计数如有较大出入，要具体查明原因，属于违反财经纪律、转移资金的要及时纠正。

预算支出应着重审查以下几个方面。

（1）列入本年决算支出是否符合规定的年度，有无本年预拨下年度经费列入本年决算支出。

（2）决算支出是否按规定的列报口径列支。

（3）预算支出是否编列齐全，有无漏报现象，有无在国家核定的预算和计划之外任意扩大支出，提高标准，以及其他违反财政制度的开支。

（4）年终决算支出和12月会计报表所列全年累计支出数如有较大增加，要查明原因，重点查明超支和增支中有无违反财经纪律的情况。

2. 技术性审核

技术性审核是指从会计报表数字关系、数字计算的准确程度等方面，对各项预算收支执行情况及其结果进行的审核。

技术性方面应着重审核以下几个方面的问题。

（1）会计报表的栏目及填列是否完整，是否有漏项。

（2）会计报表内有关栏目之间是否符合表内勾稽关系。

（3）会计报表之间的有关数字是否一致，是否符合报表间勾稽关系。

（4）会计报表的年初数与上年数是否一致。

（5）决算报表的有关数字与其他有关部门年报的有关数字是否一致。

（6）列报上下级财政总决算之间、财政部门决算与单位决算之间有关上解、补助、暂收、暂付等往来款项的有关报表中的对应数字是否一致。

二、会计报表的汇总

除了编制反映本级政府财政资金情况的会计报表，财政总预算会计还要编制包含本级政府和所属下级政府财政资金情况的报表，称为汇总报表。

总预算会计报表要从基层单位开始，逐级层层汇总编报。单位预算会计报表是总预算会计报表的一个组成部分，必须从基层单位产生，由主管部门逐级汇总报同级财政部门，汇入总预算会计报表。

县级财政部门编制县本级及所属乡镇财政部门的汇总报表，市级财政部门编制市本级及所属各县、乡镇财政部门的汇总报表，以此类推。各级财政部门编制汇总报表时，将各个下级财政部门编制的下级财政部门汇总报表数据与本级财政部门报表数据进行汇总，编制本级财政部门的汇总报表。

各级财政部门按照统一的格式编制财政会计报表，在汇总时将各个需要汇总的报表相同栏目的数字相加，填列在汇总报表的相同栏目。财政总预算会计在汇总时要注意将会引起汇总报表中重复计算的栏目数字抵销。

知识总结

1. 财政总预算会计报表是各级财政总会计根据会计账簿和有关资料，以统一规定的表格形式，总括反映一定时期总预算执行情况和财务状况的报告文件。财政总预算会计报表是分析、检查总预算执行情况的重要依据，是各级政府和上级财政部门了解情况、掌握政策、指导预算执行工作的重要资料，也可作为编制下期预算的数字基础。

2. 财政总预算会计报表按经济内容，可分为资产负债表、收入支出表、一般公共预算执行情况表、政府性基金预算执行情况表、国有资本经营预算执行情况表、财政专户管理资金收支情况表、专用基金收支情况表等会计报表和附注。

3. 资产负债表是反映政府财政在某一特定日期财务状况的报表。收入支出表是反映政府财政在某一会计期间各类财政资金收支结余情况的报表。

4. 各级财政部门编制的会计报表，必须认真审核，只有经审核无误的会计报表才能对外报送。除了编制反映本级政府财政资金情况的会计报表，财政总预算会计还要编制包含本级政府和所属下级政府财政资金情况的汇总报表。

练习与实训

一、名词解释
财政总预算会计报表　资产负债表　预算执行情况表

二、简答题
1. 财政总预算会计需要编制哪些会计报表？
2. 什么是年终清理？财政总预算会计的年终清理工作主要包括哪些内容？
3. 财政总预算会计应当编制旬报的有哪些报表？
4. 财政总预算会计收入支出表的内容和结构是什么？
5. 财政总预算会计应如何编制资产负债表？
6. 财政总预算会计的年终结账工作一般可分为哪几个阶段？各阶段工作的主要内容是什么？

综合练习四

一、单项选择题
1. 下列不属于财政总预算会计核算的会计信息质量要求的是（　　　）。
A. 真实性　　　　B. 及时性　　　　C. 可比性　　　　D. 配比性

2. 下列项目中，不属于一般公共预算本级收入的是（　　　　）。

A. 行政事业性收费收入　　　　　　　　B. 增值税收入

C. 铁路建设基金收入　　　　　　　　　D. 罚没收入

3. 按照财政体制规定由下级财政上交给本级财政的收入确认为（　　　　）。

A. 补助收入　　　　B. 上解收入　　　　C. 调入资金　　　　D. 地区间援助收入

4. 国有土地使用权出让金收入科目属于（　　　）科目。

A. 政府性基金预算本级收入　　　　　　B. 一般公共预算本级收入

C. 专用基金收入　　　　　　　　　　　D. 国有资本经营预算本级收入

5. 财政总预算会计的下列支出，属于专用基金支出的是（　　　　）。

A. 行政运行支出　　　B. 粮食风险金支出　　　C. 社保基金支出　　　D. 地区间援助支出

6. 下列存款不属于"国库存款"总账科目核算的是（　　　　）。

A. 一般预算存款　　　　　　　　　　　B. 基金预算存款

C. 其他应收款　　　　　　　　　　　　D. 国有资本经营预算存款

7. 财政总预算会计在计算出财政体制结算中应由上级财政补助给本级财政的款项时，应借记的科目是（　　　　）。

A. "与上级往来"　　　　　　　　　　　B. "与下级往来"

C. "其他应付款"　　　　　　　　　　　D. "一般公共预算本级收入"

8. 财政总预算会计支付国库券利息时应当借记的科目是（　　　　）。

A. "债务还本支出"　　　　　　　　　　B. "借入款项"

C. "一般公共预算本级支出"　　　　　　D. "国库存款"

9. 下列项目不属于财政总预算会计的负债的是（　　　　）。

A. 其他应付款　　　B. 与上级往来　　　C. 借入款项　　　D. 与下级往来

10. 下列项目不能转入"一般公共预算结转结余"科目的是（　　　）科目。

A. "一般公共预算本级收入"　　　　　　B. "政府性基金预算本级支出"

C. "补助收入"　　　　　　　　　　　　D. "一般公共预算本级支出"

二、多项选择题

1. 地方财政总预算会计的组成体系包括（　　　　）。

A. 省（自治区、直辖市）财政总预算会计　　B. 市（地、州）财政总预算会计

C. 县（市）财政总预算会计　　　　　　　D. 乡（镇）级财政总预算会计

2. 下列项目中，属于财政总预算会计收入的是（　　　　）。

A. 一般公共预算本级收入　　　　　　　B. 政府性基金预算本级收入

C. 借入款项　　　　　　　　　　　　　D. 转移性收入

3. 财政总预算会计的下列收入中，属于政府性基金预算本级收入的是（　　　　）。

A. 民航发展基金收入　　　　　　　　　B. 旅游发展基金收入

C. 国有土地收益基金收入　　　　　　　D. 税收收入

4. 财政总预算会计中的"补助支出"科目按补助资金性质设置的明细科目包括（　　　　）。

A. 一般预算补助　　　B. 经常性补助　　　C. 专项补助　　　D. 基金预算补助

5. 下列支出属于转移性支出的有（　　　　）。

A. 补助支出　　　　　　　　　　　　　B. 上解支出

C. 调出资金　　　　　　　　　　　　　D. 政府性基金预算本级支出

6. 下列账户属于国库单一账户组成体系的有（　　　）。

　　A. 国库单一账户　　　B. 财政零余额账户　　　C. 单位零余额账户　　　D. 特设专户

7. 年终转账时，转入"一般公共预算结转结余"科目的有（　　　）。

　　A. 一般公共预算本级收入　　　　　　　B. 政府性基金预算本级收入

　　C. 补助支出——一般预算补助　　　　　D. 国有资本经营预算本级支出

8. 下列属于财政总预算会计结转结余的是（　　　）。

　　A. 一般公共预算结转结余　　　　　　　B. 政府性基金预算结转结余

　　C. 国有资本经营预算结转结余　　　　　D. 专用基金结余

9. 财政总预算会计需要编制的会计报表主要包括（　　　）。

　　A. 资产负债表　　　B. 收入支出表　　　C. 利润表　　　　　D. 现金流量表

10. 下列各项属于财政总预算会计报表技术性审核的有（　　　）。

　　A. 属于本年的预算收入是否按照国家政策、预算管理体制和有关缴款办法，及时足额地缴入国库

　　B. 会计报表的栏目及填列是否完整，是否有漏项

　　C. 会计报表内有关栏目之间是否符合表内勾稽关系

　　D. 会计报表的年初数与上年数是否一致

三、判断题

1. 国有资本经营预算本级收入是指各级政府以所有者身份依法取得的国有资本收益。（　　　）

2. 财政总预算会计的核算目标是向会计信息使用者提供政府财政预算执行情况、财务状况等会计信息，反映政府财政受托责任履行情况。（　　　）

3. 财政总预算会计不设置固定资产与库存现金账户。（　　　）

4. 其他应付款是指各级财政部门在预算执行过程中与各预算单位之间发生的应付、暂收和收到不明性质的款项。（　　　）

5. 财政零余额账户不实存财政资金，但预算单位零余额账户实存财政资金。（　　　）

6. 一般预算、基金预算和国有资本经营预算之间的资金可以相互调拨调剂使用。（　　　）

7. 在途款是指在规定的库款报解整理期和决算清理期内，收到的应属于上年度收入的款项和收回的不应在上年度列支的款项。（　　　）

8. 在财政总预算会计中，一般公共预算结转结余等于一般公共预算收入减去一般公共预算支出后的差额。（　　　）

9. 国有资本经营预算结转结余每年年终结算一次，平时不结算。（　　　）

10. 各级财政部门编制汇总财政会计报表时，要将会引起汇总报表中重复计算的栏目数字抵销。（　　　）

四、业务核算题

某市财政 201×年发生如下经济业务，请编制会计分录。

1. 收到中国人民银行国库报来的通知，收到国库存款共计 1 123 480 元，其中一般预算存款 865 400 元，基金预算存款 258 080 元。

2. 收到所属某县财政按规定要求上解的一般预算收入 520 000 元。

3. 根据经批准的国有资本经营预算，向交通部门拨付国有资本经营预算资金 87 000 元。

4. 向所属某县财政拨付一般预算补助 289 000 元。

5. 用一般预算结余购买国库券 60 000 元。

6. 同意某县财政局申请，借给临时周转金 80 000 元。

7. 向省财政借款 200 000 元，款项存入一般预算存款户。

8. 年终结账时，国有资本经营预算本级收入科目的贷方余额 680 000 元。

9. 从政府性基金预算结转结余中调入资金 59 000 元，以平衡一般预算。

10. 本级一般预算支出中安排专用基金 150 000 元，以增加粮食风险基金的数额。

参考文献

［1］财政部. 政府会计准则——基本准则. 财政部令〔2015〕78号.

［2］财政部. 政府会计准则第1号——存货等4项具体准则. 财会〔2016〕12号.

［3］财政部. 政府会计准则第5号——公共基础设施. 财会〔2017〕11号.

［4］财政部. 政府会计准则第6号——政府储备物资. 财会〔2017〕23号.

［5］财政部. 政府会计准则第7号——会计调整. 财会〔2018〕28号.

［6］财政部. 政府会计准则第8号——负债. 财会〔2018〕31号.

［7］财政部. 政府会计准则第9号——财务报表编制和列报. 财会〔2018〕37号.

［8］财政部. 财政总预算会计制度. 财库〔2015〕192号.

［9］李海波，刘学华. 新编政府会计[M]. 上海：立信会计出版社，2018.

［10］政府会计制度编审委员会. 政府会计制度详解与实务[M]. 北京：人民邮电出版社，2018.

［11］郭磊，郭玲. 新编政府会计[M]. 天津：南开大学出版社，2014.

［12］张颖. 行政事业单位会计真账实操全图解[M]. 北京：中国铁道出版社，2018.

［13］陈复昌，任静. 政府与事业单位会计[M]. 北京：中国人民大学出版社，2011.

［14］王国生. 事业单位会计实务[M]. 北京：中国人民大学出版社，2013.

［15］缪匡华. 行政事业单位财务管理[M]. 北京：清华大学出版社，2013.